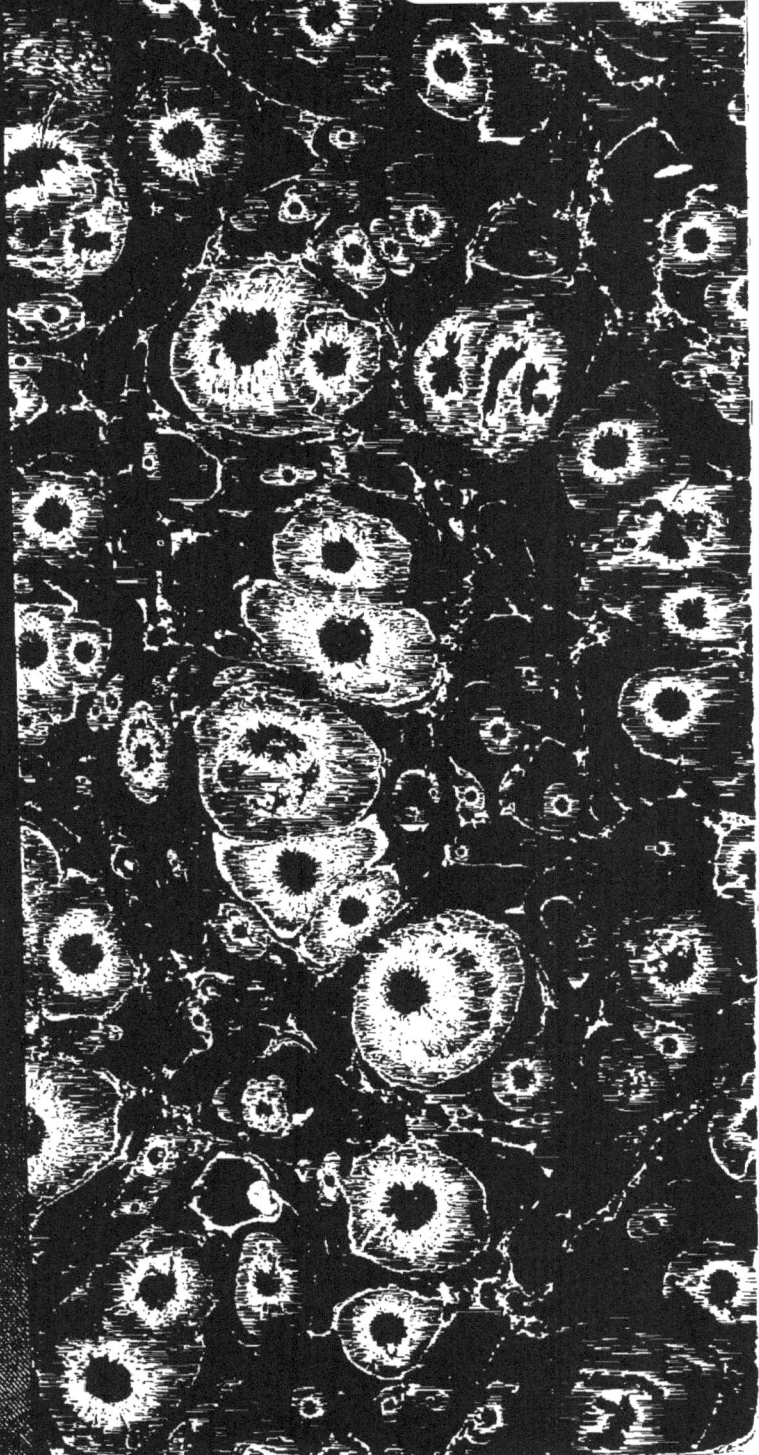

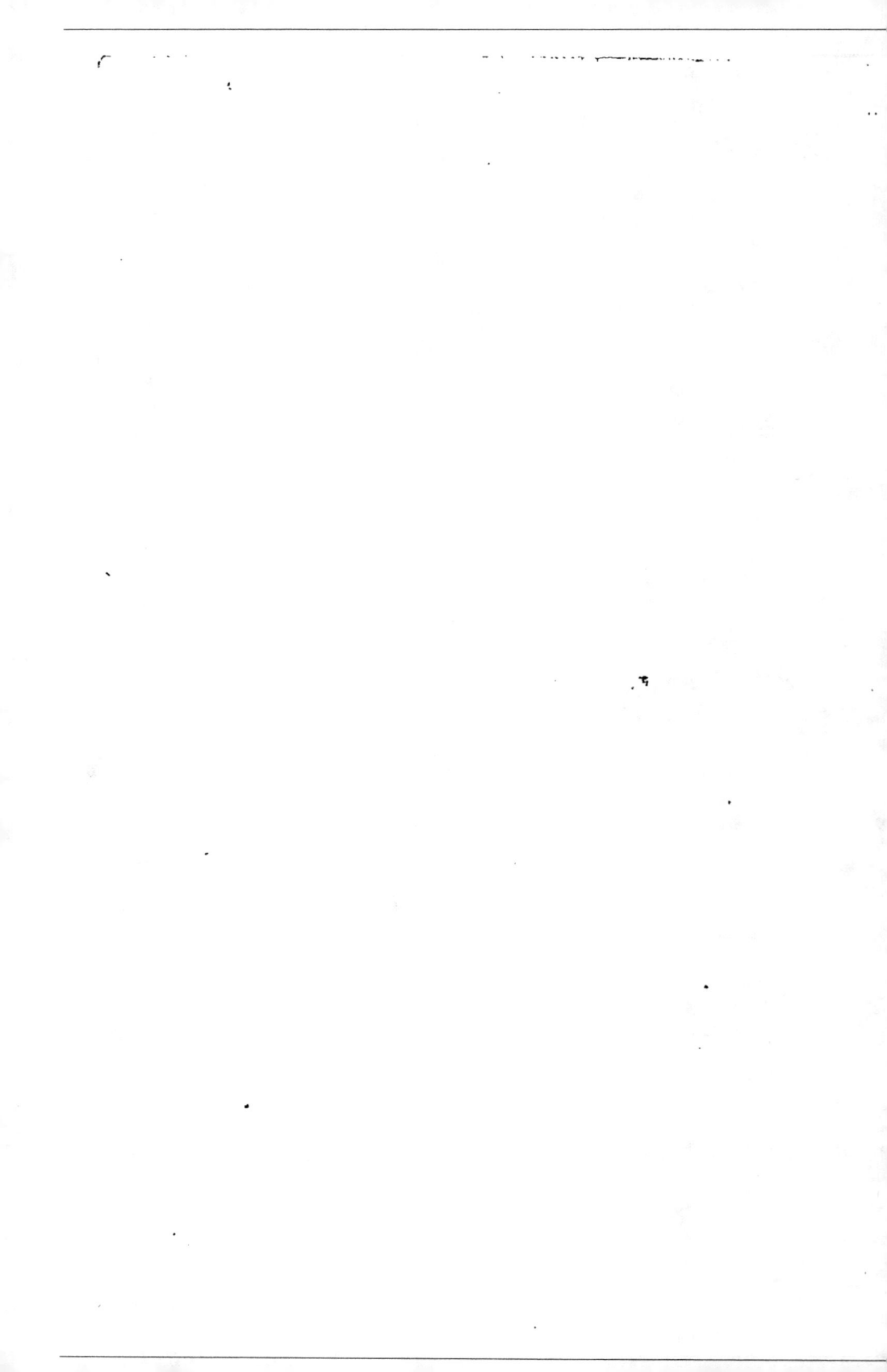

LA

# POLICE

PENDANT LA

## RÉVOLUTION & L'EMPIRE

DEUXIÈME PARTIE DES

## MYSTÈRES DE LA POLICE

PARIS

LIBRAIRIE CENTRALE

24, BOULEVARD DES ITALIENS, 24

—

1864

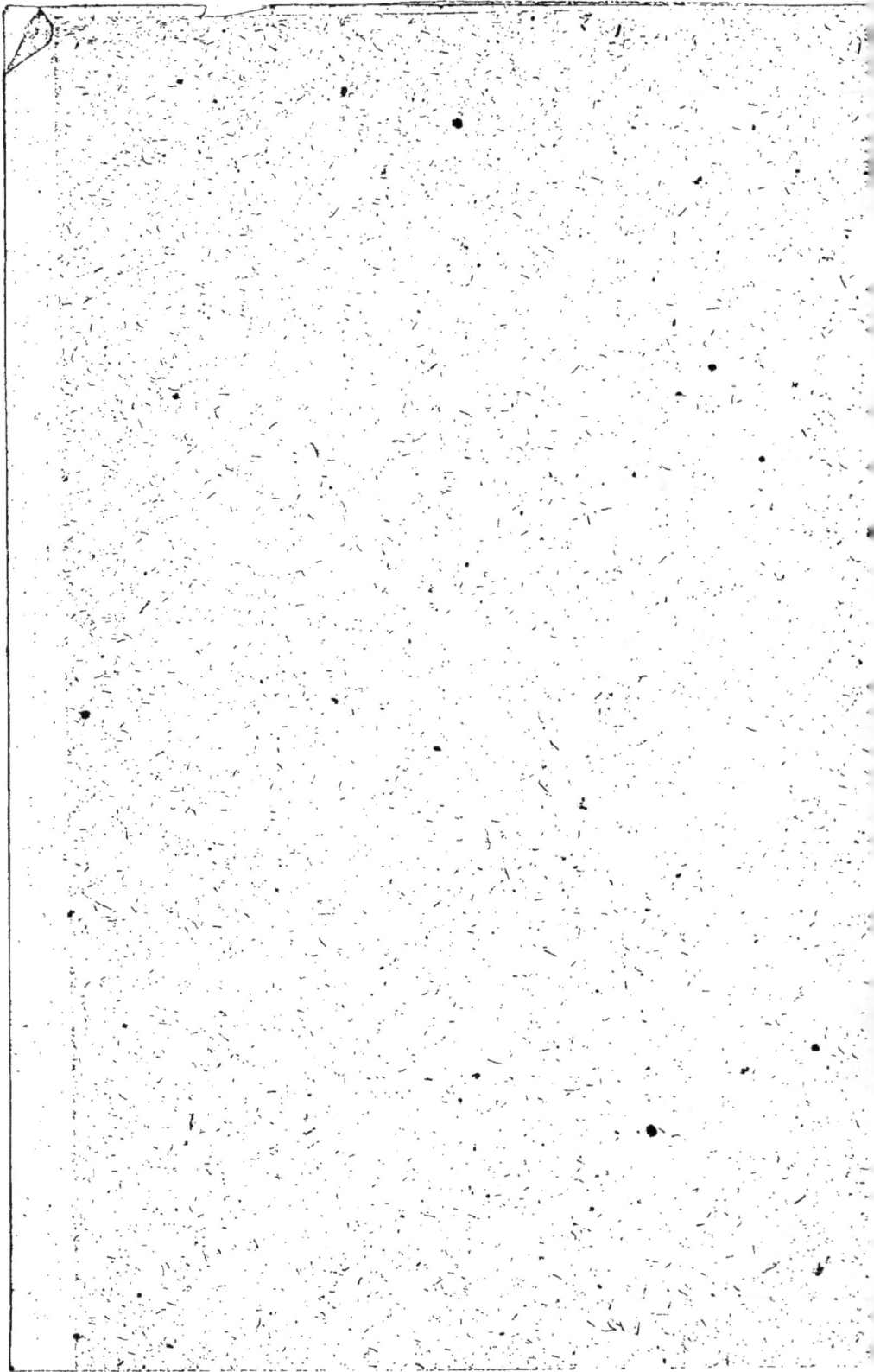

# LA POLICE

## PENDANT LA

# RÉVOLUTION & L'EMPIRE

### DEUXIÈME PARTIE DES

## MYSTÈRES DE LA POLICE

VERSAILLES. — IMPRIMERIE CERF, RUE DU PLESSIS, 59.

# LA
# POLICE

PENDANT LA

## RÉVOLUTION & L'EMPIRE

DEUXIÈME PARTIE DES

## MYSTÈRES DE LA POLICE

PARIS

LIBRAIRIE CENTRALE

24, BOULEVARD DES ITALIENS, 24

—

1864

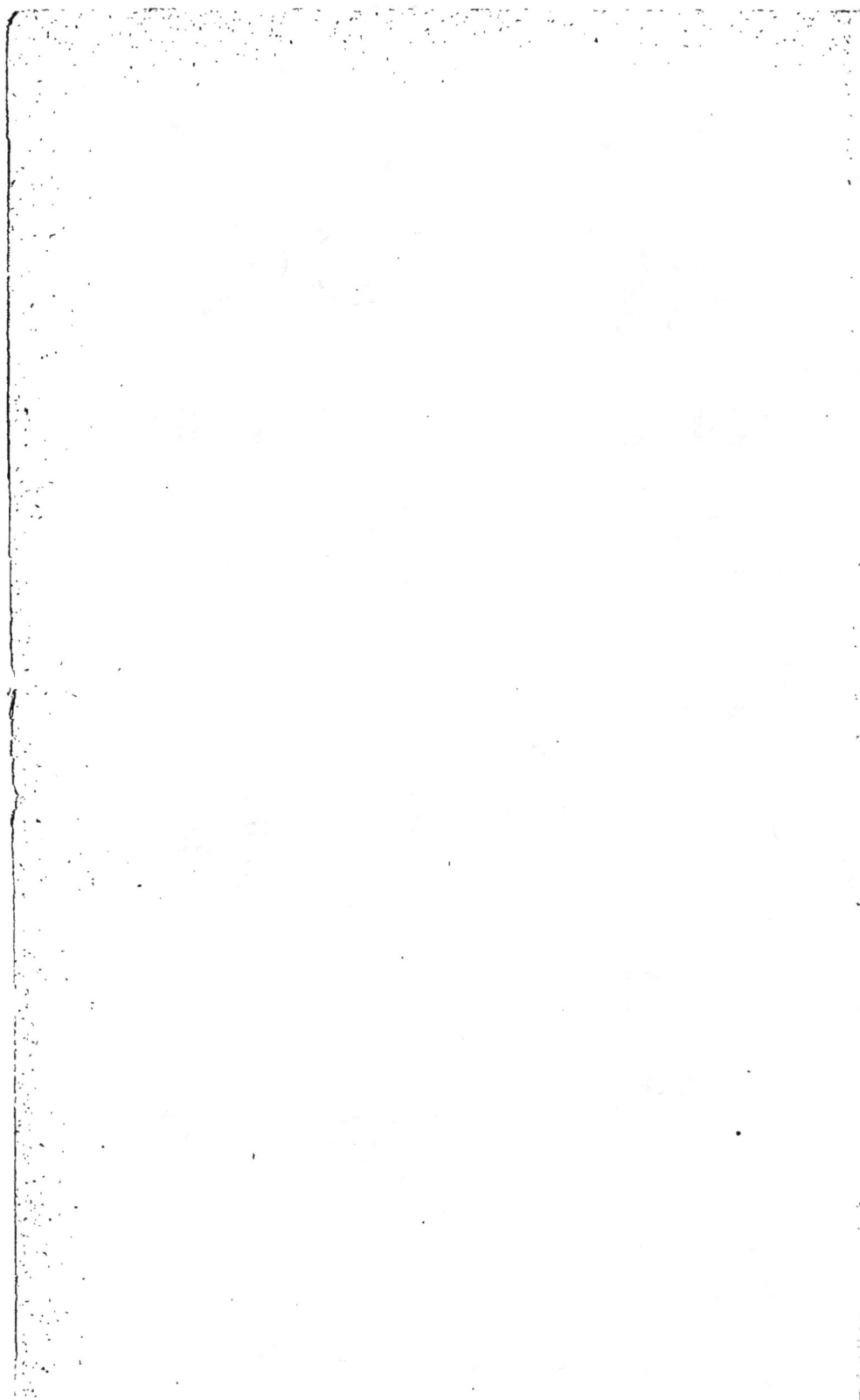

# LES MYSTÈRES

DE

# LA POLICE

## CHAPITRE 1.

### La police et les principes de 1789.

Un des premiers actes de la Révolution fut l'abolition de la police, de cette police honteuse qui avait fleuri sous les règnes corrompus de Louis XIV et de Louis XV, qu'allait bientôt rétablir l'Empire, ramenant avec le despotisme toutes les turpitudes de l'ancien régime, de cette police dont le seul fonctionnement est

II                                             1

un outrage à la morale publique en même temps qu'une menace constante à la liberté individuelle. Il est bien entendu que nous ne parlons pas de la police qui, en poursuivant les criminels, devient la sûreté de tous les citoyens, et est la sauvegarde de la société.

Nous trouvons la police très-bien caractérisée et son rôle établi avec une justesse énergique, dans un remarquable rapport du comité d'institution sur l'organisation judiciaire, fait à l'Assemblée nationale par M. Bergasse, dans la séance du 17 août 1789.

« C'est à notre police, si inconsidérément célébrée, à ses précautions minutieuses pour entretenir la paix au milieu de nous, à son organisation tyrannique, à son activité toujours défiante, et ne se développant jamais que pour semer le soupçon et la crainte dans tous les cœurs, au secret odieux de ses punitions et de ses vengeances ; c'est à l'influence de toutes ces choses que nous avons dû si longtemps l'anéantissement du caractère national, l'oubli de toutes les vertus de nos pères, notre patiente lenteur dans la servitude, l'esprit d'intrigue substitué parmi nous à l'esprit public, et cette licence obscure qu'on trouve partout où ne règne pas la liberté. »

Qu'on médite bien ces paroles profondes ; l'expérience, en les confirmant, nous a appris quelle influence pernicieuse la police, partout où elle est investie de ce pouvoir mystérieux qui tient entre ses mains la vie, la liberté et le repos des citoyens, exerce sur le caractère moral et les mœurs publiques des peuples.

La police, pendant toute la Révolution, ne fut qu'une simple institution municipale, et c'est là le véritable caractère que lui assignent les principes de 1789, qui réprouvent de la façon la plus formelle l'organisation inquisitoriale et arbitraire qu'elle avait sous l'ancien régime et qui lui a été rendu par l'Empire.

Ce fut seulement sous le Directoire, alors que la réaction commençait à lever la tête, que fut rétabli la lieutenance générale de police, sous la forme d'un ministère spécial. Vainement Dumolard, Echassériaux, Madier, André Dumont, Thibaudeau s'élèvent contre la proposition du Directoire et soutiennent que l'institution proposée est monarchique, inconstitutionnelle et dangereuse pour la liberté. La proposition passa, mais déshonorée par la discussion même, de même que toutes les propositions arbitraires et vagues qu'une majorité plus ou moins représentative fait triompher de vive force au scrutin sur une minorité plus ou moins réelle. « Une police active et dirigée par un ministre austère et ferme dans les principes républicains, disaient les partisans de l'institution, une police surveillée par un ministre calme au milieu des orages et impassible au milieu des passions particulières; une police sévère, mais juste, éventera dans l'intérieur de la République tous les projets destructeurs de la liberté, éclairera toutes les intrigues et maintiendra la tranquillité. » Ils ne voulaient pas voir que, dans un pays surtout où la liberté se pavane comme un drapeau de parade dans les institutions écrites et fait défaut dans l'organisation matérielle de la commune, un ministre de la police peut également contribuer à la destruction comme au maintien de l'autorité centrale, à l'oppression des citoyens comme au bouleversement du pays, à la provocation des troubles comme à leur répression, et qu'en définitive, les dangers de la police générale en balancent assez les avantages pour que l'on dût renoncer aux bienfaits de son immense pouvoir.

La résolution, adoptée par le conseil des Cinq-Cents, fut envoyée au conseil des Anciens. Elle n'appela que deux membres à la tribune : Portalis, qui parla contre, et Poultier, qui l'appuya. Le discours de Portalis, grave, simple, sage, sans passion, sentiment d'un jurisconsulte interrogé sur une question d'économie politique, et ne se plaçant qu'au point de vue des principes pour motiver son opinion, nous semble offrir un vif intérêt.

« Cette résolution, dit-il, me suggère plusieurs observations importantes. Je remarque d'abord qu'on lui a donné plus d'extension que n'en avait le message du Directoire exécutif qui l'a provoquée, et qu'au lieu d'un ministre de la police de Paris, on a fait un ministre de la police générale de la République.

» Qu'est-ce que la police? J'en conçois deux sortes. Le mot de *police générale* peut signifier le maintien de l'ordre, de la sûreté de la République entière, et cette surveillance est déléguée par la Constitution au Directoire lui-même.

» Si nous attachons au mot *police* l'acception que l'usage de tous les peuples lui donne, nous entendrons la surveillance des mœurs, des approvisionnements généraux des cités, la propreté et l'assainissement des lieux publics; en un mot, tout ce qui comprend les sûretés et les commodités de la vie. La police n'est pas l'ordre public de l'État, mais l'ordre public de chaque cité; de là, il suit qu'elle doit être locale, parce que les besoins d'une ville ne sont pas ceux d'une autre. Si la police est inhérente à chaque cité, si elle est essentiellement locale, on ne peut pas créer un ministre de la police générale de la République, qui, n'étant point dans chaque localité, ne pourra point donner à la police toute l'activité et la célérité qui fait sa force, et constituent son plus grand degré d'utilité.

» Loin de former un ministère particulier, la police doit être l'œil de tous les ministères. Aujourd'hui le ministre de la justice a besoin de faire observer les

1.

mœurs de ceux qui sont chargés d'une des parties les
plus importantes de la garantie sociale, des juges, il
se sert de la police ; demain, le ministre de la guerre
a besoin de savoir s'il n'est pas quelques jeunes gens
de la réquisition qui se refusent de marcher aux armées, il emploie la police; et ainsi de suite pour tous
les ministères. Loin donc d'être l'égale de tous les
ministères, la police doit leur être subordonnée; elle
est au-dessous de toutes les autorités constituées, elle
n'a aucun pouvoir à exercer. Si vous en faites un ministère, vous lui ôtez sa nature de surveillance pour
en faire une autorité qui jalousera toutes les autres et
qui en sera jalousée à son tour, parce qu'elle les gê-
nera sans cesse; vous en faites une autorité à laquelle
vous ne pouvez point assigner de limites, une autorité
qui envahira les autres ministères, car l'action de la
police s'étend sur tout, une autorité qui inspirera des
craintes au Directoire lui-même.

» Je suppose cependant que vous établissiez ce septième ministère. Vous venez de voir qu'il est impossible de poser les limites de ces fonctions, car la police
s'applique à tout, car toutes les parties de l'administration ont besoin d'être surveillées; qui vous assurera
que les attributions restant aux autres ministères ne
contrarieront pas l'action de la police, et que l'action
de la police ne contrariera pas l'action des autres ministères?...

» Je pense que pour éviter tous les inconvénients que je viens de relever, et pour remplir autant que possible le but qu'on se propose, il aurait mieux valu créer un magistrat principal de la police dans chaque grande commune. C'est surtout dans les villes principales qu'il faut surveiller les mœurs, les spectacles et toutes les passions qui sont bien plus multipliées et plus funestes dans les grandes villes qu'ailleurs. L'attention du magistrat n'étant point perdue sur une immense étendue de terrain, en serait plus resserrée, plus vigilante ; on se rapprocherait davantage de l'institution de la police, on rentrerait dans les vues du Directoire qui, sentant bien que la police ne pouvait être que locale, avait demandé la création d'un officier chargé de la police de la seule commune de Paris.

» Le rapporteur a dit que cette création ne pouvait pas être permise, parce qu'elle n'était point dans la hiérarchie constitutionnelle... Mais prenez bien garde encore une fois que l'homme qui est chargé de la police est bien moins un fonctionnaire que l'œil des fonctionnaires. Celui dont je parle n'entrerait point dans la constitution ; il serait un des agents principaux du Directoire, que l'on chargerait d'observer tout ce qui tendrait à troubler la tranquillité publique, et d'en faire part au ministre de la justice, duquel les autres ministres recevraient les avertissements qui les concerneraient.

» Voilà les observations que j'ai cru devoir soumettre au Conseil. Je vote contre la résolution. »

Le ministère de la police générale fut créé par la loi du 12 nivôse an IV (2 janvier 1796). Ce ministère fut offert à Camus, ex-conventionnel, janséniste austère, homme absolu et farouche. Il refusa. Ce fut Merlin de Douai qui fut désigné alors pour remplir le premier cette fonction. Les autres ministres de la police, sous le Directoire, furent Cochon de Lapparent, ex-conventionnel, du 3 avril 1796 au 6 juillet 1797; Lenoir la Roche, du 6 juillet 1797 au 26 du même mois; Sotin de la Coindière, du 26 juillet 1797 au 12 février 1798; Doudeau, du 12 février au 10 mai 1798; le Carlier, du 10 mai au 29 octobre 1798; Duval, du 29 octobre 1798 au 22 juin 1799, et Bourguignon-Dumolard, du 22 juin au 20 juillet 1799.

Portalis n'avait indiqué que les inconvénients administratifs de la création du ministère de la police, mais des inconvénients, plus graves au point de vue de la dignité politique, de la morale et de la liberté individuelle, ne tardèrent pas à se faire sentir, et, dans un rapport fait au conseil des Cinq-Cents, par Bailleul, après l'événement du 18 fructidor, sur l'état de la République et sur les moyens de remédier aux maux qui la divisent, nous lisons ce passage remarquable :

« Je ne craindrais pas d'avancer que le ministère de la police générale est une excroissance révolution-

naire, incompatible avec la constitution, et que la suppression de ce ministère est propre à tranquilliser les
citoyens, et à prévenir les déchirements et les troubles. En effet, n'a-t-on pas vu cette institution hétéro-
gène, établie pour le maintien de l'ordre social, devenir l'ennemi le plus dangereux de la liberté et de la
sûreté des citoyens, l'instrument de toutes les factions, le foyer de toutes les persécutions de détail
exercées contre les citoyens, et surtout l'arme perfide
avec laquelle les puissants haineux ou abusés ont frappé
et tourmenté impunément les objets de leurs passions.

» C'est au ministère de la police générale que j'attribue une partie des maux qui ont affligé la République; c'est lui qui a organisé et soutenu le système de
bascule politique, qui a alternativement agité, op-
primé les divers partis qu'il opposait successivement
les uns aux autres; c'est lui qui a créé ces conspirations
imaginaires qui ont divisé les citoyens et les magistrats; qui a organisé cette horrible boucherie qui a
teint les champs de Grenelle du sang d'une foule de
citoyens égorgés au mépris des lois par une commission
militaire; c'est le ministère de la police qui entoure la
représentation nationale d'une armée de mouchards,
les Directeurs des fantômes les plus absurdes d'une
terreur insensée; c'est le ministère de la police qui ra-
petisse, rétrécit l'âme des gouvernants, les entretient

sans cesse de quolibets frivoles, de rapports perfides,
leur fait voir la République dans des tripots, dans des
cafés, dans des groupes excités par les mouchards eux-
mêmes ; c'est le ministère de la police qui fait du plus
vil des métiers une institution constitutionnelle, un
moyen de gouvernement ; c'est du ministère de la police que sont sorties les délations criminelles, les lettres de cachet, les proscriptions les plus funestes.

» Et remarquez, citoyens législateurs, que ce ne
sont pas ici des inconvénients passagers et auxquels il
est facile d'apporter remède, ce sont des abus dérivant
nécessairement de l'institution elle-même. Le ministère de la police ne peut être senti et aperçu que
quand il y a des troubles et des conspirations, et que
les autorités ne font pas leur devoir ; lorsque ces troubles, ces désordres n'existent pas, il est forcé de les
enfanter, de les supposer, afin de conserver le mouvement et la vie ; un mouchard serait chassé s'il ne faisait pas des rapports ; il faut donc qu'il broie du noir,
et pour ne pas déplaire, il faut encore bien qu'il prenne
le ton du jour et qu'il serve les passions du maître (1). Otez au ministère de la police l'espionnage,

---

(1) L'inspecteur Veyrat disait un jour à un *observateur* qui lui remettait un rapport sur les projets et quelques discours des royalistes : *Vous oubliez donc qu'il y a aussi des anarchistes, et qu'il faut
faire des rapports contre eux?* Cet observateur n'en fit pas ; peu de
jours après il fut renvoyé. Voilà tout le secret de la police et l'âme
de son action.                        (*Note de l'orateur.*)

appelé par lui du nom pompeux de *police d'observation*, le voilà sans âme et sans vie. La surveillance sur les autorités administratives, la correspondance avec elles appartient au ministère de l'intérieur : Le ministère de la police n'a eu un instant d'utilité réelle que parce qu'il avait totalement usurpé cette attribution. La police est organisée par la loi ; elle doit être surveillée, activée par les corps administratifs et les bureaux centraux : le ministère de l'intérieur est le centre de toute cette surveillance. Si on nommait une commission extraordinaire chargée par une loi de déterminer définitivement, dans un délai fixé, toutes les réclamations contre les listes d'émigrés, il ne resterait plus au ministère de la police que ses espions, ses conspirations, ses arrestations arbitraires, sa tendance au continuel accroissement de l'autorité exécutive, c'est-à-dire tous les abus dangereux pour la tranquillité publique, pour la sûreté de la représentation nationale, et la marche régulière et vivifiante de la constitution. Un lieutenant de police fameux convenait de l'impossibilité de se servir d'honnêtes gens pour exercer le métier de mouchards. Mais, législateurs, que pensez-vous de celui qui reçoit, qui remplit la mission d'environner la représentation nationale, les autorités, les citoyens d'une armée d'espions ; qui remplit ses cartons de rapports contre les représentants du peuple ; qui livre leur conduite, leurs discours, leur vie privée à la bêtise ou à la malveillance des êtres les plus abjects, et qui entretient gravement chaque matin les magistrats supérieurs, ou des calomnies perfides de ses agents, ou du tableau incohérent des sottises ou des erreurs de quelques citoyens? Vous frémiriez si les cartons et les ressorts de la police étaient dévoilés à vos yeux! Il est temps de supprimer cette institution parricide, constituée en état de guerre avec tous les citoyens, et qui ne sert qu'à tromper, avilir et faire détester l'autorité. »

Nous n'ajouterons rien à cette énergique dénonciation. Notre rôle se borne à fournir des preuves à l'appui. Seulement nous ferons encore une citation, extraite de la brochure de Chateaubriand : *de la Monarchie selon la Charte :*

« Comme il y a des ministres qui ne peuvent l'être sous une monarchie constitutionnelle, il y a des ministères qui ne sauraient exister dans cette sorte de monarchie : c'est indiquer la police générale.

» La police générale est une police politique ; elle tend à étouffer l'opinion ou à l'altérer ; elle frappe donc au cœur le gouvernement représentatif. Inconnue sous l'ancien régime (1), incompatible avec le nouveau,

(1) Ici la haine de Chateaubriand pour la révolution, et sa partialité pour l'ancien régime, l'égarent assurément. Il suffira pour s'en convaincre de parcourir le premier volume de cet ouvrage; et même, les pages qui précèdent celle-ci.

c'est un monstre né dans la fange révolutionnaire de l'accouplement de l'anarchie et du despotisme...

» Les secrets du gouvernement sont entre les mains de la police ; elle connaît les parties faibles et le point où l'on peut attaquer. Quel danger imminent, si son chef est allié à une faction puissante et redoutée !...

» Ajoutez que les hommes consacrés à la police sont ordinairement des hommes peu estimables, et quelques-uns d'entre eux des hommes capables de tout. Comment peut-on tolérer un tel foyer de despotisme, un tel amas de pourriture au milieu d'une monarchie constitutionnelle ? Comment, dans un pays où tout doit marcher par les lois, établir une administration dont la nature est de les violer toutes ? Comment laisser une puissance sans bornes dans les mains d'un ministre que ses rapports forcés avec ce qu'il y a de plus vil dans l'espèce humaine doivent disposer à profiter de la corruption et à abuser du pouvoir ?

» Que faut-il pour que la police soit habile ? Il faut qu'elle paie le domestique, afin qu'il vende son maître ; qu'elle séduise le fils, afin qu'il trahisse son père ; qu'elle tende des piéges à l'amitié, à l'innocence ? Récompenser le crime, punir la vertu, c'est toute la police.

» Le ministre de la police est d'autant plus redoutable que son pouvoir entre dans les attributions de tous les autres ministres, ou plutôt qu'il est le ministre

2

unique. N'est-ce pas un roi, qu'un homme qui dispose de la gendarmerie de la France, qui lève des impôts, perçoit une somme de sept à huit millions dont il ne rend pas compte aux Chambres? Ainsi, tout ce qui échappe aux pièges de la police, vient tomber devant son or et se soumettre à ses pensions. Si elle médite quelque trahison, si tous ses moyens ne sont pas encore prêts, si elle craint d'être découverte avant l'heure marquée, pour détourner le soupçon, pour donner une preuve de son affreuse fidélité, elle invente une conjuration, immole à son crédit quelques misérables, sous les pas desquels elle sait ouvrir un abîme.

» Les opinions peuvent-elles être indépendantes en présence d'un ministre qui ne les écoute que pour connaître l'homme qu'il faut dénoncer un jour, frapper ou corrompre? »

# CHAPITRE II

## La Police révolutionnaire.

Pendant la Révolution, la police fut faite par les sociétés populaires et les municipalités; les grandes mesures politiques, l'irritation produite par les circonstances, les visites domiciliaires, les recensements étaient les véhicules dont on tirait un parti souvent désastreux, L'espionnage était alors presque toujours volontaire et désintéressé; mais la voie des dénonciations était un moyen de popularité et une preuve de zèle patriotique. Aussi, rarement ceux qui, pour sauver leur tête, se cachaient à tous les yeux, parvinrent-ils à échapper à ces surveillants actifs et passionnés.

La *terreur* : ce mot seul faisait les fonctions de lieutenant général de police.

D'ailleurs, on peut remarquer à cette époque une absence presque complète de crimes et de délits privés. Les mauvais penchants de la nature humaine avaient pris une autre direction.

On a vu, dans la première série de cet ouvrage, que Bailly ayant été nommé maire de Paris, le 16 juillet 1789, le dernier lieutenant général de police, Thiroux de Crosne, remit son administration entre ses mains, et la police n'occupa plus, dès lors, qu'un simple comité séant à l'Hôtel-de-Ville.

On n'ignore pas les désordres auxquels la cherté des subsistances servit de prétexte en cette année 1789. Un boulanger, nommé François, était soupçonné de fraude et d'accaparement dans son commerce ; on l'arrête dans sa boutique, on l'emmène au comité de police à l'Hôtel-de-Ville ; il en est arraché par la multitude avec violence, traîné sur la place de Grève, où il est pendu à un réverbère. Sa tête ensuite est coupée et portée dans Paris au bout d'une pique.

Un pareil crime était fait pour alarmer les gens de bien qui savaient que le crime appelle le crime, et que l'odeur du sang en allume la soif. Le garde des sceaux écrivit à la municipalité provisoire d'en faire rechercher les auteurs et les provocateurs. Elle promit 20,000 fr. à qui dénoncerait les agents ou instigateurs de l'assassinat du boulanger François.

Mais comment les découvrir? Comment connaître et surveiller les agitateurs secrets, s'il y en avait, et les livrer à la justice? L'idée d'un *comité de sûreté* fut mise en avant; c'était la plus naturelle qu'on pût proposer. Le conseil général de la commune l'adopta, et le 21 octobre 1789, il prit un arrêté où il déclara que, « vivement affligé de voir que, malgré ses invitations aux habitants de la capitale pour les engager à ne plus troubler la tranquillité publique par des insurrections aussi préjudiciables aux particuliers qu'à la ville entière, de nouveaux actes de violence et de meurtre même se commettaient encore pendant le séjour du roi dans sa bonne ville de Paris et pendant les séances de l'Assemblée nationale; considérant qu'il est de son devoir de chercher à découvrir les manœuvres odieuses que des gens mal intentionnés emploient pour dénaturer le caractère doux et humain du peuple français, et pour l'exciter à des troubles qui ne tendent qu'à tourner contre ses propres intérêts, a unanimement arrêté qu'il serait établi un *comité de recherches* composé de membres pris dans son sein, qui se borneraient, et sans avoir aucun pouvoir administratif, à recevoir les dénonciations et les dépositions sur les trames,

2.

complots et conspirations qui pourraient être découverts; s'assureraient au besoin des personnes dénoncées,
les interrogeraient et rassembleraient les pièces et
preuves qu'ils pourraient recueillir pour en former un
corps d'instruction. » En conséquence, il nomma,
par la voie du sort, les commissaires pour les fonctions
ci-dessus énoncées.

Cet arrêté, signé Bailly, maire; Blondel, de la
Vigne, Marchois, présidents de l'assemblée des représentants de la commune, et de Bertolio et de Vigie,
secrétaires, fut affiché et proclamé dans Paris. Au lieu
d'éloges, au moins inutiles à des affamés, que la terreur
de voir leurs familles périr des suites de la disette rendait indomptables et féroces; au lieu d'un comité de
menaces, qui devait employer un certain personnel, il
eût été plus simple, plus convenable de prendre des
mesures générales d'approvisionnement : on ouvrait
des voies à la dénonciation et à la répression ; mais
l'échafaud et l'espionnage ne suffisent pas à tous les
besoins.

Les commissaires nommés par le sort pour composer
ce comité furent MM. Agier, Oudart, Perron, Lacre-
telle (l'aîné), Garron de Coulon et Brissot de Warville.
Leurs fonctions étaient, comme on le voit, tout à la
fois de police secrète ou administrative, et de police
judiciaire; ils pouvaient recevoir des dénonciations,
arrêter les prévenus, les interroger, dresser procès-

verbal de la première instruction, et renvoyer les accusés devant les tribunaux. C'était devant le Châtelet
que se portaient les accusations de conspiration et de
crime de lèse-nation.

A mesure que les travaux du comité prirent de l'importance, il devint l'objet de plusieurs réclamations
de la part des adversaires de la Révolution ; plusieurs
actes arbitraires, et la haine que l'on porte généralement à l'espionnage politique, fournirent des argu-
ments contre lui. La démarche imprudente qu'il fit,
entre autres, d'arrêter madame de Jumisbrac, retirée
dans une de ses terres, et de la faire comparaître
devant lui pour répondre à de frivoles dénonciations,
donna prise aux mécontents de jeter du ridicule et de
l'odieux sur le comité. M. de Clermont-Tonnerre fut
un de ceux qui crièrent le plus haut ; il en attaqua les
membres, et leur prodigua les noms les plus odieux ;
le comité lui-même n'était, suivant le violent député,
qu'une *tyrannie organisée* ; mais c'était moins du
comité et de son pouvoir arbitraire, que de l'objet de
son institution, que M. de Clermont-Tonnerre était
blessé. Tout ce qui avait pour but de défendre la Révolution devait produire cet effet parmi les membres
de la noblesse, dont il était un des plus illustres; aussi
ses plaintes et ses dénonciations se perdirent-elles
dans la foule des récriminations qu'excitait le nouvel
état de choses. Cependant Brissot de Warville voulut

défendre le comité. Il répondit par une brochure à
**M.** de Clermont-Tonnerre, et s'attacha à montrer que
sans les pouvoirs dont était revêtu ce comité, et sans
les actes arbitraires qu'il se permettait, et auxquels il
était en quelque sorte obligé pour remplir sa mission,
il aurait été impossible d'en obtenir quelque résultat
utile pour la recherche des agitateurs et la repression
des desordres dont M. de Clermont-Tonnerre se plaignait plus que personne. Ces raisons ne parurent pas
également plausibles à tous les yeux, et le nom du comité de recherches resta toujours entaché d'un vernis
inquisitorial qui ne s'est pas effacé.

Parmi ses travaux, il faut citer l'enquête qu'il ordonna èt fit faire sur les auteurs de ce qu'il appelle la
*conspiration tramée par la cour contre la ville de
Paris, en juin et juillet* 1789. Les pièces, qu'à cette
occasion il produisit contre MM. de Barenton, garde
des sceaux, de Bezenval, de Broglie et autres personnes signalées comme complices de cette conspiration,
produisirent un grand effet dans le public, et contri-
buèrent à éclairer l'opinion sur les manœuvres auxquelles on entraînait le roi et le gouvernement à cette
époque.

Mais une de ses plus importantes opérations se rapporte à la recherche des auteurs et des circonstances
des événements du 6 octobre précédent, le 5 n'ayant
été considéré que comme un tumulte populaire qui ne

lui parut pas criminel. L'arrêté qu'il prit à ce sujet caractérise sa mission et son opinion sur les scènes de Versailles. C'est une pièce historique qui a sa place ici.

« Le comité des recherches, y est-il dit, se propose de dénoncer le forfait exécrable qui a souillé le château de Versailles dans la matinée du mardi 6 octobre, forfait qui n'a eu pour instrument que des bandits poussés par des manœuvres clandestines, et qui se sont mêlés avec les citoyens. Le comité ne rappellera pas les excès auxquels ces brigands se sont livrés, et qu'ils auraient multipliés sans doute s'ils n'avaient été arrêtés par des troupes nationales destinées à repousser les désordres, et à assurer la tranquillité du roi et de l'Assemblée nationale. Le calme et l'harmonie régnaient partout : on ne parlait que de reconnaissance, d'amour et de fraternité, lorsque, entre cinq et six heures du matin du mardi, une troupe de bandits armés, accompagnés de quelques femmes, fit, par des passages intérieurs du jardin, une irruption soudaine dans le château, força les gardes du corps en sentinelle dans l'intérieur, enfonça les portes, se précipita vers les appartements de la reine, massacra quelques uns des gardes qui veillaient à sa sûreté, et pénétra dans cet appartement, que Sa Majesté eut à peine le temps de quitter pour se réfugier chez le roi. La fureur de ces assassins ne fut réprimée que par les gardes nationales qui, averties de ce carnage, accoururent de leurs postes extérieurs pour les repousser, et arracher de leurs mains d'autres gardes du corps qu'ils allaient immoler.

» Le comité, considérant que des attentats aussi atroces, s'ils restaient sans poursuite, imprimeraient à l'honneur de la capitale et au nom français une tache ineffaçable, estime que M. le procureur-syndic doit, en vertu de la mission qui lui a été donnée par les représentants de la commune, et en continuant les dénonciations faites précédemment d'après les mêmes pouvoirs, dénoncer les attentats ci-dessus mentionnés ainsi que leurs auteurs, fauteurs et complices, et tous ceux qui, par des promesses d'argent ou par d'autres manœuvres, les ont excités et provoqués. »

Fait audit comité, le 25 novembre 1789.

> *Signé :* AGIER, PERRON, OUDART, GARRON DE
> COULON et BRISSOT DE WARVILLE.

Du moment que les circonstances et l'état de l'opinion ne rendirent plus ses fonctions nécessaires, le président du comité vint annoncer au conseil général de la commune (le 5 octobre 1791) que ses travaux étaient à leur terme. En conséquence, le conseil général arrêta : « 1° que le comité cesserait ses fonctions; 2° que les papiers inventoriés seraient déposés au département de la police; 3° que des remercîments

seraient votés au comité pour le zèle et la prudence
avec lesquels il avait rempli les devoirs les plus pénibles. »

   *Signé* : BAILLY, maire ;

        ROYER, secrétaire-greffier-adjoint.

Ce Royer n'est autre que Royer-Collard, qui fut
depuis le coryphée de l'opposition libérale sous la
Restauration.

Comme autorité de Paris, le comité des recherches
de la commune de Paris a exercé son pouvoir en li-
vrant aux tribunaux plusieurs de ceux qui étaient
accusés de conspiration ou de complots contre l'État.
M. Agier, qui fut, sous la Restauration, membre de la
cour royale et de la chambre des députés, en avait
rendu compte à l'Assemblée générale des représentants de la commune dès le 30 novembre 1789 ; son
rapport fut imprimé par ordre de cette assemblée.

Ce rapport est assez curieux. Le rapporteur se plaint
du manque de moyens que le comité éprouvait pour
remplir sa mission. « Nous avons été privés, dit-il,
d'un nombre suffisant *d'observateurs,* espèce d'armée
qui était aux ordres de l'ancienne police, et dont elle
faisait un si grand usage. Si tous les districts étaient
bien organisés, si leurs comités étaient bien choisis et
peu nombreux, nous n'aurions vraisemblablement aucun sujet de regretter la privation d'une ressource

odieuse que nos oppresseurs ont si longtemps employée contre nous. »

M. Agier entreprend la réhabilitation de la délation, et combat ce qu'il appelle une *fausse délicatesse :* « reste, dit-il, de nos anciennes mœurs, qui fait qu'on rougit de déclarer ce que l'on sait, même lorsqu'il est question du salut de la patrie. Qu'il me soit permis de le dire, ajoute-t-il, il est temps de déposer ces préjugés. Autrefois on abhorrait le nom de *délateur*, et l'on avait raison; car, à quoi aboutissaient les délations? A faire connaître souvent des actions très-innocentes, quelquefois même vertueuses, et à livrer le prétendu coupable au pouvoir arbitraire, et à une justice presque aussi redoutable aux gens de bien : partiale dans son instruction, cruelle dans ses moyens, secrète et impénétrable dans sa marche. Aujourd'hui, tout est changé; ce ne sont plus des actes de vertu ou des démarches indifférentes qu'il s'agit de dénoncer, mais des complots funestes à la patrie. Le but des dénonciations, quel est-il? Ce n'est pas de perdre obscurément la personne dénoncée ou de compromettre son existence, mais de l'amener devant ses pairs pour y être examinée sur-le-champ, renvoyée si elle se trouve innocente, et, dans le cas contraire, livrée à une justice humaine, publique, impartiale, qui ne peut être terrible qu'aux malfaiteurs. Le silence, en matière de délation, est vertu sous le despotisme; c'est un crime sous l'empire de la li-berté. »

Cette doctrine, trop périlleuse, trop favorable à la tyrannie pour être adoptée, fut, malgré tout ce que M. Agier put dire, généralement repoussée du public et de ses collègues. C'est surtout dans les troubles publics, dit-on, qu'elle est funeste, et trop d'exemples le prouvent. Ce qu'un parti appelle vertu, courage, l'autre le nomme trahison; tel est coupable le lendemain pour avoir fait ou dit une chose qui la veille lui avait valu une couronne; la *dénonciation* des crimes dans la société est à peine tolérable, malgré les garanties qu'offrent à l'accusé l'institution des jurés, la publicité de la procédure et l'intervention d'un défenseur. Mais que dire de la *délation* qui porte sur des délits politiques, essentiellement variables, incertains, si sujets au caprice du pouvoir? N'est-elle pas elle-même un crime, un danger qu'il faut repousser, et que Tacite a eu raison de classer parmi les plus honteux titres des courtisans de Tibère?

D'ailleurs, on ne régularise pas l'espionnage avec des phrases plus ou moins bien tournées contre les abus de la délicatesse. Cette délicatesse est et sera; elle a ses abus comme tout le reste. Tous les partis, dans leur propre isolement, se posent comme les représentants uniques de la patrie; tous se disent vertueux, justes et bons; rien ne sera plus suspect tant que leurs adversaires n'en seront pas d'accord. En présence de leurs nombreux excès et de leurs diverses représailles, l'impartialité serait de les absoudre ou de les condamner tous. L'honneur et la vertu sont, en effet, des choses que tour à tour ils ont cruellement prostituées à des haines et à des vengeances.

L'influence des événements allait rendre la police encore plus soupçonneuse, plus arbitraire, plus inquisitoriale. Dès le commencement de 1792, l'Assemblée législative, voulant s'opposer aux émigrations qui devenaient fréquentes et inspiraient des craintes, adopta des mesures préventives de rigueur dont l'exécution fut confiée et recommandée aux autorités de police.

La loi des passeports surtout occupa ces autorités; cette loi était devenue le motif d'une inquisition qui n'est pas encore disparue. Elle entraîna de nombreux changements dans le régime municipal; elle devint odieuse par l'usage qu'en firent les hommes puissants pour retenir sous leurs coups ceux qui, sans cette entrave, auraient trouvé un abri contre le danger. Jamais la police politique ne fut plus persécutrice, si pourtant on en excepte quelques années du gouvernement de Bonaparte. A chaque changement de domination, je ne dirai pas de gouvernement, cette fatale loi des passeports, avec les accessoires qui s'y rattachent, devenait une arme meurtrière contre ceux qui avaient succombé dans la lutte.

Les partisans des actes révolutionnaires trouvaient ces mesures indispensables à la paix du royaume. Les nobles, les ecclésiastiques, disaient-ils, ne se bornaient pas à l'émigration pure et simple, ce qui n'eût été que l'exercice d'un droit naturel où l'autorité n'aurait eu rien à voir; mais ils menaçaient sans cesse d'attirer sur la France la vengeance étrangère; ils se formaient en compagnies hostiles et entretenaient dans l'intérieur des correspondances pleines de malveillances et d'inimitiés. On dénonça donc cette conduite à l'Assemblée législative qui, dès le 1er février 1792, rendit un décret, sanctionné le 28 mars de la même année, sur les passeports. On y lit : « Que l'Assemblée, prenant en considération que, dans les circonstances actuelles, la sûreté de l'empire exige la surveillance la plus active, et qu'il est nécessaire de prendre les mesures qui peuvent concourir à la sûreté de l'État, décrète que toute personne qui voudra voyager dans l'intérieur du royaume sera tenue, jusqu'à ce qu'il en ait été autrement ordonné, de se munir d'un passeport. »

On était si convaincu cependant qu'une semblable police portait atteinte à la liberté civile que, par un article spécial, on ajouta : « Qu'obligée de multiplier temporairement les mesures de sûreté publique, l'Assemblée déclare qu'elle s'empressera d'abroger ce décret aussitôt que les circonstances qui l'ont provoqué auront cessé, et que la sûreté publique sera suffisamment assurée. »

Sans doute la nécessité domine la loi ; mais un voleur serait-il admis à donner cette excuse aussi insolemment devant les tribunaux ?

De nombreuses réclamations s'élevèrent bientôt de la part même des patriotes zélés ; ils se souvenaient que le général Lafayette avait, dans une des séances du mois de septembre 1791 de l'Assemblée constituante, proposé et fait décréter que tout Français pourrait voyager librement et sans passeport. Les municipalités se plaignirent de leur côté d'être assujetties à un service pénible et inusité, à interroger les voyageurs arrêtés, et que la circulation en était ralentie, tant pour le commerce que pour les affaires particulières.

Il fallut donc changer ou plutôt abolir la loi du 28 mars. Le 8 septembre, en conséquence, parut un décret qui prononça cette suppression ; on y dit que ; « Comme le meilleur moyen d'assurer la tranquillité de Paris est d'y maintenir l'abondance des subsistances, et que le moindre obstacle opposé à la circulation des personnes et des choses jetterait dans les approvisionnements de Paris et des armées une lenteur funeste, l'Assemblée décrète que la libre circulation est rétablie, que la loi du 28 mars ne sera exécutée qu'à dix lieues des frontières ou des lieux occupés par les armées étrangères. »

La liberté des passages était alors d'autant plus nécessaire qu'on sortait des scènes sanglantes d'août et
de septembre, que les passions populaires étaient por-
tées au plus haut degré d'exaspération, et qu'il était
de toute justice de laisser à ceux qui pouvaient en
être victimes un moyen de s'y soustraire.

La commune constitutionnelle avait été dissoute
dans la nuit du 9 au 10 août 1792; elle fut remplacée
par une assemblée de députés envoyés par les quarante-huit sections, qui prit le nom de *commune du
dix août*, et peu après, de *commune régénérée*; on
connaît les excès, les actes tyranniques, les usurpa-
tions et la fin des membres de cette commune. Soixante
onze des membres qui la composaient furent mis hors
la loi le 10 thermidor an II, et exécutés le lendemain.
Leur règne avait été marqué par des scènes désastreuses, au nombre desquelles il faut placer celles des premiers jours de septembre 1792. Les membres de la
municipalité qui étaient en fonction alors, ne se trouvèrent pas tous parmi ceux qui périrent au 11 thermidor; un petit nombre seulement s'y était main-
tenu.

Ce n'est pas ici le lieu de parler de ces scènes
épouvantables; nous dirons seulement qu'on a fort
exagéré le nombre des victimes, déjà trop considérable
sans doute.

Il y avait au 2 septembre 1792, 2,637 personnes

3.

détenues dans les prisons de l'*Abbaye*, de *Bicêtre*, du *Châtelet*, de la *Conciergerie*, de la *Force*, des *Galériens*, de la *Salpêtrière*, du *séminaire Saint-Firmin* et des *Carmes* de la rue de Vaugirard.

1,100 personnes y perdirent la vie dans les journées des 2, 3 et 4 septembre; 276 furent transférées; 142 mises en liberté; 276 évadées ou dont on ignora le sort; il en resta 243 dans les prisons.

On trouve dans les notes de la brochure de M. de Saint-Miard, intitulée : *Mon agonie de quarante-huit heures*, que le nombre des tués alla à 3,000. C'est une erreur; le nombre ci-dessus est exact, il est tiré d'une pièce authentique venant du Comité de salut public de la commune.

On peut voir à la préfecture de police, dans ses archives, le registre de la prison de l'Abbaye, de 1792, où sont relatées les *exécutions* et *les mises en liberté par le peuple* des détenus qui comparurent devant ce tribunal qui s'était installé dans la prison pour les juger. Ce registre, recouvert de parchemin jaunâtre, a quinze pouces de haut sur neuf de large; il se ferme par quatre cordons de fil. On lit en tête de la première page : « Registre des écrous de l'Abbaye Saint-Germain, du 3 au 7 avril 1792, » et sur le dos : « N° 38; écrou 1792. » Vingt-huit feuilles seulement sont écrites; souillées de vin et de suif, ces feuilles portent encore des traces plus sinistres : la partie supérieure

des huit ou dix premières est marbrée de teintes rou-
geâtres et mouchetée de gouttelettes frangées qui, vues
dans la transparence du papier, évoquent à l'instant
un horrible souvenir. Ces taches décolorées sont des
taches de sang.

Le livre d'écrou restant déposé dans l'avant-greffe,
et les exécutions ayant lieu hors des murs de la prison, les historiens modernes ne pouvaient s'expliquer
le mystère de ces stigmates sanglants, lorsqu'un témoin oculaire des massacres leur en a révélé l'origine.
Maillard avait établi son tribunal dans l'avant-greffe ;
le registre des écrous était ouvert devant lui sur la
table du geôlier, et à mesure que Roche Marcandier
appelait les prisonniers, Maillard inscrivait en marge
de leur nom la sentence que rendaient ses collègues.
Les égorgeurs entraînaient alors les condamnés dans
l'étroit passage ménagé derrière la prison et les dépê-
chaient à coups de sabre et de baïonnette.

Mais, de temps à autre, des travailleurs avinés,
voulant se rendre compte de la statistique des morts
ou des sauvés, rentraient pour feuilleter le registre, et
le sang qui dégouttait de leurs mains et de leurs habits ruisselait alors sur les pages du livre de mort.

Le texte des sentences est d'une effrayante brièveté.
La formule suivante en donnera une idée :

« M. de Wittgenstein, mort du 3 au 4 septembre
1792, a été jugé par le peuple et sur-le-champ exé-

cuté. » Cette formule est remplacée en certains endroits par ces mots : « Mort par le jugement du peuple. » Quand la sentence comprenait une série de
noms, comme la liste de vingt-six gardes-du-corps du
roi, Maillard tirait en marge une longue accolade et
écrivait : « Morts. » Le jugement d'un sieur Thomas
Gibaut, montre qu'il ne fallait souvent qu'un mot, un
geste, pour faire changer une sentence.

En marge du nom de cet individu on trouve : « Jugé
par le peuple et mis en liber...; » le secrétaire s'est
repris et a effacé *liber* pour écrire : « Est mort sur-le-
champ. »

La statistique du registre de l'Abbaye donne le résultat suivant : 125 morts, 45 acquittés, 5 sauvés, 2 in-
incertains, 37 laissés en prison ou mis en liberté par
ordre supérieur. En changeant la plupart des anciens
membres, la municipalité du 10 août conserva l'organisation intérieure et la division en cinq départements.
Mais une grande partie de la police, tout ce qui concerne la surveillance politique fut, dévolue aux comités
révolutionnaires qui furent créés en 1793, au nombre
de douze, par la loi du 7 fructidor an II.

Personne n'eût osé élever la voix pour réprimer les
vexations des agents de cette commune ; elle avait persuadé qu'elle n'exerçait un pouvoir aussi rigoureux
que pour comprimer les traîtres ; les exactions tyranniques n'eurent plus de bornes ; elles allèrent au point

que peu de temps avant le 9 thermidor de l'an III, et à
l'époque où l'on forma un *camp des élèves de Mars*, à
la plaine des Sablons, un membre ayant dit, dans le
Conseil général de cette commune, qu'il était à craindre que les filles publiques ne corrompissent les mœurs
des jeunes élèves de Mars, et ne servissent ainsi les
vues des ennemis de la patrie, il fut décidé et ordonné
qu'*attendu que la vertu était à l'ordre du jour*, des
visites domiciliaires seraient faites de nuit pour arrêter
les femmes de mauvaise vie, ou qui ne pourraient pas
dire de quoi elles vivaient. Les comités des sections
furent chargés de l'exécution de cette mesure, à laquelle ils apportèrent un zèle aussi ridicule que barbare.

Tout devint femmes de mauvaise vie ; les maisons
garnies furent investies de commissaires, et l'on vit,
dans tous les quartiers, conduire de nombreuses troupes de femmes ou de filles dans les corps-de-garde, et
qui avaient été enlevées dans ces hideuses recherches.
Des mères de famille, des femmes mariées, des jeunes
ouvrières qui ne pouvaient pas rendre raison de leurs
moyens d'existence, au gré des agents de cette odieuse
police, furent impitoyablement arrachées de leur logis,
traînées aux *Madelonnettes* ou à la *Petite-Force*,
jusqu'à ce que des réclamations jugées valables vins-
sent les en tirer.

La Révolution, alors dans son apogée, continua de

jeter le trouble et la perturbation dans la police ; c'était la Commune régénérée, surtout, qui entretenait et fomentait l'anarchie. Aussi la Convention se vit-elle forcée de s'en occuper. Par un décret du 14 fructidor an II, elle détermina *comment et par qui* la Commune de Paris serait administrée. Par le même décret, elle ordonna que, provisoirement, il y aurait, sous la surveillance du département de Paris, une commission chargée de la partie administrative de la police municipale.

Cette *commission administrative* de police pour Paris fut définitivement organisée par le décret du 26 vendémiaire an III, et composée de vingt-quatre membres, au traitement de 4,000 fr., nommés par la Convention nationale sur la présentation des Comités de salut public et de sûreté générale. On y attacha un agent national, et la partie contentieuse de la police municipale fut exercée par le tribunal de police correc-tionnelle. Les *comités civils* des sections furent conservés ; un de leurs membres fut chargé de l'*état civil ;* ce comité avait à dresser la liste des émigrés qu'il adressait au département de Paris. Les comités civils délivraient les certificats de civisme et de résidence que les comités révolutionnaires *visaient.* Les comités, tant civils que révolutionnaires, correspondaient avec ceux de la Convention et les commissions nationales directement.

Les membres de la commission administrative de police, nommés par le décret du 26 vendémiaire an III, en exécution de la loi du 14 fructidor, furent : les citoyens Leroux, secrétaire du conseil de discipline militaire de la section de la Montagne ; Duret, membre du comité de bienfaisance de la section du faubourg Montmartre ; Alletz, secrétaire-greffier du juge de paix de la section du Mont-Blanc ; Jacquot, ébéniste ; Vidoine ; Gauthier ; Desestangs ; Poterel ; Rouchas jeune, marchand mercier ; Beurrier, capitaine du bataillon des Gravilliers ; Champenois, ancien négociant ; Boquet, Destournelles ; Thérouanne, marchand de drap ; Paté, homme de loi ; Barbarin, architecte ; Deschamps, ancien commissaire de la section du Gros-Caillou ; Poteron, orfèvre ; Henin ; Gosset ; Babille. L'agent national fut le citoyen Léger, depuis chef du bureau des passeports sous M. Anglis.

Telle fut l'organisation de l'administration municipale et de la police de Paris jusqu'au 28 thermidor de l'an III, que le nombre des membres fut réduit de vingt-quatre à trois ; elle subsista sous cette forme jusqu'à la mise en activité du *bureau central*, qui lui succéda, et qui dura jusqu'à l'époque de la création du préfet de police, en 1800.

Nous avons vu M. Agier se plaindre que le Comité des recherches n'avait pas d'espionnage organisé. On suppléa depuis à cette cause d'infériorité. Sénart, secrétaire-rédacteur du comité de sûreté générale, représente Héron, assassin des prisonniers d'État transférés à Versailles, comme le chef et le principal agent du comité, dans tout ce qui était relatif aux arrestations et à l'espionnage. Une fois que ce Héron vous avait vu, dit Sénart (1), il savait adroitement vous amener chez lui ; il vous sondait sur vos relations et vos connaissances.

Héron commandait à une vingtaine de sous-chefs, qui avaient sous leurs ordres des compagnies de brigands, toujours prêts à dénoncer et à arrêter. Sénart ajoute : « Chaque homme de cette troupe était un mouchard aux ordres des Comités de salut public et de sûreté générale, sous la direction du chef Héron. *Robespierre* l'employait pour surveiller le comité de sûreté générale, et, de son côté, le Comité de sûreté générale s'en servait pour surveiller le Comité de salut public. Héron faisait suivre tous ceux qu'on lui avait désignés, tellement qu'aucune victime ne lui échappait, et si par raisons ou par circonstances, il laissait quelqu'un libre, celui-là n'avait que l'ombre de la liberté. »

Sénart lui-même joua le rôle d'espion dans l'affaire de *Catherine Théos* et de *dom Gerle*. Voici en quels termes il raconte cette affaire :

(1) *Révélations puisées dans les cartons du Comité de salut public et de sûreté générale, ou Mémoires de Sénart,* agent du gouvernement révolutionnaire.

« Le comité de sûreté générale, instruit d'un ras-
blement fanatique dans la section de l'Observatoire,
chez une femme se disant *la mère de Dieu*, m'ordonna
de m'assurer du rassemblement, d'en rechercher
toutes les causes et les effets, d'interroger et d'examiner les personnes qui fréquentaient cette réunion.

» On ordonna à quelques *porteurs d'ordre* de m'assister, et on me donna l'*indicateur du rassemblement*
pour m'introduire, sous prétexte de me faire recevoir
comme frère dans la synagogue. Je laissai dans les
cafés et les cabarets voisins les *porteurs d'ordre*,
qui y étaient mieux qu'ailleurs par goût et par habitude.

» Nous convînmes, l'*indicateur* et moi, d'affecter l'air
dévôt et de me dire de la compagnie. C'était rue Con-
trescarpe, près de l'Estrapade, à un troisième étage.

» L'*indicateur* sonna ; une femme parut ; ils
s'entredonnèrent des signes sur le front, et le frère fut
reconnu ; et elle dit: Entrez, frères.

» Nous entrâmes dans une espèce d'antichambre.
Arriva un homme vêtu d'une robe blanche ; les signes
recommencèrent, et on nous dit : Frères et amis, as-
seyez-vous.

» Mon conducteur fut introduit seul dans une pièce à
côté, et rentra peu après avec une femme qui me dit :
Venez, homme mortel, vers l'immortalité ; la mère de
Dieu vous permet d'entrer.

4

» Je riais intérieurement de ces niaiseries et je gardais extérieurement un sérieux d'admiration.

» Je fus introduit dans l'appartement de la mère de Dieu : une femme arriva, et quoiqu'il fût huit heures du matin et que ce fût dans un appartement éclairé, elle alluma un réverbère à trois branches, plaça dessous une chaise, un fauteuil, et mit un livre sur ce fauteuil.

» On regarda à la pendule, et l'on dit : l'heure s'avance, la mère de Dieu va paraître pour recevoir ses enfants.

» Arrive alors une autre femme que l'on désignait sous le nom d'*éclaireuse*; elle nous dit : Enfants de Dieu, préparez-vous à chanter la gloire de l'Être suprême; disposez les lieux en face de nous. Et aussitôt, au fond de la salle, on découvrit un fauteuil blanc élevé au-dessus de trois petits gradins; à côté, et à droite, était un fauteuil bleu sur un gradin, et à gauche, un fauteuil cramoisi sur la même élévation.

» On sonna, et alors sortit d'une alcôve fermée par deux rideaux blancs une vieille femme soutenue sous les bras, dont les mains et la tête étaient dans un perpétuel mouvement; on la monta dans le grand fauteuil blanc, on l'assit, et la mère de Dieu étant assise, les deux femmes qui la conduisaient se mirent à genoux, baisèrent sa pantoufle, ses deux mains et se relevèrent en disant : Gloire à la mère de Dieu !

» On apporta à la mère de Dieu une tasse de lait et des tartines, et après son déjeuner, on lui lava le front, le nez, les yeux, les oreilles, le menton, les joues et les mains. Cela fait, elle dit : Enfants de Dieu, votre mère est au milieu de vous, je vais purifier les profanes !

» Chacun prit sa place, vint s'agenouiller à son tour et baiser le front de la mère de Dieu, qui mettait la main sur la tête, en disant : « Amis de mon fils, je vous chéris tous. »

» Survint Gerle, le chartreux ex-constituant. Aussitôt qu'il parut, chacun s'inclina, resta courbé quelques instants, et l'on se releva.

» Gerle s'agenouilla, baisa la joue de la mère de Dieu, qui lui dit, sans lui mettre la main sur la tête : « Prophète de Dieu, prenez séance. » Il s'assit dans le fauteuil cramoisi, à gauche de la mère de Dieu, et dit, en levant la main droite : « Amis de Dieu, réunissons-nous. »

» La femme qui remplissait le rôle d'*éclaireuse* prit le livre posé sur le fauteuil et le plaça au milieu de nous, récipiendaires, près de Gerle.

» Plus bas, sur un autre siège, était une belle femme blonde, que l'on nommait la *chanteuse*, et, de l'autre côté, près du fauteuil bleu et en face, une superbe femme brune, jeune, fraîche, désignée sous le nom de la *colombe*. Gerle fit une inclination à l'*éclaireuse* ;

celle-ci répondit par une autre, et dit : « Frères et sœurs, assistez. » Et se retournant vers nous, récipiendaires, elle ajouta : « Et vous, profanes, disposez-vous à la grâce de Dieu; levez la main droite, et répondez : Jurez-vous, promettez-vous de répandre jusqu'à la dernière goutte de votre sang pour soutenir et défendre, soit l'arme à la main, soit par tous les genres de mort possibles, la cause et la gloire de l'Être suprême? »

» Je levai la main en disant : « Oui, je le jure. »

» Jurez-vous, promettez-vous obéissance et respect à la mère de Dieu, ici présente? »

» Même réponse : « Je le jure. »

» Jurez-vous, promettez-vous soumission aux prophètes de Dieu et à leur ministre? »

» Même réponse : « Je le jure. »

» Alors, l'éclaireuse ouvrit le livre et fit lecture de l'Apocalypse.

» Gerle nous regardait, examinant notre maintien; il nous demanda nos noms, notre domicile, notre état, nous fit promettre de les écrire et de les laisser avant de sortir.

» L'éclaireuse nous lut ensuite l'évangile de la messe de minuit à Noël, et nous débita, pour nous convaincre, ce sermon : « Dieu a pour mère Catherine Théos; le Verbe de Dieu est son fils; elle répand la parole de Dieu, elle a des révélations de Dieu. »

» Cela fini, Gerle leva les mains au ciel. Alors, en

nous conduisit à la mère de Dieu, et là, à genoux sur un gradin, une femme me prit la tête ; la mère de Dieu se baissa ; Gerle me mit la main sur la tête, et Catherine Théos me dit : « Mon fils, je vous reçois au nombre de mes élus ; vous serez immortel. » Puis elle me baisa le front, les oreilles, les joues, les yeux, le menton, et prononça les mots sacramentaux : « La *grâce* est infuse. » Ensuite elle me passa sur les lèvres un bout de langue dégoûtant, et Gerle prononça ces mots : « *Diffusa est gratia in labiis tuis.* » Je rendis à la mère de Dieu signe pour signe. Alors elle me dit : « Fils de Dieu, élu de la mère de Dieu, tu as reçu les sept dons, tu es immortel. » Elle me fit avec le pouce un signe en forme d'équerre, une barre au-dessus des sourcils, une autre se relevant du côté droit et se réunissant en pointe à celle du côté gauche. Pareils signes sur le front pour les hommes, sur le cœur pour les femmes, et du pied gauche, si on est examiné ou gêné, indiquaient les élus dans tous les coins de la terre.

» Il devait y avoir des soulèvements et des guerres ; les élus de la mère de Dieu qui seraient morts ressusciteraient pour ne plus jamais mourir.

» Une sœur vint annoncer à l'assemblée que, dans les cabarets voisins, il y avait des gens armés qui buvaient à la santé de la mère de Dieu ; qu'une forte patrouille était placée au fond de la ruelle, près de la maison. Gerle s'écria : « Nous sommes trahis ! » J'ou-

4.

vris une fenêtre, je donnai le signal, et à l'instant accoururent tous les *observateurs* et la force armée. Dans l'intervalle, je vis le moment où j'allais être poignardé à coups de couteau ; mais une femme me garantit en se mettant devant moi et s'écriant : « Ne tuons personne, expliquons-nous ! » La porte fut enfoncée et l'*attroupement* saisi. »

Robespierre avait obtenu l'établissement, au Comité de salut public, d'un bureau de police générale de la République, et souvent les personnes que le Comité de sûreté générale faisait arrêter, étaient mises en liberté par ce bureau qui, souvent aussi, faisait arrêter celles dont le Comité de sûreté générale avait ordonné la mise en liberté. Le bureau de police générale du Comité de salut public avait des agents dans la société des jacobins, et des espions dans les maisons de détention, où ils étaient connus sous l'affreux nom de *moutons* ; ces agents révélaient, dénonçaient, calomniaient ; mais, du moins, ils n'allaient pas plus loin : les agents provocateurs appartiennent à d'autres temps et à une autre police.

# CHAPITRE III.

## La Police de Robespierre.

Anarchie dans la police. — Vadier et Robespierre. — Rapport des agents de Robespierre. — Surveillance sur Legendre, Thuriot, Bourdon de l'Oise, etc.

Sous la Révolution, du reste, une anarchie égale à celle qui était dans le gouvernement, était dans la police. Tous ceux qui avaient une part du pouvoir, ou qui le convoitaient, avaient leur police particulière. « Vadier, dit Sénart, employait pour espionner Robespierre un intrigant connu qui, par une double perfidie, espionnait aussi pour le Comité de sûreté générale, affectant de l'exactitude vis-à-vis de l'un comme vis-à-vis de l'autre. Mais cet agent, plus attaché à Robespierre qu'à Vadier, trompait facilement celui-ci et savait plus directement les secrets du Comité. »

Robespierre avait donc sa police particulière. Nous trouvons, sur ce point, des documents curieux dans le *Rapport fait au nom de la Commission chargée de l'examen des papiers trouvés chez Robespierre et ses complices*, présenté par E.-B. Courtois à la Convention nationale (séance du 16 nivôse, an III). Nous croyons

intéressant de reproduire ces documents, qui sont les
rapports mêmes faits à Robespierre par ses agents offi-
cieux :

Le 4 messidor, an II de la République.

« ..... Le citoyen Legendre était hier matin, 3 du
courant, sous l'arcade du théâtre de la République,
rue de la Loi, à environ dix heures du matin ; il était
avec le général Parein, en grande conversation qui a
duré plus d'une demi-heure. Ils se sont quittés à environ
onze heures. Le citoyen Legendre a traversé le jardin
Égalité et est allé à la trésorerie nationale, où il s'est
arrêté une demi-heure. De là il est revenu aux Thuileries, où il est resté jusqu'à une heure, et est entré ensuite à la Convention, où il est demeuré jusqu'à la fin
de la séance. Pendant le temps qu'il a été aux Thuileries, on a remarqué qu'il avait de l'ennui ; il a fait divers tours ; il a fait rencontre d'un citoyen avec lequel
il a beaucoup parlé avant d'entrer à la Convention. La
séance levée, il est revenu dans les Thuileries, où il a
resté trois quarts d'heure avec le même particulier
avec lequel il s'entretenait mystérieusement, et parois-
sait éviter le monde. Ils ont été ensemble jusqu'à l'allée du pont ci-devant Royal. Le citoyen Legendre l'a
traversé, et l'autre citoyen est rentré dans les Thuileries; de là est allé dans la maison du commissionnaire
au mont-de-piété, proche le ci-devant hôtel d'Angle-

terre, au coin de la place Égalité; après une demi-
heure d'attente, il n'en était pas encore redescendu.

» Un jacobin nous a assuré hier, qu'il avait entendu
de la bouche de feu Anacharsis Clootz, que Bourdon de
la Crônière avait été avec lui chez l'évêque Gobel,
pour la fermeture des églises, et enfin pour exciter ledit Gobel à faire toutes les sottises qui se sont opérées
dans le temps.

» Le citoyen Moine désirait être du comité révolutionnaire de la section des Thuileries; il assure que
cela lui donnerait beaucoup de facilité à remplir le
poste important dont nous l'avons chargé.

» G....., »

Du 8 messidor.

» CITOYEN, il n'a pas été possible de joindre le député Bourdon (de l'Oise), ni à la Convention nationale, ni chez lui; tout ce qu'on a pu savoir, c'est qu'il
va quelquefois, dans sa rue, dans la maison n° 557.

» Le député Thuriot, au sortir de la Convention nationale, le 6 courant, est allé rue Jacques, section du
Panthéon français, n° 35, chez un fabricant de porte-
feuilles, où il s'est arrêté à parler avec une citoyenne
environ dix minutes; après il est allé rue des Fossés-
Saint-Bernard, section des Sans-Culottes, n° 1220, où
il est entré pour dîner à deux heures trois quarts, et est
sorti de cette maison à sept heures et demie; il a en-

suite rencontré un citoyen sur le quai de l'École, section du Muséum, proche le café Manoury, où ils sont
entrés et ont bu ensemble une bouteille de bière ;
après, est allé rue d'Orléans-Honoré, section de la
Halle-au-Blé, maison de la Providence, meublée,
n° 46, où il s'est arrêté environ vingt-cinq minutes,
en est sorti à huit heures et demie, avec une citoyenne
qui avait une lévite couleur puce et un grand châle à
bordure de couleur, jupon blanc, et sur sa tête un
mouchoir blanc, arrangé de manière qu'il formait un
bonnet : ils sont allés ensemble au jardin Égalité, où
ils ont fait trois tours, après lesquels ils sont allés
place Égalité, au n° 163, où ils ont parlé un instant à
la portière, et sont revenus audit jardin Égalité, où ils
ont fait le tour des galeries, et sont retournés au même
n° 163, place Égalité, où ils ont soupé ; ils y sont entrés à neuf heures et demie, et à onze heures ils n'en
étaient pas encore sortis ; et nous nous sommes retirés
n'étant pas certain s'ils en sortiraient.

» Le citoyen Tallien est resté le 6 messidor, au soir,
aux Jacobins, jusqu'à la fin de la séance ; il a attendu
son homme au gros bâton, rue Honoré, devant une
porte cochère ; nous avons remarqué qu'il avait beaucoup d'impatience. Enfin, il est arrivé ; il n'y a pas de
doute qu'il était dans les tribunes ; ils ont remonté la
rue Honoré, celle de la Loi, les baraques, la galerie à
droite de la maison Égalité, se sont assis dans le bas

du jardin, ont pris chacun une bavaroise, ont remonté
sous les galeries de bois, dont ils ont fait trois fois le
tour, se parlant toujours mystérieusement et se tenant
sous le bras. A onze heures, ils ont traversé la cour du
palais et ont gagné la place Égalité; son garde a été
arrêté; un fiacre a salué Tallien, et ils se sont quali-
fiés réciproquement d'amis, en disant : « A demain,
mon ami. » Nous nous sommes approchés de la voiture, Tallien a dit au cocher de le conduire rue de la
Perle. L'autre s'en est allé par la rue de Chartres, à
pied ; nous avons couru jusqu'au pont ci-devant Royal,
nous n'avons pu le rejoindre; nous présumons qu'il est
entré dans une allée, ou qu'il demeure sur la section
des Thuileries. Nous l'avons signalé hier soir : une
veste rouge et blanc à grandes raies, culotte noire,
un gilet, chapeau rond, cheveux blonds et en rond,
presque de la taille de Tallien.

» Le citoyen Thuriot est sorti hier, 7 courant, de la
Convention, à trois heures, et est allé rue Honoré,
proche les ci-devant Capucins, nº 30, et y est resté
jusqu'à cinq heures, qu'il est sorti avec une citoyenne,
et ont été ensemble rue Neuve-du-Luxembourg, nº 161;
nous nous y sommes arrêtés jusqu'à sept heures, et ils
n'étaient pas encore ressortis. Nous avons remarqué
que ce nº 161 a des jardins donnant sur les boulevards,
par lesquels ils sont probablement sortis.

» G..... »

Le 10 messidor.

» Nous nous sommes transportés hier, 9 courant, chez le citoyen Bourdon (de l'Oise), dans son domicile, rue des Pères, faubourg Germain, n° 15. En sortant, il est allé en face de chez lui, n° ..., il y est resté environ trois heures; de là à la Convention. Dans son chemin, il a parlé à un citoyen qui menait un enfant d'environ six ans. Il est ressorti pour entrer dans un bureau où on reçoit les lettres, dans lequel il s'est arrêté dix minutes environ. En rentrant à la Convention, il a donné des poignées de mains à quatre ou cinq députés; il bâillait dans le temps que l'on apprenait les nouvelles avantageuses; en sortant de la Convention, il est allé rue Honoré, du côté opposé aux Jacobins, n° 58; dans cette même maison sont entrés quatre citoyens après Bourdon, ensuite encore deux autres, que l'on croit députés; nous croyons que tous ces citoyens sont restés très-tard dans cette maison.

» Le citoyen Thuriot, hier 9, est sorti à la fin de la séance; à la porte des ci-devant Feuillants, il a parlé mystérieusement au citoyen Boissel, qui a été renvoyé de la société; la conversation a été courte. Le citoyen Talon (ou Calon), député, inspecteur de la salle de la Convention, et un autre citoyen que nous ne connaissons pas, et trois citoyennes, ont joint le citoyen Thuriot; ils ont été dans la rue Honoré; là, les cinq ci-

toyens et citoyennes ont pris la place des Piques, le
citoyen Thuriot, la rue Honoré, n° 35, près les Capucins. Nous avons entendu qu'en se quittant, un des
citoyens a dit à Thuriot : Ne tarde pas; et, en effet,
il n'a fait que monter et descendre ; il est allé place
des Piques, n° 108, au dépôt général de la guerre, où
il est resté jusqu'à sept heures. De là, il est allé chez
lui, rue Honoré, où nous l'avons attendu jusqu'à huit
heures; il n'était pas ressorti.

» Le citoyen Calon ou Talon, et l'autre citoyen dont
nous ignorons le nom, sont sortis du n° 108, à six
heures ; ils sont rentrés à six heures et demie. Le citoyen Coupé, député, est entré au n° 108, à cinq heures et demie, et nous ne l'avons pas vu ressortir.

» Le citoyen Legendre est entré, le 8 courant, à la
Convention à midi et demi, et en est sorti à la fin de
la séance, à trois heures un quart ; il a pris la ci-devant
chapelle, a gagné la terasse de la Liberté, et est rentré, rue de Beaune, en son domicile. Il en est sorti à
cinq heures, a traversé les Thuileries par le Pont-
Tournant, et les Champs-Elysées; a rencontré un citoyen qui était avec une citoyenne, une fille d'environ
douze ans et un garçon d'environ huit ans, qui nous
parurent être tous de la même famille. Ils sont allés
ensemble jusqu'au camp vis-à-vis le bois de Boulogne,
où ils ont regardé faire les premiers exercices aux
jeunes citoyens. Il a laissé cette famille entrer au bois

5

de Boulogne, et est revenu par le même chemin avec un autre citoyen'; est rentré aux Thuileries, a quitté ce citoyen au passage des Feuillants, qu'il a traversé; a pris la rue Honoré, et est entré aux Jacobins à neuf heures un quart. Nous avons tenté d'entrer aux tribunes; mais la quantité de citoyens qui assistaient à la séance nous a obligé de nous retirer.

« G..... »

Le 14 messidor.

« Le citoyen Ta....., hier, depuis neuf heures du matin jusqu'à trois heures de l'après-midi, n'est pas sorti de son domicile, rue de la Perle, au Marais, n° 460, et on était assuré qu'il était cependant chez lui.

» Sur les dix heures et demie, le nommé Rambouillet, ci-devant préposé pour la surveillance de la police, apperçut notre agent, et il lui demanda où il allait ; Rambouillet répondit qu'il allait chez le citoyen Ta.... Il le fit jaser. Notre agent lui dit qu'il était étonnant que ce député ne fît plus parler de lui à la Convention; à quoi l'autre répliqua que ce député ne faisait presque plus rien, depuis qu'on lui avait reproché, au Comité de sûreté générale, qu'il n'avait pas fait guillotiner assez de monde à Bordeaux; il ajouta de plus que le citoyen Ta... avait placé son secrétaire au Comité de salut public, et qu'on l'avait renvoyé le 1er messidor.

» Nous ne serions pas surpris que le sieur Rambouil-

let, qui a été placé à la police par le citoyen Ta..., et
qui vient d'être supprimé de son emploi, ne fût un de
ceux que ce député emploie, auprès de lui, pour l'es-
corter et savoir si on le surveille, attendu qu'il a dit,
avant d'entrer chez le citoyen Ta..., qu'il n'y serait
qu'une demi-heure, probablement ; et, au contraire,
il n'en était pas encore sorti à trois heures. Ce sieur
Rambouillet a ajouté de plus que quatre particuliers
suivaient le citoyen Ta...; que ces jours derniers (il
ne se rappelait pas bien si ce n'était pas au jardin National) que le citoyen Ta... s'apercevant que ces particuliers le suivaient, il s'arrêta et leur dit qu'il était
un représentant du peuple ; que beaucoup de monde
s'attroupa, et que la garde conduisit lesdits particuliers
au Comité de sûreté générale.

» Il est impossible de pouvoir surveiller ledit député,
dans sa rue, vu qu'elle est fort courte et droite. Il n'y
a aucune retraite, que quelques bancs de pierre à côté
de quelques portes cochères, pour s'asseoir ; et pour
peu que les locataires de ladite rue s'aperçoivent
qu'un individu passe fréquemment, ils se mettent aux
croisées, ou envoient leurs domestiques sur la porte,
en sorte qu'il est impossible à un surveillant de faire
sentinelle dans le voisinage de son domicile, soit que
ses propres domestiques soient toujours sur leur porte,
ou d'autres avec qui ils causent.

» Th... est resté, le 12 courant, jusqu'à la fin de la

séance de la Convention; au sortir, il a été rue Honoré, rue Neuve-du-Luxembourg, a traversé le boulevard, est entré rue Basse du rempart de la Madeleine, à droite ; pendant le temps que nous avons traversé le boulevard, il a disparu; et jusqu'à huit heures du soir, il n'était pas ressorti. Durant le temps de la séance de la Convention, il a été en conversation avec des divers membres, parmi lesquels nous avons reconnu les citoyens Charlier, Fouché, Bourdon (de l'Oise), Gaston et Bréard ; le nom des autres députés ne nous est pas connu.

» B...d. L..., hier 13, au sortir de la Convention, est allé, avec quatre citoyens, rue Honoré, n° 58, et en est sorti trois heures après. Il est allé directement chez lui; dans son chemin, il n'a rencontré qu'un citoyen à qui il a très-peu parlé; et à neuf heures et demie du soir il n'était pas ressorti de chez lui.

» G..... »

Le 15 messidor.

» Le citoyen Th... est sorti, le 13 courant, avant la fin de la séance, il a traversé la place des Piques, la rue des ci-devant Capucines, dans laquelle il a rencontré un citoyen de ses amis qu'il a pris sous le bras, et sont allés, ensemble, le long des boulevards, la rue Céruti, celle de Provence, celle George, et celle Chantereine, où ils sont entrés au n° 25 : l'ami ne s'y est arrêté qu'un quart d'heure; mais à sept heures et demie du soir, Th... n'en était pas encore sorti. Lui, et probablement le maître de la maison, ont reconduit cet ami très-avant dans la rue Georges, et sont rentrés ensuite rue Chantereine, n° 25.

» Hier, 14 courant, Th... est resté jusqu'à la fin de la séance; de là est allé rue Mariveaux, n° 502, proche le théâtre des ci-devant Italiens; et à huit heures du soir, il n'en était pas encore sorti.

» B...d. L..., au sortir de la Convention, s'est promené avec plusieurs citoyens dans le jardin National, et a été dîner rue Honoré, n° 58, avec l'un de ces citoyens, y a resté depuis deux heures et demie jusqu'à quatre heures trois quarts; à la sortie de ladite maison, est allé jusqu'au coin de la rue Florentin, et s'est arrêté un moment à réfléchir apparemment où il devait aller; il a rétrogradé jusqu'à la rue Neuve-du-Luxembourg (Honoré), où nous n'avons pu voir où il est entré; nous sommes assurés qu'il ne peut avoir passé la porte du citoyen Cambon, où nous avons observé jusqu'à onze heures qu'il n'en était pas sorti.

Le citoyen L... B..., depuis cinq jours, ne paraît pas à la Convention nationale; et même nous l'avons attendu chez lui pendant quatre heures, plusieurs fois, sans l'avoir vu sortir.

» Hier, 14 courant, le citoyen Ta.... est sorti de chez lui à une heure et demie après midi, a passé rue des

5.

Quatre-Fils, rue du Temple, rue de la Réunion (ci-
devant Montmorency, au Marais), rue Martin, rue
Grenetat, petite rue du Renard-Sauveur, rue Baure-
paire, rue Montorgueil, passage du Saumon, rue des
Fossés-Montmartre; s'est amusé plus d'une heure à
marchander des livres; est entré au jardin Égalité,
toujours regardant de côté et d'autre, d'un air inquiet.

» Il est entré à la Convention à deux heures trois
quarts, y a entendu le rapport du citoyen Barère; a
parlé avec un ou deux députés; de là, traversé la salle,
et est ressorti par l'escalier où était la chapelle; est
allé comme pour sortir par les cours; mais il s'est
ravisé, a pris par le jardin National, a remonté par le
bas de la terrasse des Feuillants, et est retourné sur
ses pas; a monté ladite terrasse par l'escalier qui fait
face au café Hotto; s'est encore amusé à marchander
des livres, un grand quart d'heure; de là, a pris la
porte du manége et est entré chez Venua, restaurateur, n° 75; nous l'avons quitté à six heures, sans
avoir pu savoir par où il s'en était allé. »

Du 27 messidor.

« Un des citoyens que nous occupons, a donné à dîner, le 20 messidor courant, à la citoyenne Masse, et
l'a conduite au bal; ce fut le même jour qu'elle lui
remit le n° 5, et ils parlèrent peu de l'objet en
question.

» Le même citoyen l'a revue chez elle le 24, et lui ayant dit qu'il avait oublié le n° 5, elle l'engagea à le brûler, attendu qu'il se compromettrait, si on le trouvait chez lui, puisqu'il ne doit être connu que de certains députés, et elle lui fit espérer le sixième numéro.

» Il paraît que le citoyen Littée donna à dîner, le 22 courant, à cinq de ses collègues, desquels sont les citoyens Las et Chesnier, qui engagent fortement la citoyenne Masse de demeurer avec le citoyen Littée; et sur l'observation qu'elle leur fit qu'elle serait compromise s'il arrivait quelque événement, on lui répondit : Nous nous entendrons pour vous faire une pension, si vous ne pouvez être dédommagée par le mobilier du citoyen Littée.

» La citoyenne Masse dit à notre agent, que le citoyen Littée se faisait aimer de tous ceux qui le connaissent, parce qu'il est franc, et qu'il a un caractère prononcé contre l'injustice. Il a, dit-elle, des ennemis, mais qu'il ne craint pas. Le citoyen Littée est homme de couleur ; il a épousé une femme très-riche. Il a, à Saint-Pierre-Martinique, beaucoup de maisons et de propriétés qui lui sont conservées par les Anglais, par égard pour sa femme.

» Il est certain qu'il existe un parti attaché au citoyen Littée; mais il faut d'autres renseignements pour fixer l'opinion qu'on doit en avoir. Nous osons espérer de parvenir à en découvrir la source, si notre homme peut conserver cette femme Masse, qu'infailliblement il perdrait si elle allait demeurer avec le citoyen Littée, car elle est toujours très en garde sur les questions qu'il lui fait.

» Comme on faisait espérer de donner sous peu le n° 6, nous avons d'autant plus la facilité de le faire aujourd'hui, que nous avons découvert le dépôt ; il paraît que celui qui en est chargé doit distribuer ces écrits, puisqu'il les porte chez différentes personnes qu'il croit faites pour les lire, et ce qui peut confirmer ce soupçon, c'est que demain nous pouvons encore obtenir les mêmes numéros et la brochure que nous joignons ici.

» G..... »

Du 29 messidor.

» Un canonnier avait demandé la parole aux Jacobins, et même s'est fait inscrire pour donner des explications sur Commune-Affranchie ; nous présumons que c'était un défenseur de Fouché, vu qu'il était entouré de citoyens de l'armée révolutionnaire, que nous avons vus à Commune-Affranchie, dont nous connaissons un nommé Gondrecourt, qui n'a pas cessé de parler au canonnier pendant tout le temps de la séance ; nous le connaissons pour être un des ennemis des patriotes de Commune-Affranchie.

» Après la séance, nous avons remarqué Tolède et

Damame qui se sont emparés de Fillon et Gravier, jurés ; nous nous sommes approchés d'eux et nous nous sommes reconnus. Nous sommes venus au petit pas, depuis la porte de la salle jusque dans la rue Honoré ; nous ne rapporterons point les pleurs et les bavardages de Tolède et de Damame ; nous leur avons demandé s'il n'était pas vrai et à leur connaissance que Fouché était l'ennemi des patriotes, que tout homme de bonne foi pouvait s'en convaincre, en lisant une douzaine de ses arrêtés contre-révolutionnaires. Damame, qui assurément le connaît bien, a dit qu'il s'était opposé à cela, et qu'il avait dit à Fouché, dans le temps, qu'il faisait mal de prendre de semblables mesures ; Tolède a dit la même chose ; les citoyens Fillon et Gravier les ont entendus comme nous.

» Portalier, en passant hier rue de la Convention, après midi, invita l'un de nos agents à prendre le café avec lui ; ils entrèrent dans un petit café, rue de la Convention ; notre agent lui demanda s'il avait vu le citoyen Tolède, parce que ce matin Tolède lui avait demandé s'il n'avait pas vu Portalier, qu'il paraissait qu'il avait grande envie de lui parler. Portalier lui répondit qu'il l'avait vu, que Tolède était un homme bien pur ; qu'un tas de scélérats qui entourent Robespierre, et qui se disent les amis de Châlier, voulaient perdre son ami Fouché et la commission temporaire ; qu'en sus, il fallait se montrer ; qu'il n'y avait pas un

moment à perdre. Nous sommes sortis du café, et
Portalier est allé chez notre agent, où celui-ci a observé à Portalier que les motions et rassemblements
pouvaient contrarier le gouvernement, et qu'il serait
dangereux d'y penser. Mon ami, lui répondit Portalier, c'est aux Jacobins qu'il faut se montrer, et qu'un
patriote énergique prenne la parole, au nom de toute
la commission, et qu'enfin l'on arrache le masque à
cette infernale faction lyonnaise qui veut immoler à
sa rage tous les patriotes. Nous lui avons observé que
nous ne connaissions aucun membre de la commission
capable de parler énergiquement. Il a répondu que
Damame était en état d'écrire et de parler, et aux Jacobins et à la barre de la Convention ; que c'était
l'avis de Fouché ; qu'il fallait se rassembler. Il nous a
dit que Châlier n'avait d'ami que Gaillard et lui Portalier ; que tous ces hommes, qui se disent les amis de
Châlier, sont des imposteurs. Notre agent lui répliqua :
Pourquoi ne viens-tu pas, toi, aux Jacobins, dire
toutes ces vérités! Mon ami, lui a-t-il répondu, j'ai eu
le malheur d'appartenir à la caste des prêtres, et on
n'a pas de confiance en nous ; et puis, il y a là-dedans
un marchand de violons dont je crains la vue, et je
t'assure que s'il me regardait en face, je craindrais
d'être arrêté trois heures après. Et comment ap-
pelles-tu cet homme si dangereux? Il se nomme Re-
naudin, principal agent de la faction.

» Nous promenant, hier soir, dans les Thuileries, nous fûmes abordés par Gondrecourt, dont Portalier et notre agent s'étaient entretenus, trois heures auparavant. Nous demandâmes à Portalier ce que c'était que Gondrecourt; il nous dit que c'était un philosophe; qu'il n'avait que, comme lui, le malheur d'être prêtre, qu'il n'était pas connu pour tel, et qu'il ne fallait pas en parler, que nous pouvions nous livrer à lui, qu'il était bien pur. Revenons au philosophe Gondrecourt : dans les Thuileries, il nous dit devant plusieurs personnes qu'une personne dont il était sûr lui avait dit qu'il y avait encore huit membres de la commission temporaire à guillotiner; que cette personne ne lui en avait pas donné les noms, et que, par conséquent, il ne pouvait nous dire (à notre agent s'entend) s'il était du nombre.

» La Convention nationale ayant reconnu le piége que l'aristocratie a enfanté en faisant marier les démocrates avec elle, nous l'avons observé dans notre rapport du 27 courant, la République y gagnera de trois manières; la première, en faisant connaître ceux qui ont provoqué l'arrêté pour cette fraternité dans les sections; la seconde, en nous faisant remarquer ceux qui ont fait beaucoup de dépenses dans ces repas; la troisième, ces fêtes nous feront connaître beaucoup d'aristocrates travestis et de malveillants.

» G..... »

La lettre initiale G désigne le nommé Guérin, ajoute Courtois. Il y a beaucoup d'indications données par un certain Rousseville, et autres espions du même genre que Guérin, à la solde de nos tyrans.

L'espionnage ne se bornait point à Paris : il existe une foule de notes envoyées à Robespierre des départements et des prisons. Il eût été trop dispendieux d'en imprimer l'énorme fatras. »

# CHAPITRE IV.

## La Police du Directoire.

Nous avons dit que le ministère de la police générale fut institué par le Directoire. A la surveillance
politique pour déjouer les complots et contenir les séditieux, le Directoire ajoutait, pour motiver la création
d'un septième ministère, les attributions de la police
municipale pour toute l'étendue de la République; le
ministère de l'intérieur en fut destitué. Cette résolution fut adoptée par une loi du 12 nivôse an IV (2 janvier 1796).

Le premier choix du gouvernement constitutionnel
de l'an III tomba sur le député Camus, ex-convention-

6

nel, homme dur, revêche, vaniteux, ayant la prétention de passer pour janséniste; malgré le progrès de
l'irréligion, il resta dans sa secte, et manifesta la dé-
votion la plus outrée. Un magnifique crucifix ornait sa
chambre; il y faisait ses prières matin et soir. C'était
d'ailleurs un homme absolu et farouche. Il ne resta
que deux jours au ministère, ou plutôt il refus a de l'accepter.

On appela alors Merlin de Douai, qui a joué un rôle
distingué pendant la Révolution, et qui est resté un jurisconsulte célèbre. Il occupa le ministère de la police
depuis le 4 janvier 1796 jusqu'au 3 avril suivant.

Voici la circulaire qu'il adressa, le 17 nivôse an IV
(7 janvier 1796), au bureau central de la commune
de Paris :

« Du ministère de la justice.

« Citoyens, le Directoire exécutif m'a appelé à celui
» de la police générale. J'ai calculé tout le poids du
» fardeau qu'il plaçait en mes mains; fort de mon
» courage, plein d'amour pour la chose publique,
« comptant sur vous et sur tous les bons citoyens,
» j'ai accepté, je suis en fonctions.

» Maintenant, citoyens, il nous faut marcher.

» Nous avons une immense cité à régénérer.

» Nous avons, par sa régénération, à opérer la ré-
» génération de la première république du monde.

» Paris fut de tout temps le modèle des départe-

» ments; rendons Paris sûr, établissons-y la salubrité,
» donnons-lui des mœurs; nous aurons une républi-
» que sage, un air pur régnera partout, partout le ci-
» toyen pourra habiter en sûreté.

» Commençons, citoyens, et que Paris donne le si-
» gnal. Prévenez nos concitoyens de notre commune
» résolution;

» Que les commissaires de police soient avertis.

» Le temps de la mollesse, celui de la négligence
» est passé.

» C'est de l'exactitude qu'il faut, c'est de la fer-
» meté.

» Moi-même je donnerai cet exemple; je sacrifierai
» tout à mes devoirs.

» La République, la police générale, je ne respirerai
» que pour ces objets. »

Toute cette emphase n'aboutit pas à grand'chose :

La montagne en travail enfante une souris.

Singuliers régénérateurs, en effet, que des espions
de police !

Merlin, appelé à former la police, dont les éléments
étaient encore épars, se servit des matériaux qu'il
avait sous la main. Il choisit le plus grand nombre de
ses agents parmi d'anciens jacobins.

Le ministère de la police avait le grave inconvénient
de faire d'un métier honteux une institution légale, et

d'un ressort caché de gouvernement une fonction publique. Un lieutenant de l'ancien régime convenait qu'il était impossible de trouver d'honnêtes gens qui consentissent à devenir mouchards; qu'on juge de ce que devaient être, ce que furent des mouchards élevés dans tout ce que la révolution avait produit de sanguinaire et de fangeux. Un gouvernement libre, républicain, débutait par une création qui rappelait le caractère inquisitorial de l'aristocratie vénitienne.

Les Directeurs, il est vrai, auraient pu donner pour excuse l'état de désorganisation où était tombée la société; après une tourmente qui avait déraciné toutes les positions sociales, chacun demandait la sécurité de sa personne et de ses propriétés; les agitateurs des partis se trouvaient en dehors du gouvernement, et même du gros de la nation, qu'ils n'avaient que trop agitée. Elle soupirait après le repos, et le repos pour elle était la liberté, tant elle était lasse des saturnales de l'anarchie.

A Paris, les hommes de la plus basse extraction, enrichis de rapines, étalaient un luxe scandaleux avec un cynisme dégoûtant. Les mœurs privées souffrirent de graves atteintes. La dépravation était à son comble. L'oubli de tous les devoirs signalait les femmes à la mode; elles luttaient d'indécence et d'impudicité, ce qui faisait dire à un écrivain célèbre : *Vêtues sans être voilées, elles ont trouvé le moyen d'insulter à la pudeur sans choquer les bienséances.* Le divorce, devenu presque journalier, était un libertinage légal. On se démariait pour changer de femme ; on prenait ou on abandonnait une épouse comme on change de laquais ou de logement.

Des bals étaient ouverts où, pour pénétrer, il fallait avoir perdu un des siens sur l'échafaud de la terreur. Cela s'appelait *le bal des victimes.* Une femme à la mode devait avoir les cheveux coupés près de la tête en signe de ressemblance avec les victimes dressées pour la guillotine. Les jeunes personnes, mariées ou censées l'être, s'habillaient de façon à paraître enceintes ; ces fausses apparences de fécondité s'appelaient des demi-termes. Les femmes du bon air ne sortaient pas de chez elles sans cet accessoire de parure. Loin de revêtir un habit de deuil, elles se paraient de fleurs et d'une gaze transparente, pour mieux faire admirer leurs nudités ; aux doigts de leurs pieds scintillaient des bagues précieuses. L'esprit de luxe et de rapine avait succédé au règne de la férocité en haillons.

Les routes étaient infestées de voleurs et d'assassins qui agissaient à découvert dans les départements où avait régné la guerre civile. Des brigands, connus sous le nom de chauffeurs, pénétraient dans les maisons écartées, tuaient ou garrottaient les domestiques, plaçaient les pieds des maîtres sur des charbons

6.

ardents, les obligeaient ainsi à livrer tout ce qu'ils possédaient.

La police exerçait surtout une extrême attention sur les spectacles, devenus une arène où les partis venaient lutter non-seulement par des battements de mains ou des sifflets, mais à coups de poing. Au moindre indice de royalisme on fermait l'enceinte, et les citoyens étaient obligés de défiler sous les yeux des sbires du citoyen Merlin de Douai. Il suffisait d'une allusion créée souvent par le public, ou du quolibet d'un acteur pour provoquer ces scènes de désordre. Dans une vieille comédie, un maître dit à son valet : *M. Merlin, vous êtes un coquin.* Aussitôt que l'acteur a lâché ces paroles, la salle retentit des battements de mains et les spectateurs s'égosillent à crier : *Bis! bis!*

Les tribunaux sont impuissants pour punir les excès de la presse. L'abbé Poncelin, propriétaire du journal intitulé *le Courrier républicain*, avait publié quelques faits injurieux pour Barras. On l'arrêta, on le conduisit au petit Luxembourg, où le directeur le fit cruellement fustiger. L'abbé porta plainte en justice, et s'en désista ensuite, dit-on, moyennant un dédommagement, trafiquant ainsi de la souillure dont il avait été l'objet, se vouant lui-même au ridicule et à la honte, et faisant taire par là l'indignation que cette violence coupable avait excitée dans le public.

Tel était l'état des mœurs lorsque la police tendit
ses filets sur la République entière. Merlin, après lui
avoir donné l'impulsion première, retourna au ministère de la justice le 3 avril 1796 (1). Jamais une aussi
grande activité n'avait régné et n'a régné depuis dans
les travaux de ce ministère. Quelque confiance qu'il
eût dans les habiles collaborateurs dont il s'était entouré, non-seulement il ne signait rien dont il n'eût
préalablement révisé et corrigé la minute, mais il se
réservait et expédiait à lui seul les affaires les plus importantes.

Deux conspirations ayant éclaté en même temps,
celle de Babeuf et celle de Brottier et Laville-Heur-
nois, Merlin prétendit que les auteurs de celle-ci,
dont aucun n'était militaire, devaient cependant être
jugés par des conseils de guerre, attendu qu'ayant
cherché à soulever des soldats, il était juste de les considérer comme embaucheurs; et ce fut dans ce sens
que, le 10 février 1797, il fit un rapport au Directoire,
qui adopta ses vues. Le tribunal de cassation jugea
qu'un conseil militaire était incompétent et communi-
qua son arrêt au conseil des Cinq-Cents. Merlin dénonça le tribunal et fit passer outre, malgré les réclamations de Pastoret. Le conseil militaire fut établi, et

(1) Il fut remplacé par Cochon de Lapparent.

Merlin le pressa d'accélérer le jugement par une lettre où l'on remarquait ce passage : « Les jugements mili-
» taires doivent être prompts; ceux qu'ils frappent
» doivent être exécutés sur l'heure, à l'instant, sur-le-
» champ.... » Puis il ajoutait : « Si l'on ne tue pas
» les conspirateurs royalistes, on sera forcé de laisser
» aussi échapper les babouvistes. » Cette lettre fut encore dénoncée par Pastoret.

Cependant tous les écrits, tous les journaux défen-
dirent les accusés avec la plus grande chaleur, et Merlin ne put obtenir la peine de mort. Le conseil la prononça pour la forme; mais, usant de la faculté que la
loi lui accordait, il la commua en quelques années de
prison. Le ministre ne se tint pas pour battu; il pro-
fita de la révolution du 18 fructidor, et fit déporter
les principaux d'entre eux, qui périrent à Sinnamari.
Quelques jours avant cette révolution, il avait été dénoncé par Jourdan, député des Bouches-du-Rhône,
pour avoir déféré au tribunal de cassation un jugement
militaire qui avait acquitté quelques émigrés jetés par
la tempête sur les côtes de France.

Nommé Directeur après le 18 fructidor, Merlin ne
fut déplacé que le 18 juin; il se retira à Douai; des
diatribes le poursuivirent. Au retour d'Égypte, Bonaparte le nomma substitut du procureur général à la
cour de cassation; sous l'Empire il fut élevé à la dignité de procureur général à la même cour; il monta

de grades en grades jusqu'au Conseil d'État, section
de la justice. 1814 changea sa destinée. Napoléon, au
retour de l'île d'Elbe, le rappela, et le département du
Nord le nomma député à la chambre des représentants.
Les changements survenus reléguèrent Merlin dans la
vie privée; il resta l'un des plus habiles jurisconsultes
de France.

Cochon de Lapparent, qui remplaça Merlin au ministère de la police générale, déploya dans ce poste
une grande habileté. Le Directoire, placé dans une
situation mixte, gouvernement de transition, se trouvait être le point de mire des factions qui divisaient la
République ; le parti vaincu au 9 thermidor se mon-
trait encore menaçant; les royalistes se réunissaient à
lui. Menacé à la fois par deux conspirations flagrantes,
le Directoire se jeta dans le système de bascule. Il
craignait plus les royalistes qu'il n'avait de confiance
aux constitutionnels, et trouvait plus commode de faire
la guerre aux premiers que de faire des sacrifices aux
seconds. Il marchait avec le parti qui l'avait nommé,
c'est-à-dire des Jacobins de seconde origine, formant
mille petites intrigues, qu'il regardait comme des
moyens de gouvernement; se dirigeant en sens contraire des deux opinions les plus actives, il perdait
chaque jour sa force, et courait droit à l'abîme qui devait l'engloutir. *Marchez avec moi*, disait-il. Non pas,
répondait la faction, *c'est à toi de marcher avec nous*.

La conspiration de Babeuf vint à point pour lui donner occasion de frapper les anarchistes.

Le Directoire avait toujours feint de confondre les anarchistes avec les royalistes. La couleur de cette conspiration n'était pas équivoque. Les partisans des anarchistes, et leurs journaux, honteux de voir la plus grande partie des leurs pris en flagrant délit, ne pouvaient nier ce qui était évident (1).

Louvet disait, dans sa *Sentinelle* : « Les Clichyens, irrités de la commission pour faire le rapport sur la loi du 3 brumaire, vont commander quelque conspiration à leur ministre Cochon. »

Le ministre, disaient les uns, était instruit du mou-

---

(1) La conspiration de Babeuf fut découverte le 21 floréal an IV; elle devait éclater la nuit du 22 au 23. Babeuf, qui seul l'avait conçue, en dirigeait seul l'exécution. Il se proposait de rétablir la démocratie sur les ruines du gouvernement populaire le plus illimité. Le génie remuant, inquiet, fougueux de cet anarchiste, trahit son secret au moment même où, rassemblant autour de lui les rivalités, la haine, la vengeance des proscrits, la terreur des suspects, l'envie des mécontents, il tenait dans sa main la torche qui devait embraser de nouveau le volcan révolutionnaire.

Marat avait été le vil instrument de la démagogie, sous un maître qui l'aurait un jour puni, bien qu'il l'eût provoquée. Babeuf la convertit en système, et il croyait pouvoir se rendre maître d'une puissance qui se détruit sans cesse elle-même.

On nomma *babouvistes* les partisans du système de Babeuf, et les réacteurs appliquaient cette dénomination aux amis de la liberté, quelque modérés qu'ils fussent. Et ceux-là attribuent la conspiration aux anarchistes.

vement, il pouvait le prévenir : il ne l'a pas fait, donc il en est l'auteur.

Les autres avançaient hardiment que c'était un mouvement royaliste sous couleur populaire, qu'avait favorisé le ministre de la royauté.

« Qui ne sait, disait un journal, le *Rédacteur*, que les royalistes ont intérêt à propager l'anarchie ; il est un autre parti qui en a besoin pour sa propre ambition, pour son avidité, pour l'impunité et la continuité de ses crimes. »

Sans doute une bonne police doit tout faire pour prévenir les complots : le ministre, instruit que les conjurés étaient rassemblés, le soir, dans les cabarets environnants le camp de Grenelle, pour faire leur attaque dans la nuit, aurait pu les faire disperser, et les empêcher d'exécuter leur projet. Cependant si, par philantropie, il avait pris ce parti, les anarchistes auraient crié qu'on les calomniait, en leur supposant de mauvaises intentions, que le ministre n'avait pas le droit de les empêcher de se réunir innocemment. D'ailleurs, le Directoire était bien aise de se débarrasser de ses ennemis les plus acharnés et les plus actifs ; il crut en avoir fini avec eux.

Alors il donna toute son attention aux royalistes, dont cette conspiration avait relevé les espérances et encouragé les manœuvres. Il attendait avec impatience que le royalisme voulût bien enfin se compromettre, et lui offrir une occasion de reprendre sa revanche. Cette occasion tant désirée ne tarda pas à se présenter.

Cochon, qui avait fait preuve d'énergie dans l'affaire de Babeuf, employa dans celle-ci beaucoup d'astuce. Brotier et ses collègues firent des ouvertures à Malo et à Ramel, qui se montrèrent prêts à répondre à cette marque de confiance, entrèrent en négociations, et en firent confidence au Directoire et au ministre de la police, qui les encouragèrent à *filer le câble*, à continuer de prêter l'oreille aux agents royaux, à pénétrer leurs projets, à rendre un compte exact de leurs démarches. Au bout d'un mois, l'affaire paraissant assez mûrie, Malo attira les agents royaux à une conférence chez lui, où ils apportèrent leurs pouvoirs et leurs papiers, que l'on saisit, ainsi que leurs personnes.

Les complices de ce complot avaient compté sur le ministre de la police, et ils avaient résolu de lui conserver son portefeuille en cas de succès. Dans son rapport au Directoire, Cochon montra son étonnement. « J'ignore, s'écria-t-il, à quoi je dois attri-
» buer cette odieuse distinction, d'être placé parmi
» les ministres à conserver après le rétablissement
» de la monarchie, moi qui ai voté la mort de
» Louis XVI ! » Il protesta de sa haine pour la royauté et pour l'anarchie. Malgré cette justification

péremptoire, les républicains continuèrent de le soupçonner de connivence avec les ennemis de la révolution, et lui refusèrent leurs suffrages lors du choix
d'un directeur, en remplacement de Letourneur de
la Manche, ce qui favorisait l'élection de Barthélemy.
Toute son application à satisfaire ou à frapper alternativement les partis extrêmes ne put le préserver de
l'accusation d'être favorable aux Clichiens. On voit
dans un écrit sur la révolution, publié longtemps après
ces événements, que ces soupçons n'étaient pas entièrement dissipés. « L'âme pusillanime du ministre de
» la police, y est-il dit, était passée tout entière dans
» chaque directeur. Après les mesures sanglantes, le
» ministre proposa des précautions révolutionnaires.
» Parmi plusieurs actes d'autorité qui attestent à la
» fois la faiblesse, l'impéritie et le mépris des droits
» les plus saints, celui qui chassait loin de Paris, au
» nom de cinq conventionnels, tous les membres de
» la Convention nationale, fut le plus remarquable et
» le plus agréable aux ennemis de la République. »

Cochin, attaqué avec violence, ne tarda pas à être
disgracié. Avant le 18 fructidor, madame de Staël, qui
avait acquis une grande influence et qui tenait le fil
de toutes les intrigues, parvint à le faire écarter du
ministère. Henri Larivière se plaignit de la destitution
de Cochin, qui fut remplacé par Lenoir-Laroche.

Lenoir-Laroche était peu fait pour le ministère de

7

la police ; mais sa réputation d'écrivain politique avait un grand prix alors, et le triumvirat lui supposa assez de dévouement pour l'aider dans ses projets de proscription. Ce qui servit encore à tromper le pouvoir à l'égard de cette espèce d'écrivain-journaliste, c'est qu'il publia, vers le même moment, divers écrits sur l'état de la France, sur les abus de la presse et l'importance des élections de l'an V. Mais ne trouvant pas en lui l'énergie sur laquelle ils avaient compté, les directeurs lui retirèrent le portefeuille, qu'il ne garda que depuis le 6 juillet jusqu'au 26 du même mois, et le donnèrent à l'apothicaire Sotin.

Le Directoire n'était point heureux dans ses choix. Sotin de la Cirudière n'avait pas plus d'instruction politique que son prédécesseur ; mais il paraissait mieux convenir aux hommes du gouvernement.

Il facilita l'événement du 18 fructidor. Ce fut lui qui, principalement, prépara les moyens d'exécution, après l'adoption des dispositions discutées dans un conseil tenu par les directeurs Barras, Rewbell, Laréveillère-Lépaux, lui et ses collègues au ministère Talleyrand et Merlin, et les députés Sieyes, Boulay de la Meurthe et Treilhard.

Les vaincus l'accusèrent ensuite, mais sans preuve, de barbarie à leur égard, et d'avoir proposé contre eux des mesures plus rigoureuses encore que l'exportation à Cayenne. Il est vrai qu'il fut chargé de présider à leur exportation. Reconnaissant parmi eux des hommes qui, naguère, avaient figuré parmi ses persécuteurs, entre autres Bourdon de l'Oise et Rovère, il leur dit : *Messieurs, je vous souhaite un bon voyage; voilà ce que c'est que la révolution.*

Pendant son ministère, Sotin fit exécuter rigoureusement la loi du 19 fructidor sur les passeports, ainsi que les mesures arbitraires du Directoire contre les prêtres, pour la prohibition des journaux et la surveillance des spectacles.

« Il est néanmoins à notre connaissance, dit M. H. Audiffret, dans une Notice sur Sotin, que, parmi un assez grand nombre d'émigrés maintenus, d'après sa demande, sur la liste de proscription, plusieurs obtinrent de lui gratuitement leur radiation. »

Une bévue le priva de son portefeuille. On avait brodé à Lyon, pour les membres des deux conseils, des manteaux de casimir de Sedan, qu'il fit saisir comme étant de fabrique anglaise. Il écrivit à ce sujet, le 13 janvier 1798, à la commission des inspecteurs du conseil des Cinq-Cents, une lettre qui donna lieu à une assez vive discussion, dans laquelle des députés l'inculpèrent d'étourderie et de légèreté.

Comme l'envie et la calomnie se glissent dans tout, l'accusation devint plus grave encore, lorsqu'on eut insinué qu'il avait voulu par là empêcher les députés d'assister, avec leur nouveau costume, le 21 janvier, à la *fête* anniversaire du supplice de Louis XVI.

Obligé de donner sa démission, non pas seulement par le motif de cette erreur, mais aussi parce que son républicanisme gênait les vues du Directoire, qui voulait se rendre maître des élections, et remplacé par Dondeau, le 12 février 1798, il fut envoyé, au mois de mai, en qualité d'ambassadeur extraordinaire, à Gênes, où il succéda au ministre Faypoult.

Une nouvelle gaucherie le fit rappeler au bout de deux mois. Le Directoire voulait s'emparer, sans coup férir, des États de Sardaigne. Il avait, en conséquence, donné des instructions écrites à Sotin. Au lieu d'agir avec discrétion, Sotin écrivit ostensiblement au Directoire ligurien pour l'inviter à protéger et à seconder les insurgés piémontais contre la cour de Turin. C'était imiter les officiers français à la bataille de Fontenoy, et dire à son adversaire de tirer le premier. Le Directoire trouva cette sottise trop chevaleresque. Sotin fut rappelé ; il le méritait bien. Après quelques autres fonctions publiques sous le Directoire et Bonaparte, il mourut en 1810, sans fortune, dans l'obscurité.

Dondeau était un grossier personnage, faisant mal à propos étalage de son jacobinisme. A la sortie de Sotin, on ne savait qui nommer. Merlin fit tomber le choix, sous forme d'intérim, sur son compatriote. Un intérim est le *nec plùs ultrà* des vœux de plus d'un incapable ; il en résulte pour leur vanité le relief d'un titre à mettre fièrement à la suite de leur signature. Dondeau traversa le ministère de la police sans y laisser de trace. Il était chef de la division de sûreté avant sa nomination. Malgré la mise en circulation du dogme d'égalité qui semblait autoriser tous les choix possibles, les employés ne purent s'accoutumer à le regarder sérieusement comme leur chef. Il fut, par la suite, nommé maire de Douai, administrateur du département, et finalement juge au tribunal criminel du même département. Ces places ne le rendirent ni moins rustaud, ni plus habile en matière gouvernementale.

Les ministres de la police se succédèrent rapidement.

Lecarlier, homme estimé, mais sans lumières et faible, fut choisi pour succéder à Dondeau ; il n'y avait guère à gagner au change. Il se borna à entretenir une correspondance active avec le bureau central, pour l'exécution des règlements de sûreté.

Sorti du ministère, Lecarlier se livra à quelques travaux de cabinet ; en 1799, le département de l'Aisne le nomma membre du Conseil des Anciens. Il mourut peu après.

On a remarqué que Lecarlier, qui fut membre de la Constituante, avait appuyé, dans le temps, le projet proposé par M. Guillotin, son collègue, pour la substitution de l'instrument de supplice, en vigueur aujourd'hui, à tous les autres instruments de supplice.

7.

M. Duval remplaça, le 8 brumaire an VII (29 octobre 1798), Lecarlier au ministère de la police. On s'accorde à reconnaître dans ce ministre de bonnes qualités. Il servait le Directoire avec zèle, mais on ne lui reproche aucun acte oppressif.

A l'époque où Rewbell quitta le Directoire, il figura au nombre des candidats qui devaient le remplacer. Un des successeurs de M. Duval (Fouché) au ministère de la police rend ainsi compte de ce qui se passa dans cette circonstance :

« Merlin et les députés ventrus, ses acolytes, décidèrent qu'ils élèveraient à sa place Duval, de la Seine-Inférieure, homme médiocre et nul, brave homme d'ailleurs, qui occupait alors le ministère de la police, où sa vue était trop courte pour rien voir. On les laissa faire, et, toutes leurs batteries dressées, on travailla efficacement pour Sieyes, ambassadeur à Berlin... On en vint à l'élection : je ris encore du désappointement du subtil Merlin, et du bon Duval, sa créature, qui, pendant que les conseils procédaient, ayant établi une ligne télégraphique d'agents, depuis l'hôtel de la police jusqu'à la salle législative, chargés de transmettre au bienheureux candidat le premier avis de son exaltation directoriale, en apprirent qu'une partie du ventre avait fait défection. Ni Merlin, ni Duval ne pouvaient comprendre comment une majorité *assurée* peut se changer tout à coup en minorité ; mais nous saivons par quel ressort on opère, nous en fîmes des gorges-chaudes dans d'excellents dîners où se tamisait la politique.

» Merlin vit dans Sieyes un compétiteur dangereux, et dès ce moment il se renfrogna. Quant au bonhomme Duval, bientôt remplacé par Bourguignon, il en devint misanthrope. Ces deux médiocres citoyens n'étaient pas plus faits l'un que l'autre pour manier la police. »

Cela veut dire, en d'autres termes, que la police ne pouvait être maniée que par le citoyen Fouché. Le duc d'Otrante était, comme on le voit, peu charitable et très-mauvais confrère. Il faut toujours se défier de la médisance, surtout quand elle est inspirée par la jalousie de métier.

Que M. Duval n'ait pas fait de merveilles à la police, nul n'est tenu d'en faire; et voyez le beau miracle que de découvrir des conspirations qu'on a fabriquées; cela mérite-t-il un brevet d'invention ou de perfectionnement?

La plupart des ministres du Directoire faisaient leur besogne bourgeoisement; mais enfin ils la faisaient, et cela marchait. Que voulez-vous davantage : il n'est pas donné à tout le monde d'être homme d'État, s'en donnât-on même les airs.

Pour revenir à M. Duval, il quitta le ministère de la police huit mois après son entrée, le 5 messidor an VII.

La chute du Directoire, qui arriva peu après, dut rendre l'ex-ministre encore plus misanthrope.

C'est à Gohier, qui a laissé un mémoire si singulier et tenu une conduite si républicaine au 18 brumaire, qu'on doit la nomination de M. Bourguignon-Dumolard. Il ne fit au ministère de la police qu'un court séjour. Un concurrent redoutable aspirait à le supplanter : c'était Fouché, et il y parvint facilement. Du reste, Bourguignon n'était étranger à aucune des connaissances qu'exigeaient ces fonctions.

Gohier en parle ainsi dans ses *Mémoires :*

« Pendant que j'étais à la cour de cassation, j'avais eu l'occasion de connaître et d'apprécier les talents et les principes du citoyen Bourguignon, qui y remplissait les fonctions du ministère public. Sur mon indication, le 4 messidor, Bourguignon, substitut du commissaire du Directoire exécutif, près le tribunal de cassation, fut nommé ministre de la police générale.

» Les divers ouvrages du citoyen Bourguignon, sur notre législation civile et criminelle, dont l'un (son *Mémoire sur le jury*) a été couronné par l'Institut, ont prouvé que ce savant magistrat est un de nos meilleurs jurisconsultes. Rien n'annonçait que sa surveillance fût en défaut. Paris était tranquille, et sa correspondance, en entrant au ministère, caractérisait un administrateur aussi sage que ferme ; ce n'était pas assez pour Sieyes : Bourguignon n'était pas jacobin, et il ne voyait que par ses yeux, quand Sieyes voulait qu'un ministre de la police ne vît que par les siens.

» Bourguignon, qui n'avait que l'ambition de servir loyalement son pays, ne se fit pas demander deux fois sa démission. L'intrigue de Sieyes, qui avait un homme à lui, à qui il destinait la police, ne réussit qu'à moitié. Barras, qui s'était réuni au président pour le renvoi de Bourguignon, qu'il ne connaissait pas, proposa Fouché, qu'il croyait mieux connaître, et, le 2 thermidor, la majorité du Directoire nomma Fouché, persuadée qu'il ne serait pas plus l'homme de Sieyes que Bourguignon. »

La modestie de M. Bourguignon n'a pas trouvé grâce devant Fouché, qui l'avait supplanté. On lit dans ses *Mémoires* : « La police, comme elle était organisée, penchait naturellement pour le parti populaire, qui avait introduit dans son sein quelques-uns de ses coryphées et de ses meneurs. L'honnête Bourguignon, alors ministre, devait son élévation à Gohier ; il était tout à fait au dessous d'un tel ministère, hérissé de difficultés. »

Si Fouché a voulu dire par là qu'il n'avait ni la rouerie, ni la fausseté, ni l'esprit de mensonge dont lui, Fouché, a donné tant de preuves, Fouché a raison.

On voit que sous le Directoire le ministère de la police ne fut qu'une magistrature, en somme honnêtement gérée. Avec Fouché, qui succéda à Bourguignon, rentre à la police cet esprit d'intrigue et de perfides machinations qui l'a caractérisée sous l'ancien régime, et dont la tradition ne s'est plus perdue depuis. L'avénement de Fouché, qui eut lieu le 20 juillet 1799, fut le précurseur du 18 brumaire.

# CHAPITRE V

## Contre-Police royale.

Tandis que le bureau central exerçait sa surveillance dans la capitale, et que le ministre de la police générale s'occupait des mêmes soins politiques sur une plus vaste échelle, pour toute la France, les agents secrets des princes avaient organisé parallèlement une contre-police, dont le but était nécessairement de fomenter des troubles dans le royaume, d'entretenir l'esprit d'hostilité contre le gouvernement établi et faire tout ce qui pouvait le contrarier et lui nuire ; au besoin, de préparer un coup de main à la faveur duquel pût avoir lieu une restauration.

Les plus distingués d'entre les chefs étaient MM. le chevalier de Coigny, Hyde de Neuville, de Larue, l'abbé Godard, Dupeyron, connu sous le nom de *Marchand*. M. le chevalier de Coigny, qui avait résidé en Angleterre auprès des princes français, fut un des premiers agents de l'entreprise. M. Hyde de Neuville, lié avec les chefs vendéens, s'y associa plus tard. C'est lui qui donnait les ordres et procurait les fonds nécessaires aux opérations de l'établissement. M. Dupeyron, qui avait été employé dans des missions diplomatiques du temps de la Convention, sous le ministre des affaires extérieures Lebrun, avait la direction des mouvements et l'exécution des mesures ordonnées par le chef.

Un des coups les plus hardis de ces agents royaux, fut, dans la nuit du 20 au 21 janvier 1799, d'afficher dans tous les coins de Paris une proclamation de Monsieur, et d'étendre un drap noir au portique de l'église de la Madeleine, dans le cimetière de laquelle Louis XVI avait été enterré. Voici comment M. Hyde de Neuville lui-même, dans un rapport adressé à M. Dutheil, agent du prétendant à Londres, le 24 janvier, raconte cette démonstration qui devait principalement agir sur les esprits et mettre les habiles à même de sonder l'opinion, et recruter des prosélytes pendant l'effervescence causée par ce hardi coup de théâtre :

« Le 21 janvier au matin, la proclamation de *Monsieur* a été trouvée affichée dans tout Paris, aux portes des ministres, des ambassadeurs, à celles des églises, des corps de garde et aux arbres de la liberté ; mais ce qui a frappé davantage la multitude, c'est ce que nous avions préparé de nuit à l'église de la Madeleine. Un très-long drap mortuaire en couvrait le portique ; les proclamations y étaient affichées de toutes parts ; et au milieu du drap on lisait ces mots : *Victimes de la révolution, venez, à l'exemple des frères de Louis XVI, déposer ici vos vengeances.* Le drap était encore exposé à neuf heures du matin ; le peuple y accourait de toutes parts ; un grand nombre de soldats y étaient rassemblés ; les propos tenus ont suffi pour nous faire connaître l'opinion présente. Les soldats ne disaient rien, si ce n'est : *Ceux qui ont fait cela n'ont pas peur ; le corps de garde ne les a pas intimidés ; Louis XVIII leur doit la croix de Saint-Louis,* et autres propos à peu près semblables ; mais rien d'injurieux contre les royalistes. Le peuple osait ouvertement parler du retour de la royauté, et du bonheur qui en serait la suite. Le gouvernement a fait enlever le drap, et les militaires chargés de cette opération, y ont mis beaucoup de décence. Dans plusieurs quartiers de Paris, le peuple s'est opposé à l'enlèvement des proclamations. Le gouvernement fait rechercher les auteurs de cet attentat, mais rien n'a transpiré. Malgré la sentinelle qui veille auprès de la statue de la liberté, place de la Révolution, P. B. (1) a été lui-même l'afficher au pied de la déesse ; et les badauds de Paris de se persuader que la sentinelle a été gagnée. Ces petits moyens finissent souvent par produire de grands effets; la révolution en est la triste expérience. »

Quelque active que fut là contre-police royale, le secret était si bien gardé, que le gouvernement fut longtemps sans en découvrir la trame et sans pouvoir en saisir les membres ; il en ignorait les moyens, sinon les vues, assez présumables du reste, lorsque la fuite de quelques-uns d'eux en Angleterre, et particulièrement de M. Hyde de Neuville, qui fut sur le point d'être arrêté, fit tomber entre les mains du gouvernement toutes les pièces de l'agence. Elles furent saisies à Calais au mois de floréal an VIII (avril et mai 1800) et envoyées aux consuls. Une commission composée des citoyens Chaptal, Emmery, Brune et Champagny fut nommée pour examiner les pièces saisies, parapher celles qui paraîtraient les plus importantes, et en faire un précis historique, qui fut imprimé sous le titre de *Conspiration*

(1) Ces initiales sont celles du nom de *Paul Berry*, sobriquet qui, dans le langage de cette police, désignait M. Hyde de Neuville lui-même, qui parle ici de lui à la troisième personne.

*anglaise*, à l'imprimerie de la République, an IX.

Deux mémoires principaux trouvés parmi ces pièces et écrits de la main de Dupeyron, jettent un grand jour sur ce qui s'était fait et sur ce qu'on voulait faire. Dans l'un, intitulé *Établisssement de la contre-police*, on y proposait de conserver ce qui avait été établi, mais d'y introduire des changements propres à rendre la marche des agents plus sûre et plus régulière. « Il faut, disait Dupeyron, conserver et perfectionner ce qui existe déjà, mais aussi faire cesser ce qui avait été laissé jusqu'à ce jour à l'arbitraire de chaque agent. Il faut une organisation plus régulière, à l'aide de laquelle les chefs connus ou secrets de la cause trouvent leur sûreté confondue avec celle de la généralité. Marchand (Dupeyron) est en état de bien remplir un service qui lui est d'autant plus familier, qu'il a déjà eu la direction secrète de la police de Paris dans le temps que la Gironde luttait contre Pache et la commune. »

Dupeyron demandait deux cents louis par mois; cette dépense parut trop considérable aux chefs, et son plan ne fut pas accepté. Cependant on ne voulait point suspendre un service que l'on croyait utile à la cause royale. Il se passa quelque temps au bout duquel Dupeyron modifia son projet et en présenta les détails, le 10 nivôse an VIII, dans un nouveau mémoire intitulé *Service de la contre-police*. Il y déclare que, d'après le plan économique qu'on veut adopter provisoirement, il ne peut ni tenir de vedette à l'état-major, ni organiser une petite poste : mais en attendant qu'on pût faire mieux, il garantit :

« 1° D'obtenir tous les jours les rapports du bureau central ;

» 2° De connaître les dénonciations qui se feraient contre des royalistes ;

» 3° De savoir quels sont les individus que la police met en surveillance (c'est-à-dire, comme il l'explique, les individus suspects à la police, dont elle commande d'épier les démarches) ;

» 4° D'être instruit à temps de tous les mandats d'arrêt qui devaient être lancés contre des personnes attachées à la cause ;

5° De faire suivre les individus dont on lui remettrait la liste. »

Ce plan fut définitivement adopté, et les rapports journaliers commencent au 12 nivôse ; et, à quelques lacunes près, se suivent jusqu'au 18 ventôse inclusivement.

Les principales relations de Marchand étaient au bureau central. Tous les jours il donnait la note des personnes dénoncées à la police, ou qu'elle faisait surveiller, ou contre lesquelles il y avait des mandats d'arrêt ; il recommandait de transmettre ces avis à ceux qu'ils intéressaient.

« Sous ce rapport, dit-il, il est essentiel que M. Hyde de Neuville s'entende avec moi, afin que, de concert, nous avisions aux mesures qui nous paraîtraient les plus appropriées à l'intérêt de la cause. »

Ainsi, la contre-police couvrait de son égide protectrice tous les ennemis du gouvernement.

Suivant les détails donnés dans les pièces saisies, on comptait plus de deux cent trente individus qui, dans l'intervalle du 12 nivôse au 18 ventôse, avaient été l'objet des révélations officieuses de la contre-police, et qu'elle avait soustraits à la vigilance ou aux poursuites du gouvernement. Une question faite par M. Hyde de Neuville, et à laquelle Dupeyron eut à répondre, explique la marche et les ressources de la contre-police. On avait transmis au premier un rapport dans lequel on posait en fait que le drap mortuaire étendu le 21 janvier aux portiques de la Madelaine, était l'ouvrage des gens du roi, et on nommait comme y ayant coopéré, MM. Devilliers, Castillon, Fabry, Luly, Durocher, Mallès, Marchand et d'Halinville; on ajoutait qu'ils avaient été mis en surveillance.

« J'ai fait, répondit Dupeyron, toutes les recherches nécessaires, et pris les informations sur les faits ci-dessus; je me suis assuré qu'ils sont entièrement controuvés; non-seulement ces individus nommés n'ont point été mis en surveillance, mais l'affaire elle-même, tout en faisant une grande sensation sur l'esprit pu-

blic, tout en étonnant la police, n'a point eu de
suite, par la raison que la police s'était laissée persuader que le drapeau noir avait été mis par les jacobins. »

Cependant le ministre de la police générale, qui
alors était Fouché, très au fait de ces tactiques misérables dont on se sert pour dérouter les crédulités des
partis, ne se laissa pas tromper par ces bruits à dessein répandus, que ce coup était le fait des jacobins;
il ne doutait nullement que ce ne fût l'ouvrage des
royalistes; cela leur ressemblait. M. le chevalier de
Coigny était d'ailleurs arrivé depuis peu sur le sol de
la France; Dupeyron sut que le chevalier était mis en
surveillance, et que M. Hyde de Neuville était menacé. L'orage grondait, suivant un rapport de la
contre-police du 7 janvier 1800. Le ministre Fouché
avait annoncé au bureau central « l'existence d'une
conspiration tendant au rétablissement de l'ancien régime. » Le bureau central avait été invité à redoubler
de vigilance. Fouché avait annoncé que des mandats
d'arrêt allaient frapper quelques conspirateurs.

A l'approche de ce danger, Dupeyron cependant cherchait à rassurer ses co-associés. Il écrivait à M. de Neuville que, d'après des renseignements particuliers, il savait que le ministre de la police n'était dépositaire d'aucun secret important. Je crois bien (ajoutait-il) que des
indiscrétions, plus encore que des délations, lui ont
procuré quelques données qui, pour être vagues, lui

paraissent d'autant plus importantes. Évitons les démarches qui pourraient porter l'empreinte de l'irréflexion; et j'oserai garantir d'avance que la police, malgré ses espions, les moyens du gouvernement et son or corrupteur, ne pourra point pénétrer dans l'intérieur du camp royal. »

Tout ceci n'était pas rassurant; mais les partis tiennent tête jusqu'au dernier soupir; et dans leur atmosphère embrasée, les complices s'exaltent jusqu'à se croire puissants, invincibles et sur le point de remporter à chaque instant la victoire.

Dans un second rapport du 12 février, Dupeyron dit à ses correspondants que dans cette journée on était venu lui remettre des renseignements additionnels sur le compte de M. le chevalier de Coigny, et desquels il résultait que M. de Coigny avait été mis une seconde fois en surveillance vers la fin de décembre précédent; mais qu'aucune donnée défavorable n'ayant été transmise à son sujet, l'affaire n'avait point eu de suite. « D'après cela, ajoute-t-il, j'ai la ferme persuasion que M. de Coigny peut être sans le plus léger sujet de crainte : d'une part, il doit être rassuré par la conviction que la police n'a eu contre lui que des données infiniment vagues et infondées; et de l'autre, par la presque certitude que nous serions avertis à temps dans le cas où de nouveaux nuages s'élèveraient sur son compte. »

Ce n'était pas seulement par des avis individuels que la contre-police veillait aux intérêts de ses affidés, c'était encore en leur signalant les agents ou espions de la police dont ils avaient à se méfier. Quelques pauvres diables de royalistes sincères et besogneux n'y trouvèrent pas leur compte ; on se méprit sur eux et des avanies en résultèrent.

On avait une liste des espions qui recevaient de l'argent du ministre de la police pour l'informer de ce qui se disait et se faisait dans la grande société. Une autre liste contenait les noms et la demeure d'un très-grand nombre d'explorateurs, depuis ceux qui exerçaient dans les rues et dans les lieux publics, jusqu'à ceux qui étaient reçus dans les salons.

Cette liste, que les notes de comptabilité écrites de la main d'Hyde, et saisies à Calais, révèlent avoir été payée à Dupeyron 29 guinées (1), était destinée à être imprimée, affichée, répandue avec profusion au moment où l'on aurait besoin de paralyser tout à fait l'action de la police pour porter un grand coup. Ce moment devait être celui du débarquement des princes sur les côtes; on devait en même temps leur livrer Brest, frapper Bonaparte à Paris, et faire partir de cette ville des courriers qui, parcourant tous les points

(1) « M. Marchand (Dupeyron) pour achat de la liste générale des espions de police... 29 guinées. »

de la France, auraient excité un soulèvement général en publiant que la capitale venait d'en donner l'exemple, qu'on y avait arboré la cocarde blanche, et proclamé Louis XVIII.

Tel était le but avoué et annoncé de la contre-police et de son agence ; le plan était séduisant, du moins par une apparence d'ensemble, et ne paraissait pas inexécutable à qui voulait voir les choses par le prisme de son idée fixe. C'était le plan auquel les royalistes paraissaient s'être ralliés ; le principal était surtout de se rendre maître du premier consul.

Ce n'était pas encore assez de tenir le parti en garde contre les espions de la police, il fallait les prémunir contre le danger d'être la dupe des escrocs qui allaient semant l'épouvante, et donnant de faux avis pour soutirer de l'argent. Dupeyron indique, dans un de ses rapports, ce qu'il est convenable de faire en pareil cas.

« M. l'abbé Rathel, à qui j'ai voué la plus parfaite estime, m'a annoncé, ces jours derniers, que deux individus s'étaient présentés chez M. le marquis d'Harcourt, le prévenant qu'une dénonciation grave existait contre lui, et l'engageant, au moyen d'une rétribution convenable, à arranger cette affaire. M. l'abbé Rathel m'a prié de vérifier si véritablement M. le marquis d'Harcourt était l'objet d'une persécution quelconque : il résulte de mes recherches que M.

d'Harcourt n'est pas dénoncé. J'ai voulu savoir quelle
conduite des personnes, dans un semblable cas, devaient tenir pour ne pas tomber dans un piége et
écarter même tout sujet de surveillance; on m'a répondu qu'il n'y avait rien de mieux à faire que de
donner sa déclaration au bureau central, etc. »

Quelque habiles que fussent Dupeyron et ses collègues, ils ne furent pas à l'abri des reproches de
leurs supérieurs. On lésinait, mais on aurait voulu
des merveilles. L'argent, a dit Beaumarchais, est le
nerf de l'intrigue; et par malheur, on mettait ce service au rabais, comme s'il y eût eu de la concurrence.
M. Hyde de Neuville reprochait à Dupeyron que l'on
eût arrêté des royalistes sans qu'il en eût été informé.
« La meilleure réponse à faire à cette question, lui
mandait Dupeyron, consisterait peut-être à vous en
faire une autre. Comment se fait-il que la police républicaine, ayant trois cents mouchards à ses ordres, et
près de six millions à sa disposition dans le courant
d'une année, ne puisse pas réussir à découvrir les
principaux anneaux de la chaîne royaliste? Comment
se fait-il qu'elle ne puisse, en dépit de ses efforts, de
ses sacrifices, de ses correspondances dans tous les
départements, n'arrêter que des individus subalternes,
et cela malgré les indiscrétions auxquelles les hommes
de notre parti s'abandonnent journellement?

» Vous me donneriez cent mille francs par mois,

qu'il me serait impossible de prévenir toutes les arrestations. Croyez-vous bonnement que c'est avec quatre-vingts louis d'or par mois que je suis à même de pénétrer dans l'intérieur de l'antre de Polyphème ? C'eût été une folie à moi de vous le promettre ; c'eût été une duperie à vous de le croire. Si vous aviez mis les deux cents louis à ma disposition, conformément à la demande que je vous en avais faite, j'aurais répondu, non pas de prévenir toutes les arrestations, mais d'en empêcher la plus grande partie, parce que j'aurais pu avoir des hommes à moi dans les six grandes polices de Paris; parce que j'aurais pu organiser ma correspondance avec le ministère de la haute police, aussi bien qu'avec le bureau central. »

C'était répondre *ad rem;* et, du reste, les petits du grand parti s'étonnaient qu'on n'arrêtât pas de temps en temps parmi les hauts meneurs; d'où et par suite, de la méfiance, des découragements, des soupçons et des doutes. Ce n'était pas seulement à la vigilance de Dupeyron et à ses moyens secrets qu'était dû le petit nombre d'arrestations, et qui se bornaient à des individus subalternes. Ce résultat tenait à l'organisation de la contre-police royale. Ceux qu'elle employait étaient divisés en différentes sections; les chefs correspondaient avec un supérieur, et la réunion de ceux-ci avec les princes ou agents du roi au dehors. Il en résultait que, sitôt qu'un individu d'une section était surveillé ou arrêté par la police républicaine, en faisant disparaître, en éloignant le chef qui la dirigeait, la chaîne était rompue, et la police ne pouvait remonter plus haut, surtout quand elle tenait à voir reparaître ce chef qui, de retour après son alerte, renouait de nouveau ses filets et sa trame, sauf à laisser encore sa pêche de royalistes entre les mains du pouvoir. Ce qui n'empêcha pas la trame d'être finalement découverte, comme nous l'avons dit, et les membres de l'agence d'être dénoncés, poursuivis et obligés de se réfugier en Angleterre.

L'on voit, dans ces pièces encore, que la contre-police exerçait une surveillance particulière sur certains personnages, autant peut-être par curiosité ou pour voir si l'on pourrait en tirer parti, que par des motifs de crainte ou d'intérêt.

Ainsi la contre-police faisait surveiller Sieyes : Dupeyron en avait reçu l'ordre; mais c'était, selon lui, une chose fort difficile. « Faire espionner Sieyes, dit-il, c'était sans doute la chose la plus difficile que vous ayez pu exiger. La mission devient d'autant plus délicate, que, dans cette circonstance, nous nous trouvons en concurrence avec le ministre, qui le fait observer de son côté, et que nous aurons à lutter contre la surveillance et les moyens de défense qu'emploiera sans contredit l'abbé. Cependant nous atteindrons ce but, car j'aime à vaincre les grandes difficultés; mais je vous préviens que nous serons forcés à des dépenses extraordinaires. Je vous préviens que c'est un inspecteur général qui s'est chargé lui-même de remplir cette mission. Il est indispensable qu'il ait un cheval, afin de pouvoir suivre Sieyes de la campagne à Paris; il va partir et n'attend qu'après l'adresse au juste de la campagne où s'est retiré notre abbé. Donnez-moi donc au juste le nom de cette campagne, et dites-moi de quel côté elle est : j'attends votre réponse pour faire partir notre agent. »

Dans un second billet, Marchand insiste sur la dépense très-considérable qu'entraînera la surveillance de Sieyes; elle exigera au moins deux individus. Il annonce néanmoins que *l'affaire va se faire*. Il serait difficile de dire ce que voulait faire M. de Neuville de cet espionnage sur l'abbé Sieyes; quelle utilité en pouvait-il résulter pour la cause du roi? Mais ce n'est pas le seul exemple d'aussi frivoles démarches et dépenses qu'elles occasionnaient; et puis, M. Dupeyron était trop habile agent de police pour ne pas profiter de si bonnes occasions de se donner de l'importance et de motiver des emplois de fonds qui lui devenaient ainsi indispensables.

Un des objets de cette contre-police royale était encore de dévaliser les voitures publiques et de piller les voyageurs. Elle avait sans doute des rapports avec les

9

célèbres *Compagnons de Jéhu*. « Dans la position où
nous nous trouvons, dit Dupeyron, nous ne pouvons
faire autre chose que de transmettre des données exac-
tes sur l'état des choses ; que pourvoir à notre défense
par une surveillance active exercée dans l'intérieur du
camp de la police ; nous ne pouvons que tenter l'enlèvement des caisses publiques ou des messageries, four-
gons ou courriers de malles qui seraient porteurs de
fonds appartenant à la République ; tout ce qui serait
au delà deviendrait inutile et nuisible aux intérêts de
la cause. »

Ces petits coups de main auraient dû rendre Dupeyron moins grognon sur les lésineries de ses capitaines ;
peut-être aussi que ces messieurs s'adjugeaient le tout,
ce qui n'était pas loyal. Bref, la contre-police était un
moyen de faire fortune tout comme un autre.

On voit aussi que ces messieurs trouvaient bon de se
faire complices de vols avec violence et effraction.
« J'ai l'honneur de vous annoncer, écrit Dupeyron à
ses chefs, que, dans la nuit du samedi au dimanche,
il y aura une attaque contre la maison d'un acquéreur
de domaines nationaux, à trois lieues de Paris ; on m'a
fait espérer que nous y trouverions quelque argent. Je
m'empresserai de vous rendre compte du résultat de
la démarche. »

Mais de tous les projets, plus insensés encore que
criminels, de cette contre-police, celui d'organiser une

chouannerie au sein de la capitale paraîtra sans doute le plus ridicule. Voilà cependant ce que dit sérieusement Dupeyron dans une de ses lettres, et il n'omet ensuite aucune occasion d'y revenir : « Il importe d'organiser une chouannerie au sein de la capitale : vingt hommes par section, commandés par un sergent, un lieutenant et un capitaine, offriraient un excellent moyen. Les capitaines correspondraient avec douze colonels établis dans les douze municipalités de Paris; les colonels rendraient compte à quatre généraux qui se partageraient Paris et ses environs; et les quatre généraux recevraient des ordres d'un commandant en chef, lequel ne pourrait agir que d'après des instructions qu'il tiendrait directement ou indirectement du principal agent ou des principaux agents du roi à Paris. Le total de la garde s'élèverait à 1,421 hommes.

» Le but général de cette organisation serait d'établir une excellente contre-police, et de faire la petite guerre en attendant l'occasion de frapper un grand coup; et le grand coup ne devrait se donner que lorsque les deux partis existant au sein du Directoire et des deux conseils se seraient déclaré la guerre.

» Le but particulier de cette organisation serait *la destruction des chefs des révolutionnaires;* l'embauchage et la protection des conscrits, et l'arrestation des courriers militaires; l'enlèvement de quelques émigrés des mains de la commission militaire, à l'effet de prouver à la faction que, même dans son quartier-général, elle n'est point à l'abri des défaites : et vous savez combien il est avantageux de détruire l'opinion de la force de l'ennemi. Le but serait enfin de contrecarrer, autant que faire se pourrait, les vues de la police ; de monter l'opinion en faveur du royalisme, dans tous les lieux publics, et notamment dans les carrefours et marchés (1).

De pareils projets n'ont pas besoin de commentaires. Comment pourrait-on bercer les princes et les amis du prince de semblables balivernes?

Dans une autre lettre du cinquième jour complémentaire de l'an VII, Dupeyron avait exposé les opinions des royalistes sur les personnes qu'ils désireraient avoir à Paris pour y diriger les affaires du roi. « Pour peindre les qualités requises d'un seul mot, envoyez-nous un M. de Barentin, c'est-à-dire des hommes qui allient à un nom distingué l'éclat des vertus... C'est de l'intérieur principalement que dépend le retour à l'ordre monarchique ; c'est donc l'intérieur qu'il faut consulter dans les nominations à faire ; et comment pressentirait-on mieux ses dispositions, qu'en nommant pour adjoints subordonnés, des individus honorés de la confiance publique, tels que les Quatremer, les

(1) Lettre de Dupeyron, du 21 fructidor an VII (7 septembre 1799).

Jourdan des Bouches-du-Rhône, les Royer-Colard, etc., etc. Je dois vous dire que M. Royer-Colard m'a fait chercher pour me communiquer un manuscrit de Fiévée, servant de réponse à la proclamation du Directoire sur les dangers de la patrie; nous allons le faire imprimer. Dire que cet écrit sort de la plume de Fiévée, c'est en faire l'éloge, et sous le rapport des principes, et sous celui de la diction. Fiévée a déjà fait paraître une jolie brochure sur les événements du 18 fructidor et du 30 prairial. C'est un homme intéressant sous tous les rapports, franc, loyal, inflexible dans ses principes, généreux, très-instruit, courageux dans sa conduite, et d'un dévouement à toute épreuve. D'ailleurs il pourra rendre à la cause des services d'autant plus considérables, qu'il dispose de sa section comme je puis faire de la mienne. »

En effet, ils en disposaient autant l'un que l'autre, c'est-à-dire qu'ils n'en disposaient pas du tout. En somme, le conseil de Dupeyron aboutissait à ceci : « Nommez-nous tout de suite vos ministres; c'est évidemment ce que vous pourrez faire de mieux. » En attendant, ils étaient sous le coup de la surveillance de Fouché, qui s'en jouait et attendait l'instant de frapper.

On était encore, sous le gouvernement du Directoire, partagé, affaibli par la conduite imprudente de ses membres, quand Dupeyron instruisit ainsi les chefs du parti royaliste. L'arrivée de Bonaparte en France, après

9.

son retour d'Égypte qu'on apprit à Paris le 14 octobre 1799, donna une nouvelle direction aux intrigues et une organisation à la contre-police, qui tenta un instant de faire entrer dans sa trame Bonaparte lui-même, et de le déterminer à embrasser les intérêts du prétendant. On sait qu'une négociation fut sérieusement entamée par Louis XVIII, qui lui fit des ouvertures pour savoir s'il lui conviendrait de mettre le comble à sa gloire en jouant le rôle de Monk. Ayant échoué de ce côté et trouvé dans Bonaparte, au contraire, son plus mortel ennemi, la contre-police recommença à intriguer sourdement et à tâter le terrain pour une conspiration, jusqu'à ce que la mèche vînt à être éventée et ses papiers saisis à Calais, en floréal an VIII, comme nous l'avons dit plus haut.

On saisit en même temps une *clé* de la correspondance. Parmi les désignations habituellement employées par ces agents, il en est qui sont assez piquantes pour mériter d'être rapportées. Nous faisons un choix pour nos lecteurs :

*Adrien* . . . . . . . . . le Roi.
*Honoré* . . . . . . . . . le duc d'Artois.
*Baltazar* ou *Félix* . . . . Bonaparte.
*Le Bas* . . . . . . . . . Talleyrand.
*Durand* . . . . . . . . . le Ministère anglais.
*La grande Famille* . . . . les Royalistes.

| | |
|---|---|
| *La petite Famille* . . . . | les Républicains. |
| *Les Frères servants.* . . . | les Constitutionnels. |
| *La Guinguette.* . . . . . | la Contre-Police. |
| *Les Chiens du Berger* . . | la Garde consulaire. |
| *Bastien* . . . . . . . . . | Macdonald. |
| *Le Passe Partout* . . . . | Barras. |
| *Les Incurables* . . . . . . | les Jacobins. |
| *Tourne-Broche* . . . . . | Championnet. |
| *Le petit Clerc* . . . . . . | Merlin. |
| *Les Singes.* . . . . . . . | le Directoire hollandais. |
| *Le Flandrin.* . . . . . . | La Fayette. |
| *Baptiste* . . . . . . . . . | Pitt. |
| *Les Concombres* ou *les Échelons.* . . . . . . . | les Généraux, etc. |

A l'époque où ces intrigues se croisaient si diversement, Merlin de Douai, très-convaincu pour sa part du rôle sournois que l'abbé de Montesquieu jouait en France, mais tout à fait sans inquiétude sur la portée d'imagination et de jugement de ce conspirateur, fit la gageure avec Barras d'obtenir à jour fixe, et de l'établir lui-même, tous les secrets des royalistes. Le moyen direct, quoiqu'effronté, lui paraissait le plus facile de tous. Il paria d'emporter la place de front. Barras en doutait; il trouva que c'était s'aventurer beaucoup; Merlin insista. La gageure fut acceptée.

On convint d'une dépense, dont tous les frais devaient être à la charge du perdant : on ne traitait pas autrement alors les affaires sérieuses. Les seigneurs russes jouent, dit-on, des esclaves en guise de roubles ; ici, l'on jouait des têtes et l'on mangeait des huîtres.

Pour intermédiaire de l'intrigue à monter, Merlin de Douai prit une certaine Amélie de B..., d'une assez bonne famille de Provence, jolie et très-dépensière, qui, sous une apparence de royalisme, servait d'espion depuis quelque temps au Directoire. Ces sortes de femmes fourmillent dans tous les temps. Pour s'assurer de la fidélité de celle-ci, on promit de lui compter autant d'argent qu'on en soutirerait aux dupes de la faction. Elle avait de l'esprit, elle ne se montra que plus âpre à la curée. On lui laissa carte blanche sur cette convention.

Le lendemain même, Amélie de B... se présente chez l'abbé de Montesquieu et lui demande une audience particulière. Une fois en tête à tête, et personne ne devant intervenir, — car elle pria l'abbé d'en donner l'ordre, — après un peu d'hésitation, elle tombe aux pieds de l'ecclésiastique philosophe et lui demande au préalable son indulgence et son pardon pour ce qu'elle va lui dire. L'abbé, naturellement galantin, s'émeut de voir une jolie femme à ses pieds ; il s'alarme de ses sanglots et cherche à lui rendre du courage. Il craint peut-être qu'elle ne prenne au sérieux son caractère de prêtre, et ne vienne là que pour lui demander l'absolution.

— Il n'y a pas assez de mépris pour moi, monsieur, lui dit cette pénitente avec un redoublement de larmes; l'indulgence dont j'aime à vous présumer capable ne saurait, si grande qu'elle soit, me relever à mes propres yeux, à moins que ma dégradation même ne m'aide à favoriser le triomphe de la bonne cause. Le nom que je porte, et qu'ont tant honoré mes parénts, est aujourd'hui mon seul moyen de retour à la vertu, pour peu que vous consentiez à me tendre la main et à m'honorer à votre tour de quelque pitié.

Ce début déconcerta quelque peu l'abbé, qui, d'après le costume de la dame, croyait voir une contradiction entre sa toilette et ses paroles. Un moment il pensa qu'elle se bornerait à lui demander un secours pécuniaire. Il l'engagea d'un geste à continuer, mais en ayant l'air de ne rien comprendre à cet éclat de royalisme. Il se garda bien d'en faire parade pour son propre compte.

— En quittant la Prusse, reprit-elle, ma famille, dénoncée, poursuivie, suspectée, m'a laissée aux soins d'une ancienne femme de confiance, l'honneur et le courage même, dont les tendres empressements et le dévouement sans borne devaient me préserver des soucis et des douleurs de ces temps de trouble. Par malheur, cette généreuse et loyale amie n'a pas

survécu aux horreurs qui nous entouraient. Ces indi-
gnités l'ont fait mourir à petit feu; je l'ai vue s'éteindre
entre mes bras, sans être en mesure de correspondre
avec les débris d'une triste famille décimée par l'é-
chafaud et ruinée par les confiscations; des secours
m'ont été promis, qui ne sont pas venus. Que pouvait
devenir une orpheline sans expérience? Oh! monsieur, vous me repousserez pour sûr quand vous sau-
rez tout!...

Effectivement, le front de l'abbé se plissait de plus
en plus, car de tels aveux, quoique enveloppés de ré-
ticences, étaient assez significatifs.

— Croyez, monsieur, continua la belle éplorée,
que je me juge plus sévèrement peut-être que personne. Mais il ne s'agit pas de moi; et qu'importe,
après tout, qu'une misérable créature de plus gros-
sisse les rangs de ces femmes qui rougissent encore
après en avoir perdu le droit!... Des suggestions in-
fâmes ont obsédé ma misère. J'ai ployé sans m'abuser
sur ma faute, et le fardeau de mon ignominie est venu
me courber de plus en plus sous un luxe que je dé-
teste, puisque je le dois aux plus ardents persécuteurs
de tout ce qui faisait le culte de mes nobles et malheureux parents. Si bas que je sois tombée, je me
rends encore une justice. Je n'ai vu la profondeur de
l'abîme où je tombais qu'après ma chute. Une femme
indigne m'a vendue, par dérision sans doute, sans

me dire le nom de l'homme entre les bras duquel je fermais les yeux. Sachez tout : maudissez-moi, jetez-moi la pierre. Je suis la maîtresse, monsieur, du directeur général de la police.

L'abbé de Montesquieu prit un visage froid.

— Que puis-je en cela, mademoiselle?

— Rien, monsieur! vous n'y pouvez rien.

— Et quel service attendez-vous de moi ?

— Je n'en prétends aucun, monsieur; je n'en mérite pas. Je viens au contraire m'humilier et me sacrifier devant vous. Je ne vous demande que de m'entendre et de ne pas me sacrifier au désespoir. Eh bien ! vice ou malheur, entraînement ou inexpérience, de quelque nom qu'il vous plaise de nommer mon sort, sans insister sur ce qui est accompli, sur une trace que je ne puis effacer de mon front, même au prix de mon sang, puisque l'homme auquel on m'a livrée m'est connu, et cherche à me retenir dans mon avilissement en m'environnant à dessein de quelques égards; disposez de moi pour notre sainte cause, pour les services que je pourrais vous rendre, pour tout ce que vous voudrez. Si je suis incapable de vous dire à quoi je puis vous être utile, c'est à vous de me l'indiquer. Il m'a semblé que ce serait une expiation qui serait reçue. Cela seul, vous devez le comprendre, me fera entrer en grâce auprès d'une famille, et j'ai besoin de me soustraire à la malédiction si méritée des miens, en faisant tourner

au profit de vos efforts pour le rétablissement de nos
rois sur le trône l'abjection déplorable où je me trouve.

L'abbé restait toujours impénétrable et sérieux. Il
attendait pour savoir ce qu'il aurait à faire.

— Ah ! j'oubliais ! dit tout à coup l'étrange sollici-
teuse.

Et, sous la doublure de soie de sa lévite, Amélie de
B... tira de son sein un petit papier couvert de chiffres
qu'elle traduisit. C'était une recommandation que
l'oncle de la triste orpheline, en ce moment avec les
princes, avait cru prudent de lui faire parvenir, après
la mort de la femme de confiance, pour qu'elle obtînt
des secours auprès de leurs communs amis. Le nom de
M. de Montesquieu s'y trouvait mêlé dans cet écrit
parmi beaucoup d'autres, avec des demi-mots très-si-
gnificatifs.

— Ceci m'est arrivé trop tard, reprit-elle, et dans
le moment où je n'étais plus dans la position de m'en
faire un titre à vos bontés. Peut-être, en regrettant
mon malheur, n'aurais-je jamais eu le courage de me
présenter, et j'aurais certainement irrité votre mépris
par mon silence. Mais des rapports secrets que Lottin
(le directeur de la police) a laissés, ce matin même,
traîner chez moi, m'ayant appris que l'on surveillait
très-activement plusieurs de ceux dont mon oncle
m'avait envoyé les noms, j'ai compris, Monsieur,
qu'au risque de m'incliner devant des humiliations

sans nombre, il fallait vous en avertir à tout prix. Ce
sont vos amis, ce sont les amis de ma famille. On peut
les surprendre, on l'espère. Je n'ai consulté que mes
frayeurs. Rien n'est plus facile que de s'assurer de
cette surveillance; car, vu le peu de temps écoulé
entre la dénonciation que les agents de mon protecteur
ont faite, et celle que je viens vous faire, les hommes
chargés de ce soin ne sont pas en mesure de se douter
que vous puissiez maintenant les surveiller eux-mêmes.
On peut les dérouter; vous le devez ! je n'ai vu que
cela. Vérifiez ce fait, et vous serez en mesure de me
croire. Votre rigueur pour moi cessera sans doute alors
d'avoir tant d'amertume dans ses formes. Je ne vous
demande pas votre estime : la sincérité de mon aveu
doit m'ôter à cet égard le moindre espoir.

L'abbé, persuadé dès lors de cette fable, à laquelle
rien ne manquait, depuis le désespoir jusqu'aux preuves écrites, vit tout d'un coup l'immense parti que l'on
pouvait tirer de ces remords, et les facilités nombreuses d'action que lui présentait, pour nouer des intrigues nouvelles, un allié engagé dans le camp ennemi.
Toutefois, le revirement se fit dans ses manières par
des nuances d'une délicatesse infinie. Avant de trancher résolument du politique, il crut devoir trancher
du capucin; et, sans s'élever contre les larmes de la
pauvre enfant, car il devenait convenable de tenir un
violent repentir en haleine, il se mit à réfléchir que

cette moderne prostituée de Jéricho pourrait effectivement être fort utile au peuple de Dieu. L'érudition biblique offre des exemples et des moyens de tolérance. Il en vint tout doucement à l'équivalent de cette conclusion par un discours des plus pathétiques sur les corruptions de la chair, et sur la grandeur qu'il peut y avoir dans une résignation courageuse aux tortures de l'opprobre, quand il s'agit des intérêts sacrés du trône et de l'autel. Son intention n'étant pas qu'Amélie de B..., qui sentait trop vivement la bassesse de son sort, revînt brusquement à résipiscence.

Bref, son front s'éclaircit; l'homme du monde succéda au cagot; le ton de la galanterie prit la place de l'ascétisme; une vive cordialité s'établit. S'il ne donna pas des renseignements directs, ceux dont il mit la maîtresse de Merlin à même de s'enquérir pour le compte du parti pouvaient guider les habiles de la police sur la voie, et montrer le sillon que traçait la contre-police royale. Au bout d'une conférence de quatre heures, Amélie de B... retournait auprès de Merlin, munie de toutes les instructions pour surprendre les secrets de la république; et, comme on ne s'arrête pas à moitié chemin, la chronique prétend que le diplomate acheva l'éducation de sa dévouée complice par des conseils mystérieux sur l'art de bien choisir le bon moment lorsqu'il s'agit de rendre indiscrets les hommes d'état dans le doux abandon du tête-à-tête. En fidèle serviteur de la monarchie, l'abbé de Montesquiou devait aller jusque-là. Sanchez permet de montrer le nu sous la gaze, quand il s'agit de solliciter pour un procès ; proportion gardée, son disciple devait permettre bien davantage.

Cette intrigue de Merlin de Douai ne fut connue que par l'événement et fort tard ; elle dura dix-huit mois. Amélie de B... qui, suivant une convention faite avec l'abbé, n'eut de rapport qu'avec lui seul, tint les fils de beaucoup d'intrigues, plus prudemment d'ailleurs qu'on ne l'imagine, et que ne le dirent s'ils écrivent l'histoire, les gens qui s'en mêlèrent. L'esprit d'intrigue est moins à redouter que les passions rudes et aveugles de la multitude. La Vendée avec ses recrues de paysans, ses crucifix, ses prêtres-soldats, son manque d'armes qui faisait que tout devenait une arme, la Vendée inspirait plus de craintes au Directoire que ces petits tripotages parisiens que l'on croisait et qu'on déconcertait, comme en se jouant, par des manœuvres du même genre. Quelques légers services abusèrent ces fous diplomates sur l'habileté desquels la royauté se reposait. Au 18 brumaire, l'abbé de Montesquiou put voir à vif sa duperie et compter avec dépit les fonds que sa belle pénitente avait prélevés sur la masse royaliste. Barras paya gaîment son pari ; le trait le plus impertinent de cette mystification fut dans la présence à ce déjeuner du marquis Clermont de Galle-

rande, complice de l'abbé de Montesquiou, mais qui,
pour sa part, se flattait de cacher admirablement son
jeu, en frayant avec les habitants du Luxembourg.
Merlin de Douai n'en eut donc pas le démenti.

La crédulité des partis est toujours et partout la
même. A la même époque, une manière de chenapan,
nommé Dutour, mangeur déterminé, toujours aux ex-
pédients, homme sans scrupule, quoique vrai patriote,
sorte de Figaro républicain, alla trouver l'un de ses
chefs pour lui demander résolument une haute paie,
prétention qui sembla fort exorbitante de sa part, et
dont le chef se moqua, la demande étant insolite et
inadmissible, de sa part surtout. — « Très-bien ! lui
dit alors Dutour ; mais puisqu'il n'y a rien à faire avec
la république et que je ne veux pas me laisser mourir
de faim, on ne s'étonnera pas si je fais un quart de
conversion pour m'arranger avec les royalistes. » Ce
propos offrait quelque chose de leste et de suspect
qu'on le pressa d'expliquer, c'est ce qu'il voulait ; il le
dit avec son effronterie naturelle. Il s'agissait pour
Dutour, de se mettre en rapport, par le moyen d'un
tiers, avec un certain chevalier d'Antibes, résidant
alors à Paris, sous le nom romanesque de Blondel,
vrai cerveau fêlé, dont il suffisait de flatter les espérances royalistes pour qu'il fût à l'instant même en humeur de répandre, comme de la manne, les souscrip-
tions des imbéciles de son parti. Sur l'échantillon des

pauvretés d'esprit de ce hardi partisan de la famille des Bourbons, Dutour avait bâti le projet qu'il aurait à présenter à notre homme pour s'en faire bien valoir. Seulement il fallait que l'autorité lui servît de compère, afin de pouvoir tailler en pleine étoffe.

Ce projet fantastique, dont le chevalier d'Antibes devait solder le mémoire par avance, consistait tout simplement à se porter fort d'enlever les cinq directeurs dans leur palais du Luxembourg, pour laisser le champ libre à l'installation d'une autorité provisoire que les royalistes se chargeraient de fournir. Dutour se proposait d'amener à sa dupe les camarades de la garde sur le point de se vendre, et dont il demeurait libre d'enfler la liste à sa guise, en élevant des difficultés sans terme, et en grossissant le chiffre de la valeur vénale que chacun de ces prétendus apostats s'attribuerait avant de frapper le grand coup. L'absurdité de cette autorité parut évidente, mais on laissa Dutour agir à son aise pour voir ce que cela deviendrait, en lui prophétisant qu'il n'en recueillerait que des déboires; on se trompait. Le chevalier d'Antibes donna tête baissée dans toutes ces sornettes et se crut à la tête d'une contre-révolution. Il n'était pas riche personnellement; mais sa qualité de principal agent de l'abbé de Montesquiou lui donnait la clef de toutes les bourses du parti, la perspective d'expédier d'un seul coup les cinq directeurs à sa Majesté Louis XVIII au-

delà du détroit, en preuve de la facilité que présentait
ce rétablissement de la monarchie; cette perspective
échauffa les imaginations des complices; on se promit
de favoriser les projets du *royaliste* Dutour. En un
clin-d'œil les cotisations furent versées; Dutour en
employa la majeure partie, et mena dès ce moment un
beau train de vie. Près de 40,000 fr. étaient disparus
de cette façon dans le gouffre de ses fredaines et de
ses bombances, et la crédulité des bâilleurs de fonds
ne semblait pas à bout de ses sacrifices, lorsqu'une
fausse démarche du Directoire fit naître enfin la dé-
fiance parmi les conjurés et livra le secret de la jon-
glerie. Blondel, au désespoir, finit par où il aurait dû
commencer, par s'informer de ce que c'était que ce
Dutour. On acquit la certitude que ce n'était qu'un habile charlatan, percé de tout les côtés, d'un front d'airain, d'un extérieur insatiable, et plus soucieux de
vexer les royalistes que de leur faire la courte-échelle.
Ce nouveau mécompte les affligea sans les décourager.
Quant à ce Dutour, il fut très-chagrin d'avoir perdu
ses entreteneurs; mais la connaissance qu'il avait faite
de la plupart des mal-intentionnés, lui facilita des
promotions rapides dans les rangs de la police politique.

# CHAPITRE VI

## Les Coulisses du 18 brumaire

Les prévisions de Jardin. — Un article remarquable de la *Chronique de Paris*. — Augereau, dénonciateur. — Fouché, révélé par lui-même. — Il prépare l'avénement de Bonaparte. — C'est lui qui est le principal instigateur du 18 brumaire. — Complicité de madame Récamier. — Comment la conspiration faillit échouer par la clairvoyance d'un agent de police. — Coup de maître de Fouché. — Antagonisme de Fouché et de Napoléon. — Suppression du ministère de la police. — Intrigues de Fouché. — Le grand juge Regnier. — Avénement de l'Empire. — Le Tarif de l'enthousiasme.

Un jeune écrivain d'un caractère intrépide, Jardin, qui rédigea depuis *le Courrier républicain*, et qui, en l'an v, rédigeait la *Chronique de Paris*, fut, au mois de germinal de la même année (1797), l'objet d'une vive attaque de la part de la police, son dénonciateur fut le général Augereau, nommé duc de Dantzick par la suite, et que Bonaparte, dans ses confidences de Sainte-Hélène, accuse d'inconséquence, sinon de trahison, à l'occasion des dernières campagnes où s'engloutit la fortune de l'empire.

L'article qui fut l'objet de la dénonciation d'Augereau offre sans doute des exagérations de plus d'un

genre : c'était le caractère et la manie du temps, le
courage devenait une fonction civique ; mais l'on n'y
reconnaît pas moins la silhouette énergique du caractère de celui qui, pendant quinze ans, tint la France et
l'Europe sous sa domination. Il y a mieux qu'un ho-
roscope dans ce pamphlet ; c'était peut-être le procès,
mais c'était aussi la révélation d'un caractère ; prédire
est une science plus facile qu'on ne le croit. Bonaparte
n'était encore que général de l'armée d'Italie : la lettre
d'Augereau au Directoire est du iv germinal an v (24
mars 1797); par conséquent antérieure au 18 fructidor
de la même année.

De pareils faits doivent trouver place dans la chronique de la police, et ils nous donnent le premier nœud
d'une intrigue importante, dont le 18 brumaire, puis
le sacre impérial devaient être l'heureux dénouement.

Voici donc ce qui excita le zèle d'Augereau et lui fit
prendre la plume en faveur du général sous les ordres
de qui il servait.

### RÉFLEXIONS SUR BONAPARTE (1).

« L'expérience des temps passés démontre le danger
qu'il y a, pour les républiques, à souffrir que les ci-

(1) Ces réflexions étaient insérées dans la *Chronique de Paris*, à
la date du 3 germinal an v (23 mars 1797).

toyens qui commandent les armées, ou qui occupent
les premières fonctions de l'Etat se mettent trop au-
dessus des lois ; c'est ce danger qui fait qu'on ne saurait désapprouver la maxime constante des états républicains, qui les porte à l'ingratitude envers les hommes qui ont rendu les plus importants services. Un
magistrat ou un général ont été jetés par le hasard des
circonstances épineuses où le salut public était compromis, soit au dedans, soit au dehors; l'un a rétabli
les choses dans leur assiette par des mesures de gouvernement prudentes et vigoureuses, l'autre par sa
vaillance; tous deux, déjà au-dessus de la foule, cher-
chent à augmenter leur réputation par des actions d'é-
clat qui frappent la multitude, la séduisent et l'en-
traînent. Ils se font des partisans, ils ont déjà acquis
du crédit par les voies publiques, en gagnant des ba-
tailles, prenant des places, donnant des conseils sages
et suivis d'un heureux succès, pour la conduite de l'é-
tat : ils en acquièrent encore par des voies particulières; ils font du bien aux uns, défendent les autres
des poursuites exercées contre eux, aident ceux-ci de
leur argent, font, par leur crédit, parvenir ceux-là
aux charges, et gagnent ainsi un grand nombre de
créatures toujours prêtes, comme les clients des patri-
ciens à Rome, à les suivre sur la place publique, à se
dévouer pour eux, et à préférer la ruine de la patrie à
la leur. Un crédit acquis par de semblables voies est

très-pernicieux. Comment en prévenir les suites? Je
n'en sais rien; ceci est l'affaire des gouvernements,
qui, placés favorablement pour juger les choses, connaissent aussi mieux les remèdes et peuvent les appli-
quer. Tout ce que je sais, et qu'il est permis de dire,
c'est qu'il vaut mieux chagriner un personnage important, le dégoûter par des chicanes, des persécutions,
que d'avoir à craindre, en le laissant en repos, son
ambition, lorsqu'elle peut devenir dangereuse, qu'il
n'écoute qu'elle et lui subordonne tout.

» Si les hommes dont je viens de faire le portrait
peuvent déjà mettre la liberté en péril, à quels plus
grands périls encore est-elle exposée, lorsqu'à la tête
des armées, un homme qui exerce les pouvoirs absolus
d'un dictateur, se moque des lois, brave l'autorité à
laquelle il doit être soumis, ne reconnaît aucun frein,
et satisfait, sans opposition et sans danger, les plus
sanglants caprices?... Je parle de Bonaparte, qui,
non-seulement est un citoyen dangereux, mais encore
un tyran cruel; je laisse l'homme féroce pour ne m'occuper que de l'homme dangereux. Il ne pourra plus
rien du moment qu'il ne sera plus rien, et le seul devoir que j'aie maintenant à remplir, est de faire connaître les vues politiques de ce soldat audacieux, qui
réunit la vanité d'un enfant à l'atrocité d'un démon.
Je prends mon texte dans une lettre d'un défenseur de
la patrie, blessé à l'armée d'Italie et retiré du service.

» Cette lettre contient des faits inouis, des récits de crimes atroces, dont aurait frémi Néron, et que Suétone ou Tacite n'eussent pu lui imputer sans être accusés de mensonge ; mais, je le répète, je laisse-là les faits, quelque horribles qu'ils soient, pour ne révéler que les vues criminelles.

» Certes, on ne peut refuser des talents à Bonaparte : ses succès parlent pour lui, ses victoires sont trop récentes et trop utiles pour qu'on y cherche des causes extraordinaires ; il combat comme Alexandre et négocié comme Philippe, mais il est citoyen à la manière de César ; c'est à la manière de César qu'il aime l'égalité, et c'est avec tout le mépris qu'avait César pour le sénat de Rome, que Bonaparte parle du gouvernement actuel de la France ; c'est Gustave au milieu des combats ; mais comme Gustave, il veut un trône pour s'y placer lui-même et une couronne pour en orner sa tête ; les satrapes du grand roi eurent moins d'insolence dans l'exercice de leur pouvoir que n'en montre Bonaparte.

» Bonaparte a un plan, et la place qu'il occupe n'est pour lui qu'un des moyens de l'exécuter. »

Ici, l'auteur attribue à Bonaparte le projet de former une république fédérative des divers états d'Italie, dont il se ferait *protecteur*, et d'établir le siège de son gouvernement en Corse. Il était possible que Bonaparte en eût la pensée, il était impossible que

cette prédiction ne la lui donnât pas. Un accusateur
est souvent un inspirateur. Jardin ajoute :

« C'est au Directoire à examiner tout ceci. On a dû
lui faire passer, et surtout à Rewbell, de plus amples
détails : qu'il songe à la hauteur avec laquelle il est
traité par Bonaparte, à l'insolence avec laquelle celui-
ci s'est conduit et expliqué au milieu de son armée, au
sujet de l'affaire des trésoriers ; qu'il pèse toutes les
circonstances de son commandement et de ses actions,
et s'il le juge en républicain, il faut convenir que la
république est une étrange chose. »

Ces accusations devenaient plus que suffisantes pour
fournir le sujet d'une dénonciation, et demander la
punition de l'auteur qui se les était permises.
Augereau en prit l'initiative ; il adressa donc au Directoire une longue lettre, où, tout en faisant l'apologie du grand homme que les circonstances favorables
portaient à la gloire, il demandait au Directoire la
punition exemplaire de l'audacieux journaliste. L'attaque avait touché le point sensible. Voici cette lettre,
ou du moins une copie certifiée par le ministre de la
police, M. Cochon de Lapparent.

*Le général de division, Augereau, aux citoyens composant le Directoire.*

Paris, le 4 germinal an v de la République.

« Citoyens Directeurs :

» Organe de l'armée d'Italie auprès de vous, pour vous transmettre ses sentiments et les trophées de ses victoires, je m'honore de conserver ce titre, pour être auprès d'elle l'interprète des témoignages sincères de votre reconnaissance et de votre satisfaction. Ma mission n'est donc pas terminée : aussi m'oblige-t-elle de vous témoigner l'indignation qui doit pénétrer tout citoyen, ami de son pays, jaloux de son honneur et de celui de ses braves frères d'armes, à la lecture du journal intitulé : *Chronique*, n° 6 du 3 germinal.

» Ennemi de la flatterie, je méprise les adulateurs : ami de la justice et de la vérité, je me fais une loi de défendre les absents et de les venger de la calomnie. La soumission aux lois doit être le devoir de tout citoyen : je viens vous en donner une preuve éclatante, en vous dénonçant l'auteur de ce journal.

» Ses réflexions sur le général Bonaparte, qu'il a l'audace de traiter de tyran cruel, de dictateur, d'homme ambitieux, de conspirateur, la tache infamante imprimée sur les généraux qu'il associe à ses

11

projets ambitieux, enfin les comparaisons révoltantes
qu'il a l'impudence de faire, tant du général en chef
que des militairs à ses ordres, tout cela, citoyens
directeurs, a excité en moi et dans le cœur des officiers qui m'ont accompangé l'indignation la plus profonde. Si le mépris pouvait quelque chose sur les âmes
viles, ce serait la seule arme dont notre honneur se
servirait pour venger une pareille injure; nous décla-
rons que nous sommes au-dessus de la calomnie, et
ce sentiment de nous - mêmes nous venge assez;
mais les suites funestes qui pourraient suivre du silence et de l'impunité d'une conduite aussi contraire
à l'ordre qu'à la propriété du premier bien d'un
militaire, l'honneur, auraient de quoi alarmer tous les
citoyens.

» C'est donc à vous, premiers magistrats du peuple, à qui il appartient de venger par les lois ceux des
citoyens envers lesquels on enfreint sans honte celles
de l'ordre social. »

» Comment le rédacteur de ce journal ose-t-il autoriser ses réflexions virulentes, de l'authenticité d'une
lettre écrite par un militaire blessé à l'armée et retiré ?

» Citoyens Directeurs, il y a une loi qui rend les
journalistes responsables de tout ce qu'ils impriment :
cette lettre doit exister en original dans le portefeuille
du rédacteur. Je vous prie de la faire saisir, afin d'en

connaître l'auteur, et d'établir entre la lettre et les réflexions le jugement qu'il importe à l'honneur du
général et de l'armée d'Italie. Salut et respect.

» Signé AUGEREAU. »

Le ministre de la police, quoique très-grand partisan de la Constitution de l'an III et du Directoire,
n'avait point la même affection pour Augereau :
disons-le nettement, il ne l'aimait pas : il ne s'en
empressa pas moins de faire ce que sa position per-
sonnelle lui prescrivait, pour répondre au désir du
général, arrêter et lancer ses émissaires à la piste de
Jardin, qui pourtant parvint à se soustraire à l'incarcération. Le journal fut supprimé : mais les événements qu'il avait pressentis ne le furent pas. Le ministre écrivit au bureau central pour lui recommander
la mesure proposée.

*Le ministre de la police générale au bureau central*
*du canton de Paris.*

8 Germinal an V.

« Je vous transmets, citoyen, copie de la lettre qu'a
écrite le général Augereau au Directoire, et je joins
le journal qui l'a si justement indigné. Je ne doute
pas que vous ne vous empressiez de mander le citoyen
Jardin, rédacteur de cette feuille, afin qu'il dépose
entre vos mains, l'original de la lettre où il prétend

avoir puisé ses réflexions virulentes contre le général Bonaparte. Vous voudrez bien me rendre compte, sans délai, de vos diligences et des mesures que vous aurez prises pour venger l'honneur d'un héros, dont la gloire est la propriété de tous les Français.

» Signé : COCHON. »

L'avènement de Fouché au ministère de la police, vint apporter à Bonaparte un précieux auxiliaire. C'est une coïncidence remarquable dans l'histoire que la rencontre de ces deux hommes, qui devaient se partager à eux deux, pendant quinze ans, on peut le dire, le gouvernement de la France. A Bonaparte, les expéditions lointaines, la gloire, le pouvoir militaire. Oui; mais à Fouché la direction des mille et une ficelles qui font mouvoir les ressorts de la politique, à lui le pouvoir civil, à lui Bonaparte lui-même, qui souvent ne fut qu'un jouet dans sa main, et auquel Fouché survécut.

Il a pris soin lui-même, dans de curieux mémoires, de nous apprendre comment il comprenait la police, et ce qu'elle devait être entre ses mains.

« La couronne n'avait succombé en 1789 que par la nullité de la haute police, ceux qui en étaient dépositaires alors n'ayant pas su pénétrer les complots qui menaçaient la maison royale. Tout gouvernement a besoin, pour premier garant de sa sûreté, d'une

police vigilante dont les chefs soient fermes et éclairés.
La tâche de la haute police est immense, soit qu'elle
ait à opérer dans les combinaisons d'un gouvernement
représentatif incompatible avec l'arbitraire, et laissant
aux factieux des armes légales pour conspirer, soit
qu'elle agisse au profit d'un gouvernement plus con-
centré, aristocratique, directorial ou despotique ; la
tâche est alors encore plus difficile, car rien ne trans-
pire au dehors ; c'est dans l'obscurité et le mystère
qu'il faut aller découvrir des traces qui ne se montrent
qu'à des regards investigateurs et pénétrants. Je me
trouvai dans le premier cas, avec la double mission
d'éclairer et de dissoudre les coalitions et les opposi-
tions légales contre le pouvoir établi, de même que les
complots ténébreux des royalistes et des agents de l'é-
tranger. Ici le danger était bien moins immédiat.

» Je m'élevai par ma pensée au-dessus de mes fonctions et je ne m'en épouvantai pas. En deux heures je
fus au fait de mes attributions administratives ; mais
je n'eus garde de me fatiguer à considérer le ministère qui m'était confié, sous le point de vue réglemen-
taire. Dans la situation des choses, je sentis que tout
le nerf, toute l'habileté d'un ministre, homme d'État,
devait s'absorber dans la haute police, le reste pouvant être livré sans inconvénient à des chefs de bureau.
Je ne m'étudiai donc qu'à saisir d'une main sûre tous
les ressorts de la police secrète et tous les éléments qui

11.

la constituent. Je sentis que seul je devais être juge
de l'état politique intérieur, et qu'il ne fallait considérer les observateurs et agents secrets que comme
des indicateurs et instruments souvent douteux ; je
sentis, en un mot, que ce n'était ni avec des écritures,
ni avec des rapports qu'on faisait la haute police ; qu'il
y avait des moyens plus efficaces ; par exemple, que le
ministre lui-même devait se mettre en contact avec les
hommes marquants ou influents de toutes les opinions, de toutes les doctrines, de toutes les classes
supérieures de la société. Ce système m'a toujours
réussi, et j'ai mieux connu la France occulte par des
communications orales et confidentielles et par des
conversations expansives, que par le fatras d'écritures
qui m'est passé sous les yeux. »

Fouché était mal à l'aise dans une république ; son
pouvoir n'était pas suffisamment assuré, et toute son
adresse n'eût pas empêché sa position d'être précaire.
La police, qui est l'arbitraire, appelle le despotisme.
Fouché devait employer son pouvoir à conspirer contre
la république et à préparer l'avénement d'un gouvernement autocratique. Si les chances eussent été aux
Bourbons, Fouché les eût servi quinze ans plus tôt,
comme il devait les servir quinze ans plus tard. C'était
Bonaparte qui était le candidat de la fortune ; Fouché
ne ménagea pas ses services à Bonaparte, et s'il ne fut
pas le grand meneur, il fut l'organisateur indirect du

18 brumaire. Ce fut lui qui contribua le plus à assurer le succès de ce hardi coup d'état.

Il a lui-même retracé son rôle, dans des paroles qui
ne sont que justes, et qui ne doivent certainement
pas être taxées d'exagération, malgré l'excessive per-
sonnalité du personnage :

« La révolution de Saint-Cloud, dit-il dans ses
*Mémoires*, aurait échoué si je lui avais été contraire ;
je pouvais égarer Sieyès, donner l'éveil à Barras, éclairer Gohier et Moulin ; je n'avais qu'à seconder Dubois
de Crancé, le seul ministre opposant, et tout croulait.
Mais il y aurait eu stupidité de ma part à ne pas préférer un avenir à rien du tout. Mes idées étaient fixées.
J'avais jugé Bonaparte seul capable d'effectuer les
réformes politiques impérieusement commandées par
nos mœurs, nos vices, nos écarts, nos excès, nos re-
vers et nos funestes divisions. »

Racontons maintenant la partie de cette conspiration qui est de notre domaine. Il serait trop long de
reprendre à leur naissance les projets de Bonaparte, et
de suivre le développement de ses intrigues. Nous nous
reporterons seulement aux quelques jours qui précédèrent le coup d'état.

A compter du 9 brumaire, la conspiration se déve-
loppa rapidement ; chacun fit des recrues. Talleyrand
donna Sémonville, et, parmi les généraux marquants,
Bournonville et Macdonald. Parmi les banquiers on

eut Collot ; il prêta deux millions, ce qui fit voguer l'entreprise. On commença sourdement à pratiquer la garnison de Paris, entre autres deux régiments de cavalerie qui avaient servi en Italie sous Bonaparte. Lannes, Murat et Leclerc furent employés à gagner les chefs de corps, à séduire les principaux officiers. Indépendamment de ces trois généraux, de Berthier, de Marmont, on put compter bientôt sur Serrurier et sur Lefebvre: on s'assura de Moreau et de Moncey. Moreau, avec une abnégation dont il eut ensuite à se repentir, avoua que Bonaparte était l'homme qu'il fallait pour réformer l'État; il le désigna de son propre mouvement pour jouer le premier rôle qu'on lui avait destiné, et pour lequel il n'avait lui-même ni vocation, ni assez d'énergie politique.

De son côté, le plus actif et le plus adroit des conjurés, Lucien, secondé par Boulay de la Meurthe et par Regnier, se concertait avec les députés les plus influents dévoués à Sieyès. Dans ces conciliabules figuraient Chazal, Frégeville, Daunou, Lemercier, Cabanis, Lebrun, Courtois, Corrot, Fargues, Baraillon, Villetard, Goupil-Préfeln, Vinçard, Bouteville, Cornudet, Hernyn, Delcloy, Rousseau, le Jurry.

Les conjurés des deux conseils délibéraient sur le mode le plus convenable et le plus sûr d'exécution, quand Dubois de Crancé alla dénoncer la conjuration aux directeurs Gohier et Moulin, demandant qu'on fît

arrêter sur le champ Bonaparte, et se chargeant de
présider lui-même à l'accomplissement de tout ordre
du Directoire à cet effet. Mais les deux directeurs se
croyaient tellement sûrs de Bonaparte qu'ils se refusèrent d'ajouter foi aux informations du ministre de la
guerre. Ils exigèrent de lui des preuves, avant de
s'ouvrir à Barras et de prendre aucune mesure. Ils
voulaient des preuves, et l'on conspirait tout haut,
ainsi que cela se pratique en France. On conspirait chez
Sieyès, chez Bonaparte, chez Murat, chec Lannes, chez
Berthier; on conspirait dans les salons des inspecteurs
du Conseil des anciens, et chez les principaux membres
des commissions. Ne pouvant persuader ni Gohier, ni
Moulin, Dubois de Crancé leur dépêcha, au Luxembourg, un agent de police au fait de la trame, et qui la
leur révéla tout entière. Gohier et Moulin, après
l'avoir entendu, le mettent en charte privée, pour
conférer sur ses révélations. Cet homme, inquiet d'un
procédé dont il ne conçoit pas les motifs, troublé,
assiégé de terreur, s'évade par une fenêtre et vient
tout divulguer à Fouché. La dérision et les contre-
mines du directeur de la police, qui lui aussi conspirait,
effacent bientôt auprès des deux directeurs l'impression
qu'avait faite la démarche de Dubois de Crancé, dont
Fouché ne manqua pas d'avertir Bonaparte.

Aussitôt l'impulsion est donnée. Lucien réunit Boulay, Chazal, Cabanis, Emile Gaudin, et assigne à

chacun son rôle. C'est dans la maison de campagne de
Madame Récamier, près Bagatelle, que Lucien va
combiner les mesures législatives qui doivent coïncider
avec l'explosion militaire. La présidence du Conseil des
Cinq-Cents, dont il est investi, est un des principaux
leviers sur lesquels s'appuie la conjuration. Deux fortes
passions agitaient alors Lucien : l'ambition et l'amour.
Eperdûment épris de Madame Récamier, femme pleine
de douceur et de charmes, il se croyait d'autant plus
malheureux, qu'ayant touché son cœur, il ne pouvait
soupçonner la cause de ses rigueurs désolantes. Dans
le tumulte de ses vues et de son délire, il ne perdit rien
de son activité et de son énergie politique. Celle qui
possédait son cœur put y lire tout et fut discrète.

On avait aussi arrêté que, pour mieux couvrir et
masquer la trame, on donnerait à Bonaparte, par sous-
cription, un banquet solennel où serait appelée l'élite
des autorités premières et des députés pris dans les
deux partis. Le banquet eut lieu, mais dépouvu de
gaieté et d'enthousiasme; il y régna un froid morne,
un air de contrainte; les partis s'observaient. Bonaparte, embarrassé de son rôle, s'éclipsa de bonne heure,
laissant les convives en proie à leurs réflexions.

D'accord avec Lucien, Bonaparte eut, le 15 brumaire, avec Sieyès, une entrevue dans laquelle furent
discutées les dispositions pour la journée du 18. Il
s'agissait de faire disparaître le Directoire et de dis-

perser le Corps législatif, mais sans violences, par des voies pour ainsi dire légales, bien entendu, avec l'emploi de toutes les ressources de la supercherie et de l'audace. On arrêta d'ouvrir le drame par un décret du Conseil des Anciens, ordonnant la translation du Corps législatif à Saint-Cloud. Le choix de Saint-Cloud pour la réunion des deux conseils avait surtout pour objet d'écarter toute possibilité de mouvement populaire, et de donner la faculté de pouvoir faire agir les troupes d'une manière plus sûre, hors du contact de Paris. En conséquence de ce qui fut arrêté entre Sieyès et Bonaparte, le conseil intime des principaux conjurés, tenu à l'hôtel de Breteuil, donna le 16, au président du Conseil des anciens, Lemercier, ses dernières instructions. Elles avaient pour objet d'ordonner une convocation extraordinaire dans la salle des Anciens, aux Tuileries, pour le 18, à dix heures du matin. Le signal fut aussitôt donné à la commission des inspecteurs du même conseil, présidée par le député Cornet.

On sait ce qui suivit. Le 18 brumaire prononça sur le sort commun. Dès le matin, aussitôt après que les décrets ont été rendus par les conseils, Fouché se rend chez le général : toutes les avenues étaient remplies d'officiers et de généraux, et l'hôtel n'était point assez vaste pour contenir la foule des amis et des adhérents. Fouché pénètre dans le cabinet ovale où se tenait le

général, et lui donne, le premier, la nouvelle que les
décrets ont passé : c'était un tour de force de sa part,
après lequel il n'était pas possible qu'on ne lui main-
tînt pas son ministère.

A partir de ce moment cependant, commence un
antagonisme nécessaire entre Bonaparte , devenu
Napoléon, et Fouché. Ces deux hommes de pouvoir
ne pouvaient être des alliés sincères, mais ils se redoutaient l'un l'autre; ils n'osaient pas se combattre en
face, et c'était par des trames souterraines que chacun
devait s'efforcer de démolir la domination de l'autre.
A ce jeu, Bonaparte n'était pas de force, et c'était lui
qui, en fin de compte, devait perdre la partie.

Bonaparte ne voyait dans les hommes que des
moyens et des obstacles; au 18 brumaire, Fouché
avait été un moyen ; le premier consul craignit qu'il
ne devînt un obstacle ; il fallut donc songer à le renvoyer. Les plus sincères amis de Bonaparte s'étaient
dès le commencement opposés à l'entrée de Fouché
dans le gouvernement; mais, de leurs conseils désin-
téressés, il n'était résulté que leur propre disgrâce,
tant que Fouché était devenu un personnage influent.

Comment en aurait-il été autrement ? Fouché tenait
à la république par la mort du roi qu'il avait votée ; à
la terreur, par ses sanglantes missions à Lyon et à
Nevers; au consulat, par des services réels, quoique
peut-être exagérés ; à Bonaparte, par le charme sous

lequel il l'avait pour ainsi dire attaché ; à Joséphine, par l'inimitié des frères du premier consul. Directeur de l'opinion, ayant dans ses mains les moyens d'inspirer à son gré de la crainte, ou d'enchaîner par des séductions, c'était tout en sa faveur qu'il avait dirigé cette opinion, et les rouages qu'il faisait mouvoir étaient tellement combinés, que la police était bien plutôt la police de Fouché que celle du ministère de la police générale. Dans tout Paris, dans toute la France, on croyait donc à l'extraordinaire habileté de Fouché, et on avait raison, en ce sens que jamais aucun homme ne s'était montré aussi habile à faire croire qu'il l'était réellement ; le secret de Fouché, à cet égard, est tout le secret de la plupart de ceux qu'on appelle des hommes d'État.

Quoi qu'il en soit, le premier consul ne voyait pas d'un bon œil cette influence factice que Fouché s'était faite dans son gouvernement. Déjà, depuis quelque temps, à la répugnance que dans le fond Fouché lui avait toujours inspirée, se joignaient d'autres causes de mécontentement ; à force d'avoir été trompé par des rapports et des correspondances secrètes, Bonaparte commençait à hausser les épaules de pitié quand il en recevait, et il disait à Bourrienne : « Concevez-vous, Bourrienne, que j'ai été pris à ces choses-là ? Toutes ces dénonciations sont inutiles, scandaleuses ; tous ces rapports des préfets et de la police, toutes ces lettres

12

interceptées, c'est un tas de sottises et de mensonges ;
je n'en veux plus. » Il disait cela, mais il en voulait
encore.

Cependant le renvoi de Fouché fut résolu ; mais,
tout en voulant l'écarter, Bonaparte, encore sous le
charme, n'osant procéder contre lui qu'avec une extrême circonspection, mit en avant la suppression du
ministère de la police, pour déguiser la destitution du
ministre. Le premier consul dit à Fouché que cette
suppression, qu'il lui montra comme encore éloignée,
serait de nature, plus qu'aucune autre chose, à donner
une grande force au gouvernement, puisqu'elle attes-
terait sa sécurité et la tranquillité intérieure de la
France. Vaincu par les raisons dont Bonaparte appuya
cette ouverture, Fouché ne put alléguer de bonnes
raisons contraires, et se contenta d'objecter qu'il pensait que l'exécution de ce dessein, dont le fond était
bon, devait toutefois être ajourné à deux ans ; Bonaparte accueillit en apparence les objections de Fouché.
Celui-ci aussi avide de fortune que Bonaparte l'était
de gloire, se consola en pensant que pendant ces deux
années, l'administration des jeux continuerait à être
pour lui un Pactole qui roulerait des flots d'or. Car
Fouché, déjà possesseur d'une fortune immense, songeait sans cesse à l'augmenter, quoiqu'il n'en sût pas
jouir personnellement. L'ambition d'agrandir les limites de sa terre de Pont-Carré n'était pas moins vive

chez lui, que, chez le premier consul, l'ambition de reculer les frontières de la France.

Non-seulement le premier consul n'aimait pas Fouché, mais il est de toute vérité que, dans ce temps, la police le fatiguait et le gênait; il la regardait, disait-il, comme dangereuse, surtout pour le pouvoir. Et dans un gouvernement sans liberté de presse, il avait bien raison; les services même que la police avaient rendus au premier consul étaient de nature à l'effrayer; car, qui avait conspiré contre le directoire en faveur du consulat, pouvait conspirer contre le consulat en faveur de tout autre gouvernement.

Le dessein étant donc bien pris de supprimer le ministère de la police, Bonaparte ne voulut plus attendre le délai qu'il avait eu l'air de juger nécessaire, et le 13 septembre il signa l'arrêté de suppression. Fouché étant venu ce jour-là à la Malmaison, le premier consul travailla avec lui comme de coutume, sans oser lui rien dire de sa disgrâce, et chargea ensuite Cambacérès d'aller la lui annoncer. Bonaparte, après cet acte devant lequel il avait reculé si longtemps, chercha encore à en atténuer la rigueur par des ménagements; ayant nommé Fouché sénateur, il dit au sénat dans la lettre par laquelle il lui notifiait cette nomination : « Ministre de la police dans des circonstances difficiles, le citoyen Fouché a répondu par ses talents, par une activité, par un attachement au gouvernement, à tout ce que les circonstances exigeaient de lui. Placé dans le sein du sénat, si d'autres circonstances redemandaient un ministre de la police, le gouvernement n'en trouverait point un qui fût plus digne de sa confiance. » Ce que le premier consul écrivait au sénat pour amortir le coup qui frappait Fouché, celui-ci le regarda comme un avertissement, comme une promesse même, et dès-lors toutes ses batteries souterraines n'eurent plus d'autre but que de forcer Bonaparte à le réaliser. On verra comment Fouché parvint à son but.

Nous recommandons à nos lecteurs le récit qui va suivre de la conspiration de Georges, Pichegru et Moreau. On vit Fouché conserver sa police quand le gouvernement n'en avait plus; on vit le ministre destitué se jouer d'un successeur amphibie, tenir réellement les fils d'une administration occulte, faire tomber dans ses piéges l'impéritie d'une administration avouée, et Fouché redevenu indispensable si l'on voulait qu'il ne devînt pas dangereux. Il eut la main dans la conspiration de Mallet comme dans celle de Pichegru. Le lion, saisi d'une terreur panique, se jeta en aveugle dans les piéges du renard.

M. Abrial, ministre de la justice, fut appelé au sénat en même temps que Fouché. Le premier consul comprenant que l'assimilation qui allait avoir lieu de la justice et de la police était plus une disgrâce que la perte du ministère, dit à M. Abrial : « En réunissant la police à la justice, je n'ai pu vous conserver au ministère; vous êtes trop honnête homme pour faire de la police. » Propos qui n'était pas trop flatteur pour Regnier à qui fut confiée cette double fonction.

Pour un instant Bonaparte prit tous les fils de la trame qu'il ourdissait de longue main, et dont le 18 brumaire n'était qu'une pâle préface.

Depuis longtemps les agents du gouvernement étaient stylés dans toute la France à demander au premier consul d'accorder au peuple ce que le peuple ne demandait pas, mais ce que Bonaparte voulait prendre en ayant l'air de céder au vœu général : le pouvoir souverain sans restriction, sans limites et sans subterfuges de dénominations. On ne laissa point échapper l'occasion de la grande conspiration de Cadoudal qui venait d'être découverte, et dans laquelle Bonaparte n'avait pas couru un instant de danger, comme lors de la machine infernale. Cette occasion fut avidement saisie par toutes les autorités de tout rang, tant civiles qu'ecclésiastiques et militaires, et une nouvelle et abondante pluie d'adresses de félicitation et d'actions de grâces vint inonder les Tuileries ; « Je crois que c'est à cette époque, dit Bourrienne, que le tarif de l'enthousiasme commença à être coté sur les registres de la police. »

C'est ainsi que la police eut la main dans l'avénement de l'Empire, comme elle l'avait eu dans les évé-

12.

nements qui précédèrent le 18 brumaire et le consulat
à vie. Nous n'avons point à rappeler ici les détails de
cette scène du grand drame dont Bonaparte fut le
héros. Il joua son rôle avec sa supériorité accoutumée,
ne se montrant pas à découvert dès l'exposition, et
laissant à d'autres le soin de préparer le dénoûment.

# CHAPITRE VII

## Conspiration et Conspirateurs

Quelque habile que fût Napoléon pour tendre des piéges à ses ennemis, on ne peut que soupçonner la part qu'il eut dans toutes les conspirations dirigées contre lui. C'était encore de la guerre, mais sur un autre terrain. Les maximes de Vauban ne s'utilisent pas que sur le champ de bataille. Le 3 nivôse fut trop dangereux pour penser qu'il en ait été l'instigateur, malgré le profit qu'il en tira. Il n'en a pas été de même de l'affaire qui fit périr Aréna. Le piége est évident pour tout homme impartial; le premier consul haïssait

Aréna mortellement, et n'en était pas moins détesté. Il connaissait en outre les projets très-positifs que fomentaient les émigrés et les Anglais. Une petite terreur pouvait, dans ces circonstances, avoir son mérite pour faire rétrograder des tactiques inconnues. Un agent fut dépêché près des principaux jacobins pour les sonder. On a sous la main tout ce qu'on veut et dans tous les temps, quand on sait s'y prendre et faire un choix, d'autant que la police tient un registre de coupe-jarrets à front d'airain qui, pour un peu d'or, tueraient leur père après l'avoir dévalisé. On jeta donc les yeux sur un officier, capitaine à la suite de la 45e demi-brigade, qui n'était point en activité, et qui, par cette raison, semblait mécontent du gouvernement.

Instruit de son rôle, les uns disent par Fouché, les autres disent par Barrère (et c'est la version la plus accréditée : on verra pourquoi), Harel alla trouver le préfet de police, qui lui donna des indications, et mit à sa disposition tous les hommes dont il pouvait avoir besoin.

Harel avait connu un nommé Damerville au comité de sûreté générale de la Convention. Il lui rendit visite. A la suite de quelques plaintes contre le nouveau gouvernement, Damerville lui fit entendre qu'il surviendrait tôt ou tard quelques changements favorables aux patriotes. C'est l'éternel lieu commun des

partis, mais il prête à la provocation par les excel-
lentes dispositions qu'il prouve.

Harel revint voir Damerville, ne manquant pas
d'insister chaque fois sur ses opinions, et de faire tomber la conversation sur un changement futur du gouvernement.

Les choses en vinrent, suivant Harel, au point qu'il
fut question de tuer Bonaparte lorsqu'il irait au spectacle; déjà même un grand nombre de gens prenaient
part à ce complot : la fournée promettait. Suivant la
police, Harel aurait seulement fait part du complot à
un agent de police, Lefèvre, son ancien ami, et ces
deux hommes se concertèrent pour faciliter aux conjurés les moyens d'exécuter leur dessein, en cherchant
à les tranquilliser sur les suites.

On comprend ce que cela veut dire ! Il entre dans
le métier d'agent de police d'être sacrifié si la moindre clarté pénètre dans la caverne officielle. L'honneur d'un agent de police est si peu de chose qu'il n'y
regarde pas de si près quand il y gagne.

Harel retourna plusieurs fois chez Damerville, il
promit à celui-ci de lui procurer quatre hommes dé-
cidés à tout entreprendre. Il en aurait pu promettre
cent, M. Dubois les lui eût fournis. Damerville remit
quelque argent à Harel pour le lui donner et appuyer
toutes les promesses convenables. Damerville ne voulait entrer dans le complot que par la bourse; mais

cela suffisait pour l'y mettre par la tête. Harel empocha.

Plus tard, Harel se trouvant chez Damerville pour lui demander encore de l'argent afin d'acheter des armes (et ce fut le mémoire le plus lourd, comme bien on pense), y rencontra Céracchi, sculpteur distingué que l'on comparait à Canova pour le talent, ayant figuré à Rome et en 1799, parmi les partisans de la *république romaine*; depuis qu'il résidait en France, Bonaparte l'avait choisi pour modeler son buste.

On avait annoncé à Damerville que *les Horaces* devaient être joués à l'Opéra, le 18 vendémiaire et que Bonaparte s'y rendrait. Il en instruisit promptement Harel, en lui disant de préparer tout son monde et des armes pour ce jour-là.

On rapporte que Bertrand Barrère, qu'on retrouve partout lorsqu'il s'agit de battre monnaie sur les têtes, vint chez Damerville, avec lequel il avait eu des liaisons. Barrère se prêtait à l'espionnage de Fouché. Barrère espion ne doit pas plus étonner que Fouché ministre de la police. Il était très-propre à seconder le caractère ambigu du ministre dans les affaires de conspirations. L'Anacréon de la guillotine était là dans sa spécialité. Damerville, plus sensible qu'un conspirateur ne doit l'être, lui conseilla de ne pas aller à l'Opéra, qu'il y aurait du trouble, que le spectacle pourrait être cerné. L'état d'agitation de Damerville éveilla les soupçons de Barrère, qui se connaissait en complots, pour en avoir fait sans s'y mettre. Il fit part de ses inquiétudes au général Lannes, dit-on, et vraisemblablement à Fouché. Le lecteur décidera, d'après lui-même, *sur ces on dit.* Le faux doit se rapporter de vingt façons contradictoires, et l'histoire, jusqu'à présent, n'est que le registre des mensonges.

Les quatre hommes fournis par Harel se trouvèrent le 18, à deux heures, au jardin des Tuileries : Harel les attendait. On commanda le dîner dans un cabaret voisin. Harel alla chercher les armes, poudre, poignards et pistolets qu'il remit aux quatre hommes, en les instruisant de ce qu'ils devaient faire et des postes à occuper dans la salle. Il joua sa comédie jusqu'au bout ; le zèle de ces conspirateurs pouvait fléchir, et la chose arriverait assez ordinairement sans la police ; mais on a du cœur lorsqu'on ne risque rien, et Harel ne risquait que sa réputation. Il assura donc les prétendus agents de la conspiration que Damerville serait au *Palais Egalité*, avec un grand nombre de jeunes gens, pour se rendre à l'Opéra dès que le coup serait porté, et protéger la sortie des conjurés.

Tant de précautions et de forces réunies entraînèrent la résolution définitive des francs-conspirateurs. Ils n'hésitèrent pas à se rendre aux postes indiqués. Damerville était au Palais-Royal, Céracchi dans le couloir qui conduit à la loge du premier consul, et

Aréna, qui jusqu'alors n'avait traité qu'avec Harel, se rendit au foyer quelque temps après l'arrivée du premier consul.

A un signal donné, Harel, et les agents de la police placés convenablement, firent main basse sur les con · jurés; Céracchi fut arrêté dans le couloir, Damerville se sauva chez un ami, Aréna, fut arrêté à son domicile.

Les papiers saisis chez les conjurés furent déposés au greffe du tribunal; il fut aisé de mettre sur ces listes les noms de ceux que l'on voulut y mettre.

On comprend surtout que l'utilité spéciale de ces jongleries politiques est de se défaire des innocents qui pourraient être dangereux.

Napoléon voulut d'une pierre frapper deux coups. En taillant le complot lui-même, il mettait le génie de Fouché en alerte; c'était une leçon que le maître donnait au valet, en même temps qu'un reproche pour tenir sa verve en haleine. La haine se lève et frappe les grandes capacités qui se permettent ces jeux infàmes : le mépris tombe sur les hommes de rien qui les secondent.

Le procès de ces malheureux n'était pas terminé que l'affaire du 3 nivôse offrit la preuve d'un complot réel contre le chef du gouvernement : c'était à se perdre entre le réel et le faux. On accusa la police d'incurie dans l'exercice de sa surveillance. L'affaire de l'Opéra donnée pour l'œuvre des jacobins, dirigeait principalement les recherches contre ceux-ci et donnait beau jeu aux royalistes.

Nous passons les détails de cette affaire plus vulgaire que l'autre, et parfaitement éclaircie dans une foule d'écrits contemporains.

La conspiration de Georges Cadoudal, Pichegru, Moreau et divers autres, découverte au mois de pluviôse an XII, fut un autre et important sujet d'occupation. La police ne fut pas étrangère à cette conspiration ; mais ici ce n'est pas Bonaparte qu'il faut accuser ; la responsabilité retombe sur un autre. S'il faut en croire Bourrienne, qui révèle plusieurs détails curieux à l'appui de son opinion, ce fut le marchepied dont Fouché se servit pour remonter sur ce piédestal si désiré par lui, de la direction de la police, dont nous avons vu que le premier consul l'avait précipité. Laissons la parole à Bourrienne, qui fut à portée, mieux que personne, de pénétrer les mystères de cette affaire :

« On a émis diverses opinions sur la conspiration de Georges ; je n'en veux contredire aucune ; je dirai ce que j'ai appris et ce que j'ai vu, afin de jeter quelque lumière sur cette horrible et ténébreuse affaire. Je suis loin de croire, comme je l'ai lu dans plusieurs ouvrages, qu'elle ait été tramée pour préparer au premier consul le chemin du trône ; je pense que, conçue par ceux qui y étaient intéressés, elle a été aidée par Fouché, pour se préparer une voie par la-

quelle il reviendrait au ministère. Je ne combats l'o-
pinion de personne, on me permettra bien de donner
la mienne, et de l'appuyer sur le rapprochement de
quelques faits.

» Fouché connaissait bien le premier consul. Il
n'avait pas oublié ce que celui-ci avait dit de lui au
sénat, dans son message du 15 septembre 1802 : *Placé
dans le sein du sénat, si d'autres circonstances redemandaient un ministre de la police, le Gouvernement n'en trouverait pas qui fût plus digne de sa
confiance.* Fouché favorisa, selon moi, la naissance
de *ces circonstances* avec une impardonnable habileté. Il n'y a aucun sentiment généreux possible dans
celui qui a pu écrire l'effroyable correspondance de
Fouché pendant sa mission à Lyon. Ce que j'ai dit
de la police, dans le cours de ces mémoires, expliquera
beaucoup de scènes obscures de cette tragédie.

» Les relations journalières et obligées que j'avais
eues avec Fouché pendant près de trois ans, jusqu'à
la suppression de son ministère, me mirent dans le cas
de le voir assez souvent lorsqu'il fut absorbé dans le
sénat et moi dans la foule.

» Je le voyais à sa campagne de Pont-Carré, je le
voyais chez lui, rue du Bac, où il demeurait, je crois,
n° 32, hôtel qui était le centre de réunion des personnages marquants de la révolution. Dans toutes ses
conversations, Fouché me disait avec une confiance

que je ne pouvais m'expliquer, que le premier consul reviendrait a lui. Il n'en faisait aucun doute. « Regnier, disait-il, est trop gobe-mouches... et trop bête pour bien faire la police; il laissera « tomber le premier consul dans quelque piége. »

» J'avoue que je n'attachais pas une grande importance à ces propos. Je les attribuais à un sentiment de vanité, au grand désir de reconquérir sa place, et à une haute opinion de ses talents, opinion que le public avait souvent encouragée par ses louanges exagérées. D'un autre côté, je connaissais bien l'aversion du premier consul pour lui, et j'en avais souvent été témoin. J'avais encore présente à la pensée la joie que le premier consul éprouva, quand il eut eu le demi-courage de se défaire de Fouché, non pas, comme je l'ai déjà dit, en remplaçant le ministre, mais en supprimant le ministère.

» Fouché ne perdait pas de vue l'espèce d'engagement du premier consul, quoique cet engagement ne fût que conditionnel, parce que s'il aimait le pouvoir, il aimait encore plus la fortune, et le ministère avait largement fourni, par les jeux et d'autres recettes obscures, à ses dépenses et à ses grandes acquisitions territoriales en Brie; on a vu que ces acquisitions n'avaient pas encore atteint le terme auquel son ambition voulait les porter. Il y avait toujours des voisins qui le gênaient.

» Pour appuyer mon opinion sur la conduite de Fouché et ses manœuvres, afin de revenir au ministère, je
dois commencer par rappeler que, vers la fin de 1803,
quelques personnes avaient conçu le projet de récon-
cilier Moreau et Pichegru. Fouché, hors du ministère,
faisait fréquenter Moreau par des hommes de son
parti et par ses compatriotes, poussés, peut-être sans
le savoir, par l'adroit Fouché, à exercer de l'influence
sur son esprit et à l'irriter. Ce devait d'abord être
l'abbé David, ami commun de Moreau et de Pichegru,
qui serait chargé de leur réconciliation; mais ayant
été arrêté et mis au Temple, il fut remplacé par un
nommé Laplais, que tout confirme avoir été envoyé
par Fouché; il se rendit à Londres, ne conspira pas,
mais intrigua. Cet homme prépara le départ de Londres de Pichegru et de ses amis, et revint à Paris annoncer leur arrivée, et disposer tout pour leur réception et leur perte. Tout le fondement de cette intrigue
était le mécontentement de Moreau.

» Je me rappelle qu'un jour, c'était vers la fin de janvier 1804, je me rendis chez Fouché, rue du Bac, sur
les deux heures; ses chevaux étaient à sa voiture, il
était seul dans son cabinet, et allait cacheter un billet
qu'il venait d'écrire au premier consul, en ce moment
à Saint-Cloud. Il me lut ce billet, qui n'était pas long,
et finissait par ces mots qui me frappèrent beaucoup :
*L'air est plein de poignards.*

» Ce qui précédait était un peu obscur, mais conduisait à ce résultat, aussi vague qu'effrayant. Il y avait, en post-scriptum : *Je pars pour Pont-Carré.* Comment, lui dis-je, l'air étant plein de poignards, quittez-vous Paris avant d'aller à Saint-Cloud donner des explications au premier consul? — J'ai cru que vous le connaissiez mieux : j'envoie ma lettre par un exprès; je ne serai pas une heure à Pont-Carré, que je recevrai l'ordre de me rendre à Saint-Cloud. Venez me voir demain, nous causerons. Fouché expédia sa lettre et monta en voiture. Je le revis le lendemain : il me dit qu'il avait bien prévu ce qui devait arriver; qu'à peine descendu de voiture à Pont-Carré, un courrier lui avait apporté l'ordre de se rendre sur-le-champ à Saint-Cloud, qu'il avait eu, avec le premier consul, une longue conversation sur la situation très-grave des choses. Le premier consul lui fit observer qu'il était content de sa police, et lui fit entendre que c'était pour se faire valoir qu'il chargeait le tableau et qu'il voulait jouer le rôle d'important. Fouché lui demanda ce qu'il aurait à répondre s'il lui disait que Georges et Pichegru étaient depuis quelque temps à Paris pour le complot dont il lui parlait. Le premier consul, comme enchanté de la méprise de Fouché, lui dit, d'un air de pitié : « Ah! que vous êtes bien informé! Regnier vient de recevoir une lettre de Londres, qui lui annonce que Pichegru a dîné, il y a trois jours, à

13.

Kingston (je crois), près de cette ville, chez un ministre du roi d'Angleterre. » Fouché ayant persisté dans son assertion, le premier consul fit venir de Paris le grand-juge Regnier; celui-ci montra sa lettre à Fouché. Le premier consul triompha d'abord de voir Fouché en défaut ; mais celui-ci arriva avec tant de preuves, lui démontra si clairement la presence à Paris de Georges et de Pichegru, que Regnier commença à craindre d'avoir été mystifié par ses agents, que son rival payait mieux que lui. Le premier consul, voyant clairement que son ancien ministre en savait plus que le nouveau, congédia Regnier et resta longtemps avec Fouché, qui écarta, pour le moment, la question du rétablissement du ministère, afin de ne pas donner l'éveil, et demanda que l'on confiât la conduite de cette affaire à Réal, avec l'ordre d'obéir à toutes les directions et instructions qu'il recevrait de lui.

» Sans entrer dans tous les détails de cet immense procès, dont la mort du duc d'Enghien fut un horrible épisode, je rappellerai quelques faits qui me mettront sur la voie pour faire sortir la vérité de ce chaos d'intrigues et d'infamies.

» La plupart des conjurés étaient déjà, soit au Temple, soit à la Force, quand l'un d'eux, Bouvet de Lozier, essaya de se pendre dans la prison du Temple. Le malheureux n'y avait que trop bien réussi, s'étant servi pour cela de sa cravate, et il était sur le point d'expirer quand le hasard fit entrer un géôlier dans son cachot. Rappelé à la vie, on apprit de Bouvet de Lozier que, doué du courage qui affronte la mort, il ne l'était pas de celui qui affronte les interrogatoires de la justice, et qu'il s'était déterminé à se tuer dans la crainte de faire des révélations. Il en fit en effet, et ce fut le lendemain de cet événement, c'est-à-dire le 15 février, que Moreau fut arrêté sur la route, au moment où il revenait de sa terre de Grosbois à Paris.

» Les appuis secrets donnés aux conspirateurs par la police de Fouché, ne m'ont jamais paru douteux, et il est probable que cette conspiration protégée étant moins un but qu'un moyen de rentrer au ministère, l'adroit Fouché regarda comme un coup de partie de parvenir à y compromettre Moreau ; sachant bien que Bonaparte lui pardonnerait ses menées s'il venait à les découvrir, pour cela seulement qu'il l'aurait délivré d'un homme que l'on s'efforçait de lui peindre comme un rival dangereux.

» Il n'est pas douteux non plus que des agens secrets de Fouché qui faisait tomber la police dans les piéges qu'il voulait lui tendre, des agents, amis corrompus des personnes disposées par leur opinion à la conspiration qui les flattait, ne les aient encouragées à l'accomplir. Je crois bien que les accusés, en grande partie, avaient le dessein de renverser le gouvernement et de rétablir les Bourbons ; mais je soutiens qu'ils ne

l'eussent tenté, ni cette fois, ni de la manière qu'ils
l'ont fait, si on ne leur en eût pas facilité les moyens
par de perfides insinuations et des espérances trom-
peuses.

» Fouché avait fait connaître par ses agents, à Pichegru, à Georges et à quelques autres partisans de la
royauté, que l'on pouvait compter sur Moreau, qui,
disait-on, était tout prêt. On sait que Moreau a répondu à Pichegru qu'on l'avait trompé, qu'il n'avait
entendu parler de rien. Russillon a déclaré dans le
procès, que le 14 mars, MM. de Polignac avaient dit à
une personne : *Tout va mal, ils ne s'entendent pas ;
Moreau ne tient pas sa parole, nous avons été trompés.*
M. de Rivière déclara aussi qu'il n'avait pas tardé à se
convaincre qu'on les avait trompés, et qu'il allait re-
partir lorsqu'on l'avait arrêté.

» Il est certain que les principaux conjurés reçurent
des détails positifs qui les confirmèrent dans leurs
premiers soupçons. Ils connurent par Pichegru la déclaration de Moreau. Plusieurs des prévenus ont déclaré qu'ils n'avaient pas tardé à voir qu'on les trompait ; et la majeure partie allait quitter Paris, lorsque
tous furent arrêtés presque à la fois. Georges s'en allait dans la Vendée, lorsqu'il fut trahi par celui qui, au
su de la police, l'escortait depuis son départ de Londres pour Paris, et qui le préserva de toute surprise,
aussi longtemps que l'on n'eut besoin que de savoir où

il était et ce qu'il faisait. Georges était à Paris depuis
sept mois, lorsqu'on jugea que le moment de l'arrêter
était arrivé. N'est-il pas évident qu'il a fallu con—
naître et le moment fixé de son départ et les rues par
lesquelles il passerait, et le numéro de sa voiture pour
la saisir à point nommé, comme on l'a fait? De qui
a-t-on pu avoir ces détails circonstanciés, si ce n'est
de l'homme que Georges regardait comme son complice et son ami, et qui était enrôlé dans la police?

» L'arrestation presque simultanée des conjurés
prouve bien que l'on savait où les trouver; et ils n'ont
dû leur tranquillité temporaire qu'à ce qu'ils étaient,
pour la police, comme dans une chambre de verre.

» Lorsqu'il fut question de signer son interrogatoire, Pichegru s'y refusa; il dit que cela n'était pas
nécessaire; que, connaissant tous les ressorts, toutes les
machinations de la police, il devait craindre qu'elle
ne fît tout disparaître par des procédés chimiques, et
que, ne laissant que sa signature, elle lui fît dire ensuite ce qu'elle voudrait; que, du reste, son refus de
signer ne l'empêcherait pas de répéter, devant la justice, les vérités qu'il venait de répondre aux questions
qu'on lui avait faites. On redouta les aveux qu'il
devait faire sur ses relations avec Moreau, que l'on
voulait perdre, et sur les moyens employés, selon lui,
pour les pousser à opérer un changement que leur
opinion leur faisait désirer.

» Voici maintenaut le rapport du grand-juge qui, comme on le verra, laisse apercevoir l'exactitude des documents que j'ai recueillis et rapprochés; malgré l'entortillage de quelques phrases, Regnier dit d'abord :

» De nouvelles trames ont été ourdies par l'Angleterre ; elles l'ont été au milieu de la paix qu'elle avait jurée, et quand elle violait le traité d'Amiens, c'était bien moins sur ses forces qu'elle comptait que sur le succès de ses machinations.

» Mais le gouvernement veillait : l'œil de la police suivait tous les pas des agents de l'ennemi ; elle comptait les démarches de ceux que son or ou ses intrigues avaient corrompus. »

»Ici, je ne puis m'empêcher de faire remarquer l'admirable amphibologie du dernier alinéa que l'on vient de lire ; ne paraît-il pas probable que le grand-juge, en parlant *de la police*, fait allusion à la police de Fouché, *comptant les démarches de ceux que son or ou ses intrigues avaient corrompus ?* Poursuivons.

« Enfin, la toile paraissait achevée : déjà, sans doute, on s'imagine à Londres entendre l'explosion de cette mine, qu'on avait creusée sous nos pas, on y semait, du moins, les bruits les plus sinistres, et l'on s'y repaissait des plus coupables espérances.

» Tout à coup, les artisans de la conspiration sont saisis, les preuves s'accumulent, et elles sont d'une telle force, d'une telle évidence, qu'elles porteront la conviction dans tous les esprits.

» Georges et sa bande d'assassins étaient restés à la solde de l'Angleterre; ses agents parcouraient encore la Vendée, le Morbihan, les Côtes-du-Nord, et y cherchaient en vain des partisans que la modération du gouvernement et des lois leur avait enlevés.

» Pichegru, dévoilé par les événements qui précédèrent le 18 fructidor an v, dévoilé surtout par cette correspondance que le général Moreau avait adressée au Directoire, Pichegru avait porté en Angleterre sa haine contre sa patrie.

» En l'an viii, il était avec Willot, à la suite des armées ennemies, pour se rallier aux brigands du Midi.

» En l'an ix, il conspirait avec le comité de Barreuth; depuis la paix d'Amiens, il était encore le conseil et l'espoir des ennemis de la France.

» La perfidie britannique associe Georges à Pichegru; l'infâme Georges à ce Pichegru que la France avait estimé, qu'elle avait voulu longtemps croire incapable d'une trahison.

» En l'an xi, une conciliation criminelle rapproche Pichegru du général Moreau, deux hommes entre lesquels l'honneur devait mettre une haine éternelle. La police saisit à Calais un de leurs agents, au moment où il retournait pour la seconde fois en Angleterre. Cet homme est sous sa main, avec toutes les pièces qui constatent la réalité d'un rapprochement inexplicable alors, si les nœuds n'en avaient pas été formés par le crime.

» Cependant les événements se pressent : Lajollais, l'ami, le confident de Pichegru, va furtivement de Paris à Londres, revient de Londres à Paris, porte à Pichegru les pensées du général Moreau, rapporte au général Moreau les pensées et les desseins de Pichegru et de ses associés. Les brigands de Georges préparent, dans Paris même, tout ce qui est nécessaire à l'exécution des projets communs.

» Y a-t-il au monde quelque chose de plus frappant que cette dernière déclaration du chef suprême de la police officielle? Le grand-juge, lui aussi, croit encore que Lajollais est l'ami, le confident de Moreau quand il ressortira des débats, clair comme le jour, que le rôle de Lajollais, dans cette horrible machination, consista à lier l'un à l'autre les deux chefs que l'on voulait donner à la conspiration. Ce qui suit est encore plus fort.

« Un lieu est assigné entre Dieppe et le Tréport, loin de toute inquiétude et de toute surveillance, où les brigands de l'Angleterre, conduits par des vaisseaux de guerre anglais, débarquent sans être aperçus, où ils trouvent des hommes corrompus pour les recevoir, des hommes payés pour les guider, pendant la nuit, de station en station convenue, et les amener jusqu'à Paris.

» A Paris, des asiles leur sont ménagés dans des maisons louées d'avance où sont des gardiens affidés ; ils en ont dans plusieurs quartiers, dans plusieurs rues, à Chaillot, dans la rue du Bac, dans le faubourg Saint-Marceau, dans le Marais. »

Ainsi, voilà la police, qui ne savait rien, qui se trouve inopinément informée de tout ; ses nombreux agents ont sillonné la France dans tous les sens, et ils n'ont vu qu'après les déclarations de Bouvet de Lozier, que trois débarquements successifs avaient été effectués tranquillement, que l'on en attendait un quatrième. Ce quatrième n'eut pas lieu parce que le général Savary, déguisé, reçut une mission du premier consul pour s'emparer des débarqués attendus. Encore un coup, je ne connais pas de preuve plus évidente du dévouement des agents de la police à leur ancien chef et de leur complicité à jouer leur nouveau chef, l'auteur de ce fameux rapport semble s'être efforcé de donner à son administration un brevet d'incapacité.

On a vu comment Moreau avait été arrêté le lendemain des déclarations de Bouvet de Lozier ; Pichegru le fut par suite de la plus infâme trahison dont un homme puisse se rendre coupable. La police officielle était enfin informée de sa présence à Paris, mais elle ignorait le lieu de sa retraite, tous les agents faisaient d'inutiles efforts pour le découvrir, quand un ancien ami, celui-ci même qui lui avait donné un dernier asile, s'en vint offrir de le livrer pour cent mille écus. Cet homme infâme donna une description exacte de la chambre que Pichegru occupait, rue de Chabannais, et à l'aide de ces renseignements, le commissaire de police, Comminges, se rendit pendant la nuit accompagné d'hommes déterminés et vigoureux au domicile indiqué. On avait jugé toutes ces précautions nécessaires parce qu'on n'ignorait pas que Pichegru était doué d'une force prodigieuse, et que l'on savait en outre, qu'entouré de moyens de défense, il ne se laisserait pas prendre sans une vive résistance. On s'introduisit dans sa chambre à l'aide de fausses clés que celui qui le vendait avait eu la lâcheté de faire faire lui-même; on le trouva endormi. Une lumière était allumée sur une table de nuit. L'escouade dirigée par Comminges renversa la table pour éteindre la lumière, et se jeta sur le général, qui se débattit en criant de toutes ses forces, et à tel point qu'il fallut le lier. Ce fut dans cet état que le vainqueur de la Hollande fut conduit au Temple, d'où il ne devait plus sortir vivant.

Ce fut dans la nuit du 22 au 23 février qu'eut lieu l'arrestation de Pichegru; le traître ami qui le livra était un nommé Leblanc qui alla s'établir à Hambourg avec le fruit de sa trahison. Ce ne fut que quinze jours

après, que Georges Cadoudal fut arrêté et fut pareille-
ment conduit au Temple. La date de l'arrestation de
Georges est une date précieuse, puisqu'elle est du 9
mars, et se rapporte par conséquent à la veille du jour
où s'assembla le conseil dans lequel Bonaparte décida
du sort du duc d'Enghien, c'est à dire lorsque tous
ceux qui avaient été désignés comme fauteurs de la
conspiration, étaient entre les mains du gouvernement.

Chaque jour Réal ou Desmarets, et quelquefois tous
les deux se rendaient au Temple pour faire subir des
interrogatoires aux prisonniers. C'était en vain que la
police, pour attirer sur ces derniers l'animadversion
publique, en avait fait placarder des listes dans tout
Paris, même avant qu'ils fussent arrêtés. Sur ces listes, ils étaient désignés sous la dénomination de *brigands* et parmi ces *brigands* le nom du général Moreau figurait le premier ; absurdité sans égale et qui
conduisait au but contraire à celui qu'on se proposait
d'atteindre, car, comme personne ne pouvait voir un
brigand dans un général qui était l'objet de l'estime
publique, on en concluait que ceux dont les noms figuraient avec le sien n'étaient pas plus brigands que
lui.

L'opinion générale se prononça en faveur de Moreau, et tout le monde fut indigné de le voir qualifié
de brigand ; bien loin de voir en lui un coupable, on

n'y vit qu'une victime désignée, parce que la réputation de Moreau gênait encore Bonaparte, et que c'était
toujours lui qu'on mettait en avant comme capable de
s'opposer à l'accomplissement de ses vues ambitieuses.
Tout le crime de Moreau était d'avoir beaucoup de
partisans parmi ceux qui croyaient encore au fantôme
de la république; et ce crime était impardonnable aux
yeux du premier consul, qui depuis deux ans, agissait
en maître souverain des destinées de la France. A
combien de moyens n'eut-on pas recours pour fausser
l'opinion sur Moreau? La police fit publier des pamphlets de toute nature, et le comte de Montgaillard fut
appelé de Lyon pour rédiger un libelle contre Moreau,
Pichegru et les princes français en exil. Mais rien de
cela ne produisit, relativement à Moreau, l'effet qu'on
en attendait, et l'on verra combien les débats le re-
haussèrent encore dans l'opinion, malgré la condamnation qui en fut la suite.

Au moment de l'arrestation de Georges, le Temple
devint tellement encombré, que l'on y comptait plus
de cent détenus, et que l'on fut obligé de transférer
plusieurs prisonniers, choisis parmi les moins compromis, dans d'autres prisons. Bonaparte confia alors le
commandement supérieur de la garde du Temple au général Savary, dont les gendarmes d'élite renforcèrent
cette garde. Les prisonniers n'osaient communiquer entre
eux dans la crainte de se compromettre mutuellement,

mais tous montraient un courage qui effrayait sur les suites du procès : ni les offres, ni la crainte des supplices ne purent en effet les amener à des révélations dans le cours de leurs interrogatoires. Pichegru montra particulièrement une fermeté telle, que Réal, sortant un jour de la chambre où il venait de l'interroger, dit à haute voix, devant plusieurs personnes : « Quel homme que ce Pichegru ! »

Quarante jours s'étaient écoulés depuis l'arrestation du général Pichegru, lorsque, le 6 avril, au matin, il fut trouvé mort dans la chambre qu'il occupait au Temple. Pichegru avait subi dix interrogatoires ; il n'avait fait aucune révélation : personne n'avait été compromis par ses réponses, toutes ses déclarations annonçaient qu'il parlerait, mais qu'il parlerait haut et publiquement, pendant la solennité des débats. « Lorsque je serai devant les juges, avait-il dit, mon langage sera toujours conforme à la vérité et dans l'intérêt de la patrie. » Quel devait être ce langage ? sans doute on ne voulut pas l'entendre ; et Pichegru aurait tenu sa parole, car il était moins encore un habile général qu'un homme d'un grand caractère, différent en cela de Moreau, soumis à l'influence de sa femme et de sa belle-mère, qui avaient montré des prétentions ridicules chez madame Bonaparte.

Les auteurs, les acteurs, les témoins de ces horribles scènes sont les seuls qui puissent lever les doutes qui

14.

pourraient encore exister sur les causes auxquelles il
faut attribuer la mort de Pichegru. Mais il faut bien
dire que les antécédents, les croyances générales d'alors
et les vraisemblances combattent toute idée de suicide
de la part de Pichegru. Sa mort était nécessaire, et cette
nécessité en fut la véritable cause.

« Il m'est démontré jusqu'à la dernière évidence,
dit Bourrienne dans ses *Mémoires,* que Pichegru a été
étranglé dans sa prison, et toute idée de suicide me
paraît par conséquent inadmissible. Ai-je des preuves
positives, matérielles? Non. Mais le rapprochement
des faits et l'accumulation des probabilités ne me lais-
sent pas sur ce tragique événement les doutes que je
voudrais avoir. Il est d'ailleurs un instinct populaire
qui se trompe rarement, et les personnes qui vivaient
alors doivent se rappeler que, non seulement l'opinion
fut presque générale sur l'assassinat de Pichegru, mais
que cette opinion fut même corroborée par les soins
que l'on prit pour lui donner le change, par l'exposition affectée du corps de Pichegru. Dire spontanément :
Je n'ai pas commis tel crime, c'est avouer que l'on
peut en être soupçonné.

» J'ai su par Réal que Pichegru subit un interrogatoire qui ne fut point public par les raisons que l'on
va voir. Il déclarait qu'il parlerait devant le tribunal,
qu'il ne chargerait et ne dénoncerait qui que ce fût,
et qu'il dirait toute la vérité. Tout en manifestant ses

sentiments pour le gouvernement des Bourbons, Pichegru dévoilait les manœuvres perfides au moyen desquelles lui et ses co-accusés avaient été entraînés. Il ajoutait que ce qui se passait à Paris leur avait enfin ouvert les yeux. La facilité de trois débarquements successifs, sans que le premier ait donné l'éveil; les logements marqués d'avance avec soin sur toute la route qu'ils avaient parcourue librement; la fausseté de toutes les intelligences, et la nullité de toutes les dispositions qu'on leur avait perfidement dit exister à Paris; leur voyage évidemment protégé par les intrigues d'une police secrète et mystérieuse, et qui n'eût pu, sans cela, échapper à la surveillance de la police officielle; leurs logements à Paris, plutôt connus d'avance que recherchés après, tout cela avait porté la lumière dans son esprit. Pichegru ne donna aucune information, ne révéla rien de ce que l'on attendait de lui, ne chargea, ne dénonça personne. »

Il avait donné tête baissée dans le complot formé.

Voici quelques détails du procès-verbal de visite du cadavre de Pichegru, du 16 avril 1804 :

« Le cadavre avait autour du cou une cravate de soie noire, dans laquelle était passé un bâton de la longueur d'environ quarante centimètres, et de quatre à cinq centimètres de circonférence, lequel bâton, faisant tourniquet autour de ladite cravate, était arrêté par la joue gauche, sur laquelle il reposait par l'un de ses bouts, ce qui avait produit un étranglement suffisant pour donner la mort. »

Plusieurs chirurgiens déclarent, dans le même procès-verbal, « qu'il y avait strangulation ; qu'elle avait été faite à l'aide d'une cravate noire fortement nouée, dans laquelle on avait placé un bâton, etc.

» Qu'ils avaient ensuite remarqué que ledit bâton se trouvait reposer, par un de ses bouts, sur la joue gauche, et qu'en le tournant par un mouvement irrégulier, il avait produit sur ladite joue une égratignure transversale d'environ six centimètres, s'étendant de la pommelle à la conque de l'oreille gauche. »

Puis, un nommé Sirot, gendarme d'élite, déclare : « qu'étant en faction hors du Temple, près de la chambre de l'ex-général Pichegru, il avait entendu plusieurs fois tousser et cracher dans ladite chambre, et qu'il avait cru s'apercevoir, à la manière de tousser et de cracher, que la personne était affectée d'oppression ; mais que n'ayant plus rien entendu, il avait pensé qu'il n'y avait pas de nécessité de réveiller pour prévenir. »

Un sieur Lapointe, qui était de planton à la tour du Temple, déclare : « qu'ayant dormi depuis minuit jusqu'à quatre heures, il n'a rien entendu. »

Fauconnier déclare que « le matin, à sept heures et demie, le citoyen Popon, gardien de service auprès du général Pichegru, était venu l'avertir qu'il venait d'allumer du feu dans la chambre dudit Pichegru, et qu'il était étonné de ne l'avoir entendu ni vu remuer. »

Il a ajouté : « que la clef de la chambre dudit Pichegru avait été emportée par lui à dix heures du soir, après avoir servi à souper au général, et qu'elle était restée dans sa poche jusqu'au moment où il avait été allumer du feu. »

On a, dans le temps, prêté bien maladroitement à Réal ce propos : « Eh bien, quoiqu'il n'y ait rien de plus évidemment démontré que ce suicide, on aura beau faire, on dira toujours que, n'ayant pas pu le convaincre, on l'a étranglé. » Réal n'a pas dit cela.

Je n'ai pas la pensée de justifier ceux qui ont pris part à cette conspiration, tout ce qui excite à une action condamnable doit être repoussé. Mais si cette impulsion a été donnée par une police secrète, si cette police a encouragé des dispositions coupables inspirées par elle, jusqu'à l'explosion qu'il dépendait d'elle d'arrêter quand elle le voudrait; si elle a flatté habilement, mais lâchement, les inclinations et les espérances d'hommes ennemis du gouvernement d'alors, l'indignation diminue en raison des moyens employés pour la soulever.

Les conjurés se sont laissés aller à des illusions et à des tentations inspirées par ceux qui voulaient profiter d'un complot vers lequel les malheureux étaient poussés, et qu'on était le maître de déjouer quand on le voudrait. Cela est peu douteux pour ceux qui ont suivi ce procès : cela sera peut-être évident pour ceux qui en liront les débats avec attention et sans passion, et qui observeront bien la marche de l'affaire depuis son principe jusqu'à sa sanglante fin. L'histoire doit tenir et tiendra compte du débarquement sans obstacles, sur un cutter anglais, de presque tous les accusés, de leur réception à terre par des hommes affidés, de leurs paisibles étapes de ferme en ferme, de leur silencieux séjour à Paris. jusqu'au moment où l'on crut devoir s'assurer de leurs personnes.

Pourquoi, après la mort de Pichegru, avoir gardé le plus profond silence sur son interrogatoire? Pourquoi s'ôte-t-il la vie? Ne courait-il pas la chance d'être acquitté? Et, s'il ne l'était pas, ne lui serait-il pas resté, après condamnation, assez de temps pour se donner la mort? Pourquoi aurait-il attendu jusques après son dixième interrogatoire, si elle eût été l'effet d'une résolution prise d'avance? Le moyen dont on dit qu'il s'est servi ne pouvait lui échapper s'il venait à être condamné. Une considération d'un autre ordre doit écarter toute idée de suicide, c'est que Pichegru avait conservé les sentiments religieux qu'il avait reçus dans son enfance.

Voici comment s'exprime l'abbé de Montgaillard, dans son histoire de France, sur la catastrophe de

Pichegru : « Il est infiniment vraisemblable que Bonaparte aura voulu prévenir la révélation, en audience publique, de quelques circonstances qui lui seraient personnelles, circonstances connues de Pichegru, chef du parti renversé au 18 fructidor. Leur publicité aurait pu nuire à la popularité dont le grand consul était plus que jamais obligé de s'environner dans la conjoncture décisoire de la transformation de sa dignité. Amené devant ses juges, Pichegru eût sans doute hautement démenti une foule de faits énoncés dans des libelles récemment publiés *par ordre*, et dans lesquels sa conduite politique, en 1795, 96 et 97, était artificieusement présentée sous des couleurs défavorables. Un meurtre clandestin va prévenir cette effrayante publicité, et sa coïncidence avec la catastrophe du duc d'Enghien peut servir à l'explication de cette époque de l'histoire. »

Nous avons dit qu'on arrêta Georges le 9 mars. Ce jour-là, vers sept heures du soir, il passait en cabriolet sur la place de l'Odéon, où sans doute l'avait dirigé l'agent de police, qui ne le quittait pas. En ne le saisissant pas à son domicile, on voulut probablement donner à son arrestation plus d'éclat, afin de produire de l'effet sur l'esprit de la multitude. Ce calcul coûta la vie à un homme, et faillit la coûter à deux ; car Georges, qui ne marchait jamais sans être armé, tua d'abord d'un coup de pistolet l'officier de police qui avait arrêté son cheval, et blessa de la même manière celui qui s'avança le premier pour le saisir dans le cabriolet. On trouva sur lui, outre ses pistolets, un poignard de fabrique anglaise. Il était naturel que, dans sa position, ces armes se trouvassent sur lui, mais on argua de cette circonstance pour répandre dès le lendemain dans le public, par la voie des journaux, que Georges n'avait point hésité à avouer qu'il était depuis plusieurs mois à Paris, où il était venu dans l'intention d'assassiner le premier consul. On jugera, lorsque je raconterai ce dont je fus témoin aux débats, ce qu'il faut penser de ce prétendu aveu.

Le dernier asile de Georges avait été chez une fruitière, demeurant rue de la Montagne-Sainte-Geneviève. C'est de chez cette femme, nommée Lemoine, que Georges venait de sortir pour monter dans le cabriolet qui devait le conduire, a-t-on dit dans le temps, chez un nommé Caron, parfumeur. Or, il est difficile de penser qu'un simple effet du hasard ait fait que l'escouade de la police se soit trouvée là à point nommé. La fille de la fruitière portait le paquet de Georges, et c'est au moment où elle se disposait à le mettre dans le cabriolet, qu'eut lieu l'arrestation. Georges, voyant qu'on venait pour s'emparer de lui, cria à cette fille de se sauver en toute hâte, craignant sans doute de l'atteindre en tirant sur les agents de police; elle s'enfuit avec le paquet, qu'elle porta chez une voisine.

La police, comme on peut le croire, fut bientôt sur les traces de la jeune fille, et l'on apprit que le mari de la voisine, chez laquelle elle s'était réfugiée, curieux de voir ce que contenait le paquet, y avait trouvé, entre autres objets, un sac contenant un millier de *souverains* de Hollande, c'est-à-dire pour une valeur de trente-quatre mille francs environ, et le curieux voisin ne put nier qu'il en avait déjà soustrait pour un millier d'écus. Tous ces gens furent arrêtés. Quant à Georges, on le conduisit, le soir même, au Temple, où il resta jusqu'au moment de sa translation à la Conciergerie, lors du commencement des débats.

Après l'arrestation de Georges, il restait encore quelques individus désignés comme faisant partie de la conspiration, qui avaient trouvé moyen de se soustraire aux perquisitions de la police. Parmi eux se trouvaient Villeneuve, l'un des principaux affidés de Georges, et Burban Malabre, qui se faisait appeler Burco. Ils ne furent pris que cinq jours après la mort du duc d'Enghien. Le fameux commissaire Comminges, accompagné d'un inspecteur et d'une escouade de gendarmes de la légion d'élite, les trouvèrent enfin chez un nommé Dubuisson, qui demeurait rue Jean-Robert.

Ce Dubuisson et sa femme avaient accordé un asile à plusieurs des principaux proscrits de la police; MM. de Polignac et de Rivière avaient logé chez eux. Quand on vint pour arrêter leurs deux derniers réfu-

15

giés, voulant tenter de les sauver, ils protestèrent que ceux-ci étaient partis le matin; mais les yeux de la police ayant découvert une cachette pratiquée dans une armoire, et personne ne répondant à ses appels, la gendarmerie d'élite, ayant recours à un de ces moyens que son dévouement lui rendait familiers, tira sur eux des coups de pistolets; Villeneuve, que l'on nommait Jozan, fut blessé au bras, ce qui les obligea à se montrer, et on les amena.

Pour donner une idée de la liberté dont les habitants de Paris jouissaient à cette époque, et pour montrer comment le gouvernement comprenait les droits des citoyens, je citerai un court fragment d'une ordonnance de la police. Il y est dit : « Le préfet de police est instruit que plusieurs citoyens de Paris louent à des personnes étrangères à cette ville, sans en faire la déclaration aux commissaires de police de leurs divisions. Ces citoyens sont en contravention formelle aux règlements concernant la police des hôtels garnis, et doivent être poursuivis comme tels, parce que toute location au mois, *à l'année même*, d'un appartement meublé, est une véritable location en garni, et qu'en principe, aucun propriétaire ou locataire de maison à Paris, ne peut même louer un appartement ni même une seule chambre meublée *ou non meublée*, à un individu étranger à cette capitale, c'est-à-dire qui n'y est pas domicilié, et qui ne lui justifie pas de sa carte de citoyen, sans en faire, dans le vingt-quatre heures, sa déclaration au commissaire de police, sous peine d'être poursuivi, suivant toute la rigueur des lois. » Or, on sait quelle était cette rigueur des lois, d'une loi récente et de circonstance; la même peine à encourir que les accusés auxquels un ami, un parent, un frère aurait donné un asile. Ainsi, ce peuple français, que dans ses fastueuses proclamations Bonaparte mettait tant d'affectation à flatter du nom de grand, il préludait à en faire un peuple d'esclaves, en s'efforçant d'en faire un peuple de délateurs. Que la bonne Joséphine avait raison dans sa haine contre toutes les polices !

Napoléon était empereur depuis environ dix jours, lorsque, le 28 mai 1805, eut lieu l'ouverture des débats, que toutes les circonstances qui les entourèrent, aussi bien que les incidents remarquables qui les signalèrent, placent au nombre des plus intéressants, à tous les titres de l'histoire contemporaine. Aucun procès, depuis cette époque, n'a pu donner une idée de la fermentation qui régnait alors dans Paris; l'indignation qu'excitait la mise en jugement de Moreau, se manifestait tout haut et bravait les observations de la police. On était parvenu à tromper l'opinion sur Georges et sur quelques autres conjurés, que l'on regardait comme des brigands et des assassins soldés par l'Angleterre, du moins dans cette nombreuse partie de la population, qui croit facilement sur parole les déclarations qu'on

lui présente comme officielles. Mais il n'en était pas
de même à l'égard de MM. de Polignac qui inspiraient
le plus vif intérêt, de MM. Rivière, de Charles d'Hozier
et surtout de Moreau. Le nom de Moreau prédominait
tous les autres, et le gouvernement se trouvait à son
égard dans une grande perplexité. Il fallait, d'une part,
l'entourer d'une garde assez imposante pour contenir
l'empressement du peuple et de ses amis; et, d'une
autre part, il fallait aussi ne pas tellement grossir cette
garde, qu'elle pût devenir un point redoutable de
ralliement, si la voix d'un chef honoré de l'armé l'appelait à sa défense. On croyait presque partout à la
possibilité d'un soulèvement en faveur de Moreau : les
uns l'espéraient, d'autres le redoutaient, et je puis
assurer, quand je pense à la disposition où se trouvaient
alors les esprits, qu'il aurait infailliblement eu lieu si
les juges, encore plus complaisants qu'ils ne le furent,
avaient condamné Moreau à la peine capitale.

Il est impossible de se faire une idée de l'affluence
qui encombrait toutes les avenues du Palais de justice,
le jour de l'ouverture des débats, et qui ne cessa de s'y
porter pendant les douze jours que dura le procès, et
surtout le jour où le jugement dut être prononcé. La
meilleure compagnie de Paris chercha à y assister. La
suppression spéciale du jury pour cette affaire, donnait
naissance à des soupçons qui n'étaient que trop fondés.
On disait hautement que les accusateurs se croyaient

plus sûrs des juges spéciaux que du jury. La mort récente du duc d'Enghien, et la mort mystérieuse et plus récente encore de Pichegru, jetaient dans les esprits une anxiété profonde ; tout le monde était frappé de stupeur, le plus vif intérêt s'attachait au plus illustre accusé, et un seul mot séditieux eût produit un soulèvement immédiat.

La première audience fut employée à la lecture de l'acte d'accusation, et la voix des huissiers recommandant le silence, eut quelquefois de la peine à contenir les sourdes rumeurs qui se manifestaient involontairement quand le nom de Moreau était prononcé. Tous les yeux se tournaient vers le vainqueur de Hohenlinden, et il était d'ailleurs facile de reconnaître dans la longue incrimination du ministère public, appelant la vengeance des lois sur un attentat contre le chef de la république, combien il s'était mis l'esprit à la torture pour charger les lauriers de Moreau du poids d'une apparente culpabilité. La raison publique trouva même des preuves de l'innocence et de l'honneur de Moreau dans les révélations dont on croyait flétrir le général. Il faut signaler notamment l'effet contraire à celui que l'on attendait, produit par la lecture d'une lettre que, de sa prison du Temple, Moreau avait adressée au premier consul, lorsque les juges interrogateurs eurent cherché à trouver des griefs dans sa conduite passée, à l'occasion des papiers de M. de

15.

Kinglin tombés entre ses mains. On lui reprochait
d'avoir mis trop de retard dans l'envoi de ces pièces
au Directoire; et il faut convenir que c'était une chose
assez digne de remarque, de voir Bonaparte empereur,
vengeur des prétendues offenses faites au Directoire
qu'il avait renversé.

Il n'entre pas dans notre plan de tracer un tableau,
ni même une esquisse complète de ces débats. Les
pièces volumineuses de cette immense procédure ont
été recueillies, et on peut les consulter. Mais nous rap-
pellerons le souvenir des circonstances et des incidents
les plus remarquables, et qui confirment ce que nous
avons dit sur le caractère de cette affaire. Ce qu'il y
eut de plus évident durant ce procès, fut l'acharne-
ment de commande du président, digne d'un tel tribunal et l'innocence de Moreau. Ce président qui avait
été désigné par Bonaparte était le régicide Hémard.
Ce choix inspira dans tout Paris une horreur générale,
tant il parut un indice du désir de ne trouver que des
coupables ou de faire condamner des innocents. Mais,
malgré le plus insidieux interrogatoire qu'on puisse se
figurer, le général accusé ne tomba pas une fois dans
la moindre contradiction. Il résulta clair comme le
jour, pour tout l'auditoire, que Moreau était totalement étranger à tous les complots, à toutes les intrigues qui avaient pu se tramer à Londres. Ce procès ne
dévoila pas l'ombre d'une circonstance qui pût le com-

promettre, ni même qui pût se rapporter à lui. Pres-
qu'aucun des cent trente-neuf témoins à charge qui
furent entendus, ne le connaissait, et il a déclaré
dans la quatrième séance, celle du 31 mai, qu'il n'y
avait pas un seul accusé qu'il eût vu, pas un seul qu'il
connût. Dans le cours de ces longs débats, son attitude
fut constamment calme comme sa conscience. Pour
ceux qui l'ont vu sur ces bancs, dit un contemporain,
il avait plutôt l'air d'un habitué du palais, assistant
par curiosité à des débats intéressants, que d'un accusé
que ces débats peuvent conduire à la mort,

Sans le coup de canon qui frappa Moreau dans les
rangs ennemis, sans la cocarde étrangère qui flétrit le
chapeau de Hohenlinden, il y a longtemps que sa
complète innocence ne serait plus l'objet d'un doute;
il y a longtemps que l'on aurait reconnu que les plus
infernales machinations avaient été employées pour le
perdre. Il est de toute évidence, en effet, que Lajolais,
qui a été de Londres à Paris et de Paris à Londres, a
joué un rôle d'intrigant plus qu'un rôle de conspirateur, que sa mission eut pour but, non pas de rappro-
cher Moreau de Pichegru, mais de faire servir Pichegru
à compromettre Moreau. Certes, ceux qui ont prétendu
que Lajolais était aux ordres du gouvernement britannique, en ont cruellement imposé. Lajolais n'était aux
ordres que de la police secrète : il fut condamné à
mort comme il s'y attendait, il eut sa grâce comme

c'était convenu. Voilà une des révélations que Pichegru aurait pu faire, aussi fallut-il le faire disparaître
avant le procès. Quant aux dispositions du nommé
Rolland, il fut clair pour tout le monde que Moreau
ne se trompait pas quand il dit au président : « Ou Rolland, dans mon opinion. est un homme de la police,
ou il a fait sa déclaration parce qu'il avait peur.» Rolland a fait deux déclarations : dans la première il ne
dit rien. Voyez la seconde; on ne l'interrogea pas, on
lui dit : « Vous voilà dans une position affreuse. Ou
vous allez être complice d'une conspiration, ou vous
allez en être le confident; si vous ne dites rien, vous
êtes complice, si vous faites des aveux, vous êtes
sauvé. Ce seul exemple peut donner une idée de la
manière dont les débats furent dirigés dans le but de
pouvoir inculper Moreau. De son côté le général re-
poussait les attaques dont il était l'objet avec un calme
grave et une modeste assurance, quoique de temps en
temps il laissât échapper quelques éclairs d'une juste.
colère. Je me rappelle l'effet qu'il produisit sur tout l'auditoire dans une séance où le président, l'ayant accusé
d'avoir voulu se faire nommer dictateur, il s'écria :
Moi, dictateur ! avec tous les partisans des Bourbons,
me faire dictateur ! Qu'on me trouve donc mes partisans ! Mes partisans doivent être les soldats français,
puisque j'en ai commandé les neuf dixièmes et sauvé
plus de cinquante mille. Voilà quels sont mes parti-

sans ; on a arrêté tous mes aides-de-camp, tous les officiers que je connaissais : on n'a pas trouvé contre eux l'ombre d'un soupçon; on les a mis en liberté. Pourquoi veut-on m'attribuer la folie de me faire faire dictateur par les partisans des anciens princes français, qui combattent pour cette cause depuis 1792? Vous voulez que ces gens-là, en vingt-quatre heures, projettent de m'élever à la dictature ! c'est de la folie. On a parlé de ma fortune, de mon traitement; j'ai commencé avec rien; je pourrais avoir cinquante millions; je possède une maison et une terre; quant à mon traitement, il est de quarante mille francs, et qu'on se garde bien de le comparer avec mes services. »

Il y eut une séance dont l'effet électrique fut prodigieux. Le général Lecourbe, ce digne ami de Moreau, entra inopinément dans la salle d'audience avec un jeune enfant. Il le prend, l'élève dans ses bras, et s'écrie d'une voix forte mais émue : « Soldats, voilà le fils de votre général. » A ce mouvement imprévu, tout ce qu'il y avait de militaires dans la salle, se lève spontanément et lui présente les armes, et en même temps un murmure flatteur parcourt tout l'auditoire. Certes, si en ce moment Moreau eût dit un mot, l'enthousiasme était tel en sa faveur, que le tribunal s'en allait être renversé et les prisonniers libres; Moreau garda le silence, et seul parut ne pas prendre part à ce mouvement. En général, et pendant tout le cours des débats, Moreau inspirait tant de respect, quoique accusé, que lorsqu'il était interpellé et se levait pour répondre, les gendarmes commis à sa garde se levaient en même temps que lui, et se tenaient debout et découverts tant qu'il parlait. « Je croyais de bonne foi, écrit Bourrienne, et ceux qui se rappellent la disposition des esprits, à cette époque, pensent probablement comme moi, s'ils étaient aussi sans passion, que la condamnation de Moreau à la peine de mort aurait été le signal d'un soulèvement, d'une révolte dont il aurait été difficile de prévoir les résultats ; car Bonaparte s'était placé sous la protection de la puissance des baïonnettes, et c'est cette puissance qui aurait la première changé de direction.»

L'attitude de Georges n'avait rien de comparable à celle de Moreau : Georges inspirait d'abord moins d'intérêt que de curiosité, et, à part la différence de leurs antécédents, leur position devant la justice présentait un grand contraste. Moreau était plein de sécurité et Georges plein de résignation sur le sort qui l'attendait, et qu'il envisageait avec une sécurité presque barbare. Durant l'instruction, il avait défié la mort avec effronterie, s'était moqué de la république, de Bonaparte et de ses agents ; il avait, en quelque sorte, fait voir le cynisme du courage plutôt que cette résignation grave et solennelle, qui marqua les der-

niers moments de Louis XVI et de Malesherbes. Au
moment de quitter le Temple cependant, son attitude
avait changé. Il cessa de faire entendre d'amers sarcasmes et de violentes invectives. Ayant réuni ses
compagnons dans la cour du Temple, il les harangua,
leur recommanda la prudence, la discrétion; les engagea à ne rien dire qui pût les compromettre les uns
les autres. « Quand vous ne vous sentirez pas assez
forts en vous-mêmes, leur dit-il, regardez-moi,
songez que je suis avec vous; songez que mon sort
sera le vôtre; oui, mes chers enfants, nous ne pouvons pas avoir un sort différent, et c'est là ce qui doit
nous encourager, ce qui embellit notre position. Soyez
donc doux et indulgents les uns envers les autres;
redoublez d'égards; que des chances communes donnent une force nouvelle à vos affections. Point de regards en arrière; nous sommes où nous sommes,
nous sommes ce que Dieu a voulu que nous soyons; en
mourant, faisons des vœux pour que notre patrie, arra-
chée au joug qui pèse sur elle, redevienne heureuse
sous le sceptre paternel des Bourbons. N'oubliez jamais que cette prison que nous allons quitter, est celle
d'où Louis XVI ne sortit que pour aller à la mort; que
son sublime exemple vous éclaire et vous guide. » Tel
fut, sinon le texte précis des paroles que Georges
adressa à ses compagnons, au moins leur sens exact;
il termina son allocution en disant : « Montrez à tout

le monde, dans votre contenance, dans vos discours et dans votre visage, que vous avez beaucoup de ce courage et de cette résolution qui m'ont donné tant de confiance en vous, et qui auraient triomphé des ennemis de notre foi et de notre roi, si nous n'avions pas été si indignement trahis. »

Mais à l'audience, comme pour venger sa mort avant d'en subir la peine, il reprit le ton de causticité impérieuse qui lui était habituel. Dans l'amertume de ses sarcasmes, faisant allusion au nom et au vote de Thuriot, l'un des plus acharnés des juges, Georges l'appelait souvent *Tue-roi* (1); et quand il avait prononcé son nom, ou que lui, Georges, avait été forcé de répondre à ses interpellations : « Que l'on me donne, disait-il, un verre d'eau de vie pour me rincer la bouche. »

Georges avait le ton et les manières d'un soldat, mais sous cette enveloppe grossière, il cachait l'âme d'un héros. Quand les témoins de l'arrestation de Georges avaient répondu aux interrogatoires du président Hémart, et que celui-ci se tournait vers Georges pour lui demander s'il avait quelque observation à faire sur la déclaration qu'il venait d'entendre, voici à peu près la forme et la substance du dialogue qui s'éta-

(1) On comptait dans le tribunal deux régicides : Thénart, premier président, et Thuriot. En outre Merlin était alors procureur-général impérial chargé de soutenir l'accusation.

blissait entre l'interrogateur et l'accusé : « Avez-vous
quelque chose à répondre? — Non. — Convenez-vous
des faits? — Oui. » Alors, comme Georges n'avait pas
l'air d'écouter le président, et qu'il affectait de regarder les papiers qu'il avait devant lui, Hémart était
obligé de l'avertir qu'il ne devait pas lire quand on
l'interrogeait, et le dialogue recommençait ainsi :
« Vous convenez d'avoir été arrêté dans l'endroit désigné par le témoin? — Je ne sais pas le nom de l'endroit. — Vous convenez d'avoir été arrêté? — Oui. —
Avez-vous tiré deux coups de pistolet? — Oui. — Avez-
vous tué un homme? — Ma foi, je n'en sais rien. —
Vous aviez un poignard? — Oui. — Et deux pistolets?
— Oui. — Avec qui étiez-vous? — Je ne le connais
pas. — Où avez-vous logé à Paris? — Nulle part. —
Au moment de votre arrestation, ne logiez-vous pas
rue de la Montagne-Sainte-Geneviève, chez une fruitière? — Au moment de mon arrestation, j'étais dans
un cabriolet, je ne logeais nulle part. — Où étiez-vous
couché la veille de votre arrestation? — Nulle part.
— Que faisiez-vous à Paris? — Je me promenais. —
Quelles personnes y voyiez-vous? — Je n'en nom-
merai aucune; je ne connais personne. » Par cette
courte esquisse de la manière dont Georges répondait
aux interpellations du président, on peut juger quelle
fut son inébranlable fermeté pendant les débats; en
tout ce qui le concernait personnellement, il ne taisait

16

rien ; en tout ce qui aurait pu compromettre un de
ses compagnons, il avait la bouche close ; tout l'art des
insinuations, des rapprochements et des inductions
vint échouer contre son inébranlable résolution.

Au surplus, ceux qui se seraient fait une opinion
de ces mémorables débats, par les insertions officielles
publiées dans le *Moniteur* d'alors et dans les autres
journaux du temps, en auraient une bien fausse idée.
Ces falsifications furent l'objet d'une plainte grave de
la part d'un des accusés. Après la plaidoirie de
M. Gauthier, défenseur de Coster-Saint-Victor, le président ayant demandé à celui-ci s'il avait quelque
chose à ajouter à sa défense : « J'ai à ajouter, dit
Coster-Saint-Victor, que d'abord les témoins à dé-
charge dont j'avais demandé l'audition n'ont pas
encore paru. J'ajoute en outre que je suis surpris que
l'on se plaise à égarer l'opinion publique et à déverser
l'ignominie, non seulement sur les accusés, mais encore sur les généreux défenseurs. J'ai lu les journaux
d'aujourd'hui, et j'ai vu avec peine que les plaidoi-
ries... » Ici le président, l'interrompant, lui fit observer
que ces faits étaient étrangers à la cause. — « Point
du tout, reprit Coster-Saint-Victor, je crois que cela
tient à ma cause ; qu'en tronquant et en pervertissant
les moyens que nous employons, c'est certainement
chercher à nous perdre dans l'opinion publique. J'ai
vu dans les journaux d'aujourd'hui que la plaidoirie

de M. Gauthier, mon défenseur, était défigurée de la manière la plus affreuse. Je manquerais à la reconnaissance que je lui dois, si je ne rendais pas ici un hommage public au zèle et au courage qu'il a déployés dans ma défense. Je proteste contre les inepties que les folliculaires lui mettent dans la bouche; je le prie de me continuer jusqu'au dernier moment ses généreux secours. Ce n'est pas pour lui que je fais cette observation, il n'en a pas besoin, c'est pour moi; c'est pour les accusés qu'une telle manœuvre tend à flétrir dans l'opinion publique. »

Coster-Saint-Victor avait quelque chose de chevaleresque dans sa tenue et dans sa manière de s'exprimer, qui prévenait en sa faveur. Il présentait l'image d'un conspirateur à la Fiesque ou de ces chevaliers de la Fronde menant de front la politique et les plaisirs.

On faisait alors courir sur son compte une anecdote sans doute aussi dépourvue de vérité que de vraisemblance, mais que nous devons rapporter pour mémoire. On disait que Coster-Saint-Victor, n'ayant plus de refuge assuré dans Paris, avait trouvé, pour une seule nuit, un asile chez une belle actrice très-avant dans les bonnes grâces du premier consul; on ajoutait que Bonaparte était venu, cette nuit même, la voir secrètement, et qu'il s'était trouvé en présence de Coster-Saint-Victor, qui aurait pu disposer de ses jours, et que, dans cette entrevue de rivalité galante, il y

avait eu seulement entre eux échange de courtoisie.
Cette invention avait pour but évident de rendre le
premier consul plus odieux, si, Coster-Saint-Victor
condamné, il n'obtenait pas sa grâce, la malignité se
réservant d'attribuer son exécution, si elle avait lieu,
à une vengeance d'amant jaloux. Dans cette déplorable
affaire, il y a assez de reproches à adresser à la mémoire
de Bonaparte, sans qu'on en augmente gratuitement
le nombre.

Revenons au procès. Wright (1) fut entendu dans
la sixième séance du 2 juin, comme cent trente-qua-
trième témoin à charge. Il déclara ne vouloir répondre
à aucun interrogatoire ; que, prisonnier de guerre, il
en réclamait tous les droits ; qu'il ne devait de comptes
qu'à son gouvernement. Le procureur-général demanda
au président de faire lire au capitaine Wright son
interrogatoire du 21 mai, et un autre interrogatoire
postérieur. Wright répondit, après la lecture, que l'on
n'avait pas mis sur cet interrogatoire la menace qu'on
lui fit de le traduire devant une commission militaire
pour le fusiller, s'il ne trahissait pas les secrets de son
pays.

Pendant le cours des débats, l'intérêt le plus tendre

---

(1) Wright fut arrêté pour avoir débarqué des conjurés. Cet officier avait servi sous Sydney-Smith ; de violents soupçons de complicité s'élevèrent contre lui. Il fut conduit à Paris comme témoin
nécessaire pour convaincre les conjurés

s'attacha à MM. de Polignac, Charles d'Hozier et de
Rivière : si peu de temps après la proscription de la
noblesse, en laissant les sentiments d'humanité de
côté, ce n'était pas un calcul de bonne politique que
de montrer au public des héritiers d'un nom illustre,
doués de cet héroïsme de fidélité que l'on admire toujours, même quand on est opposé à la cause qui en est
l'objet.

Tous ces accusés étaient jeunes, et l'auditoire entier accompagnait leurs déclarations par des vœux
bienveillants. La plupart dédaignaient d'avoir recours
à des dénégations, et semblaient moins occupés du soin
de sauver leur vie que de sauver l'honneur de la cause
pour laquelle ils étaient venus, non dans le but de com-
mettre un assassinat, comme tout l'a démontré, mais
pour faire connaître la véritable situation des esprits, que
des intrigants présentaient sous un jour favorable aux
Bourbons. Pourquoi le taire? la masse des esprits ne
leur était pas favorable alors, et les accusés l'avaient
reconnu. Et en effet, avant la mort du duc d'Enghien,
la France presque entière s'était acclimatée à la tem-
pérature du gouvernement consulaire, et ce gouvernement paraissait bien doux après la Terreur et le Directoire. Moreau même n'aurait eu aucune bonne chance
à espérer s'il n'eût été persécuté. Les accusés savaient
tout cela, et, sans l'infernale police secrète, leurs
vœux intempestifs se seraient évanouis dans l'ombre

16.

ou seraient restés couverts d'un voile impénétrable.

Sous le glaive même de la loi, les fidèles serviteurs des Bourbons manifestaient, en toute occasion, leur attachement et leur fidélité. Je me rappelle que l'auditoire entier fut attendri jusqu'aux larmes lorsque le président, ayant argué contre M. de Rivière d'un médaillon où était le portrait de M. le comte d'Artois, M. de Rivière demanda à le voir de plus près pour le reconnaître; le président le lui fit passer par un huissier, et alors M. de Rivière le pressa sur ses lèvres et contre son cœur : il le rendit ensuite, en disant qu'il avait seulement voulu rendre cet hommage au prince qu'il chérissait.

L'attendrissement fut encore bien plus vif lors du combat de générosité fraternelle qui s'éleva, aux dernières séances, entre MM. de Polignac. L'émotion fut générale, lorsque l'aîné des deux frères, après avoir déclaré que, sortant toujours seul et de jour, ce n'était pas l'allure d'un conspirateur qui se cachait, il ajouta ces mots, qui sont toujours restés gravés dans ma mémoire : « Je n'ai plus qu'un vœu à former, c'est que, si le glaive que vous suspendez sur nos têtes doit menacer l'existence de plusieurs accusés, en faveur au moins de sa jeunesse, si ce n'est en faveur de son innocence, sauvez mon frère, et faites retomber sur moi tout le poids de votre courroux! »

Ce fut dans l'avant-dernière séance, dans celle du

vendredi 8 juin, que M. Armand de Polignac prononça
les touchantes paroles que l'on vient de lire. Le lendemain, jour fatal où la sentence devait être prononcée, M. Jules de Polignac, dans le court espace de
temps qui précéda la délibération, prit la parole et
dit : « Comm j'étais, hier, trop ému après le discours
de mon frère, je n'ai pu que prêter une légère attention à ce que j'ai lu pour ma propre défense; plus
tranquille aujourd'hui, je vous prie, Messieurs, que
ce que vous a dit mon généreux frère ne vous engage
point d'avoir égard à tous les vœux qu'il vous a adressés en ma faveur. Je le répète, au contraire, et avec
plus de justice, si l'un de nous deux doit succomber,
s'il en est temps encore, sauvez-le, rendez-le aux larmes de son épouse : je n'en ai point. Comme lui, je
sais braver la mort; trop jeune encore pour avoir
goûté la vie, puis-je la regretter? — Non, non, s'é-
ria son frère, tu as une carrière à parcourir, c'est moi
qui dois périr. »

Hemart, aussi impassible et plus cruel que la loi,
mit fin tout à coup à cette scène pathétique, qui arra-
chait des larmes à tous les assistants, en prononçant
d'un ton plus empreint d'âpreté accusatrice que de
gravité magistrale : « Les débats sont terminés. »

Il n'était encore que huit heures du matin lorsque
les membres du tribunal se retirèrent dans la salle du
conseil. Depuis le commencement des débats, l'af-

fluence, loin de diminuer, s'était chaque jour accrue ;
elle était immense ce jour-là, et, quoique le jugement
ne dût être prononcé que fort tard, personne ne quitta
la salle des séances, afin de ne pas manquer de s'y
trouver quand le tribunal reprendrait séance. On at-
tendit, dans une anxiété facile à comprendre, jusqu'à
quatre heures du matin, et une stupeur générale frappa
l'assemblée quand Hémart eut repris le fauteuil de la
présidence, tenant en main l'arrêt du tribunal.

Il résulta de cette horrible sentence que Georges
Cadoudal, Bouvet de Lozier, Busillon, Rochelle, Ar-
mand de Polignac, Charles d'Hozier, de Rivière, Louis
Ducorps, Picot, Lajolais, Roger, Coster-Saint-Victor,
Deville, Gaillard, Joyaut, Barbun, Lemercier, Jean
Cadoudal, Colani et Mérille furent condamnés à la peine
de mort ; et seulement à deux ans de détention, Jules
de Polignac, Leridant, le général Moreau, Rolland et
Hisay.

A peine cette sentence fut-elle prononcée qu'elle
répandit la consternation dans tout l'auditoire, et
bientôt dans tout Paris. Ce fut, disent les contemporains, un jour de deuil public, et quoique ce fût un
dimanche, les lieux ordinairement fréquentés ce jour-
là furent presque déserts. A l'horreur qu'inspirait la
peine de mort, distribuée avec tant de prodigalité, et
dont la plupart des victimes appartenaient à la classe
la plus distinguée de la société, se joignait le ridicule

de la condamnation de Moreau. Bonaparte lui-même ne dissimula pas son désappointement sur ce dernier point, et il comprit la faute qu'il avait faite en cédant aux suggestions qui lui avaient persuadé d'impliquer Moreau dans cette affaire. « Eh quoi ! dit-il, *ces animaux* (*sic*) me déclarent qu'il ne peut se soustraire à une condamnation capitale ; que sa complicité au premier chef est évidente, *et voilà qu'on me le condamne comme un voleur de mouchoir* (1). »

Les accusés se pourvurent en cassation, la plupart contre leur gré, mais pour céder aux instances de leurs amis qui multipliaient de tous côtés les soins et les démarches pour obtenir la grâce de ceux auxquels ils s'intéressaient le plus. Moreau aussi avait d'abord formé un pourvoi, mais il s'en désista avant que les audiences de la Cour de cassation eussent lieu. Moreau se résigna à son sort, et se serait consolé en pensant qu'il n'était victime que de la trop grande célébrité qu'il avait acquise dans les camps, si les plaintes de la famille de sa femme ne l'avaient aigri contre la France, tandis qu'il n'avait à exercer d'inimitié légitime que contre Bonaparte.

La Cour de cassation n'arracha aucune des victimes à leur malheureux sort. Ceux des accusés qui obtinrent leur grâce furent : Bouvet de Lozier, qui se l'était plus

---

(1) Paroles rapportées par Bourrienne, dans ses *Mémoires*.

qu'assurée par ses révélations, Busillon, de Rivière, Rochelle, Armand de Polignac, d'Hozier, Lajolais, pour qui cela était une chose convenue d'avance, et Armand Gaillard.

Quant aux autres malheureuses victimes des menées d'une ténébreuse police, elles subirent leur sort le vingt-cinq juin. Leur courage, leur résignation ne se démentit pas un moment, et Georges, sachant qu'on avait répandu le bruit qu'il avait sa grâce, en demanda une en effet : ce fut de mourir le premier, pour que ses compagnons emportassent en mourant la certitude qu'il ne leur survivrait pas.

Tous les juges composant le tribunal qui condamna Moreau, n'étaient pas des Thuriot et des Hémart. L'histoire a recueilli un contraste honorable au milieu des turpitudes de cette époque ; la réponse de M. Clavier, que Hémart pressait de donner sa voix pour la condamnation de Moreau : « Eh ! Monsieur, si nous le condamnons, qui nous absoudra, nous ? »

Que les juges aient été circonvenus, c'est un fait qui n'est pas douteux, et une révélation de Bourrienne, sur une démarche faite auprès de lui, nous initie à la façon dont on entendait alors l'indépendance de la justice politique.

« Bonaparte savait que j'étais très-lié avec M. Desmaisons, l'un des membres du tribunal et beau-frère de Corvisart ; il savait en outre qu'il penchait pour l'innocence de Moreau et pour son acquittement. Pendant le cours du procès, je vois un jour Corvisart arriver chez moi de très-grand matin et ayant l'air tellement embarrassé, qu'avant qu'il eût parlé, je lui dis : « Qu'avez-vous donc? est-ce que vous m'apportez une mauvaise nouvelle? — Pas tout à fait, répondit Corvisart; mais je viens par ordre de l'empereur. Il veut que vous voyiez mon beau-frère; il m'a dit : « C'est le doyen des juges, un homme considéré; son avis sera d'un grand poids, je sais qu'il est favorable à Moreau; « il a tort. Allez trouver Bourrienne et entendez-vous avec lui pour tâcher de le ramener à des idées plus raisonnables, car je vous répète qu'il a tort; il se trompe. » Voilà, ajouta Corvisart, de quelle mission je suis chargé auprès de vous. — Comment, lui dis-je avec le plus profond étonnement, comment avez-vous pu vous charger d'une pareille commission? Auriez-vous pu croire un moment que je serais capable de chercher à exercer de l'influence sur l'esprit d'un magistrat pour en obtenir une injuste sévérité? — Non, certes, reprit Corvisart; j'ai dû faire auprès de vous cette démarche pour obéir à un ordre de l'empereur; mais je savais d'avance comment vous recevriez la proposition que j'étais chargé de vous transmettre. Pour ce qui me concerne, ajouta Corvisart, je n'ai pas besoin de vous dire que je n'ai pas plus cherché que vous ne voulez le faire, à influer sur l'opinion de mon beau-frère, et vous le connaissez assez pour savoir comment il aurait accueilli de pareilles ouvertures. »

» Tel fut l'objet et le résultat de la visite de Corvisart, et elle me fonde à penser que de semblables démarches furent faites auprès des autres membres du tribunal ; quoi qu'il en soit, je cessai par prudence de voir M. Desmaisons. »

Fouché cependant avait atteint son but, qui était de montrer l'incapacité de Regnier, et le tort qu'il y aurait pour Bonaparte à se priver davantage du seul homme capable de faire une bonne police. Une autre circonstance ne tarda pas à le servir, et il en sut tirer parti en homme habile qu'il était. Louis XVIII étant alors à Varsovie, fut informé de l'élévation de Bonaparte à la dignité impériale ; fidèle à ses droits plus que les souverains de l'Europe ne le furent à ses malheurs, il leur adressa une protestation contre l'usurpation de son trône. Fouché, ayant eu le premier connaissance de cette déclaration, alla sur-le-champ en donner communication à l'empereur, lui disant, sans doute, qu'on allait en multiplier les copies, la répandre dans le faubourg Saint-Germain, chez tous les ennemis du Gouvernement, que cela ferait un très-mauvais effet, et qu'il avait cru devoir l'en prévenir tout de suite, afin qu'il donnât l'ordre à Regnier et à Réal de faire surveiller tous ceux qui pourraient répandre cette déclaration.

Fouché se souciait fort peu que la déclaration de
Louis XVIII circulât ou ne circulât pas dans Paris ; il
voulait seulement faire voir, encore en cette occasion, à
l'empereur, qu'il était mieux informé de ce qui se passait que Regnier, et Napoléon eut une preuve de plus
de l'inexpérience et de l'inhabileté du grand-juge en
matière de police; et Fouché ne tarda pas à recevoir
le prix qu'il espérait de cette nouvelle démarche. En
effet, ce fut dix jours après cette publication que l'empereur écrivit en ces termes à Regnier, pour lui annoncer
le rétablissement du ministère de la police générale :

« Monsieur Regnier, grand-juge, au moment de la
paix générale j'ai réuni le ministère de la police à
celui de la justice, les circonstances de la guerre et les
derniers événements m'ont convaincu de la nécessité
que vous m'avez souvent représentée, de réorganiser ce
ministère, et m'ont décidé à céder au désir que vous
m'avez témoigné d'être laissé tout entier aux fonctions
importantes de grand-juge ministre de la justice; je ne
puis adhérer à votre vœu sans vous témoigner la satisfaction que j'ai eue de vos services comme ministre
de la police générale. Rendu à votre ministère naturel,
vous ne pourrez y apporter plus de zèle que vous ne
l'avez fait jusqu'à ce jour ; mais vous aurez plus de
temps à donner à cette partie si essentielle du gouvernement : la bonne administration de la justice et la
bonne composition des tribunaux, sont, dans un état,

17

ce qui a le plus d'influence sur la valeur et la conservation des propriétés, et sur les intérêts les plus chers
de tous les citoyens.

» Cette lettre n'ayant point d'autre objet, monsieur Regnier, grand-juge, ministre de la police, je
prie Dieu qu'il vous ait en sa sainte garde.

» Donné à Saint-Cloud, le 21 messidor, an XII.

» NAPOLÉON. »

Cette lettre, par la manière dont l'empereur y dore
la pilule à Regnier, rappelle un peu celle que le premier consul avait adressée à Berthier en lui retirant le
ministère de la guerre pour lui donner le commandement illusoire de l'armée de réserve.

La fausse direction que Regnier avait dans le principe laissé prendre à l'affaire de Georges, fut la première cause qui détermina Bonaparte à rétablir le ministère de la police, et à le rendre à celui qui venait
de faire croire à la nécessité de l'y rappeler, par une
monstrueuse accumulation de machinations et de per-
fidies. Sans doute aussi l'empereur prit en grande
considération la chance où une guerre future pourrait
le forcer à sortir des frontières de France, regardant
Fouché comme plus propre qu'aucun autre à maintenir la tranquillité publique, et trouvant en lui plus de
garanties pour surveiller les complots que, pendant son
absence, on pourrait ourdir en faveur des Bourbons.

L'habileté de Fouché, comme chef de la police, était devenue pour ainsi dire proverbiale. Cela n'empêchait pas qu'il fût parfois d'une grande indiscrétion, et s'il faut en croire Bourrienne, il lui fit plus tard des confidences, desquelles il résultait clairement, s'il ne le dit pas d'une façon précise, qu'il avait fait la conspiration de Georges, de Pichegru et de Moreau pour rentrer au ministère, et pour se consoler de n'avoir pas découvert l'attentat du 3 nivôse. Il se félicitait d'une manière peu couverte d'avoir joué Regnier et contraint Bonaparte à le rappeler auprès de lui. Nous n'en avons pas fini avec Fouché, et nous le retrouverons encore plus d'une fois dans les intrigues qui nous restent à raconter.

# CHAPITRE VIII

## La Police sous l'Empire

Bourrienne, qui fut plus tard ministre de la police, sous la Restauration, mais qui, par sa position de secrétaire intime de Bonaparte et de ministre d'Etat, put observer utilement ce qui se passait dans les régions officielles, s'exprime ainsi sur le caractère de la police impériale :

« Investi de toute la confiance du premier consul, j'ai été initié dans les secrets de cet antre de corruption et de turpitudes. Dans les nombreuses affaires auxquelles j'ai pris part, soit directement, soit indirectement, je n'ai été *que trop* à même d'apprécier la

17.

race des bulletinistes. Ils font beaucoup de mal aux princes et aux citoyens. Les princes, en accordant trop facilement leur confiance à leurs rapports quotidiennement calomnieux ou louangeurs, sont souvent entraînés à éloigner d'eux des serviteurs dévoués et fidèles, et disposés à approcher de leur personne des intrigants sans honneur et sans talent, que prônent ou dénigrent les bulletins. Chargé de payer ces dangereux fainéants, grands et petits, je souffrais de donner tant d'argent pour quelques piquantes médisances, d'atroces calomnies, de scandaleuses anecdotes, des révélations d'intimité, des inventions mensongères. Par des notes anonymes on fait beaucoup de mal à l'homme vertueux, du bien à l'homme vicieux. Parlerai-je de ces lettres écrites à dessein, et glissées habilement dans les papiers de celui que l'on voulait perdre?

» La police ne prévoit et ne prévient presque jamais : on laisse dire et on laisse faire. On rapporte tout, soit par méchanceté, soit par bêtise. On entend mal, on répète tout de travers, on fait du tort, et voilà tout.

» La police, comme ministère politique, est une chose dangereuse : elle a forgé, ou, pour mieux dire, elle a alimenté, entretenu, caressé plus de fausses conspirations qu'elle n'en a découvert et déjoué de réelles. Le ministre de la police, pour faire valoir

'importance de sa surveillance aux yeux du prince,
rame ces grandes conspirations qu'il est bien sûr
l'arrêter à temps, parce qu'il en est le maître. Les
gents inférieurs, pour se faire valoir auprès du mi-
istre, trament les petites. Il serait difficile de citer
ine conspiration qui ait été découverte lorsque des
gents de police n'en faisaient pas partie, et n'en
taient pas les instigateurs. On concevrait difficile-
nent avec quels moyens ces agents nourrissent une
etite intrigue qui n'est d'abord que le résultat d'un
eu d'humeur et de mécontentement, et qui, grâce à
ux, devient une grande affaire. Je ne citerai pas
'exemples : je ne veux ni affliger les vivants, ni
roubler la cendre des morts. Je me borne à des géné-
alités que je déclare être basées sur des faits malheu-
eusement trop nombreux et trop vrais.

» Combien de conspirations ont échappé à cette
olice si active, si surveillante, lorsqu'elle n'y était
as partie intéressée, et qu'elle ne les encourageait
as! La conspiration de Babœuf, la tentative du camp
e Grenelle, le 18 brumaire, la machine infernale,
Iallet, le 20 mars, l'affaire de Grenoble et tant
'autres.

» La police politique, fruit de nos troubles révolu-
ionnaires, leur a survécu; la police de sûreté, de
alubrité, de bien-être, d'ordre, n'est plus venue
u'en seconde ligne; elle a par conséquent été négli-

gée. Il est des temps dans lesquels on s'occupe plus de savoir si un citoyen a été à la messe ou à confesse, que de surveiller une bande de voleurs. Un tel état de choses est malheureux pour le pays, et l'on pourrait mieux employer l'argent que coûtent la surveillance de prétendus suspects, l'inquisition à domicile, la corruption des amis, des parents et des serviteurs de l'homme qu'on veut perdre.

» La police d'opinions, née, comme je viens de le dire, de nos troubles révolutionnaires, est soupçonneuse, inquiète, tracassière, inquisitoriale, vexatoire, tyrannique, amoureuse de complots qu'elle découvre parce qu'elle les a créés. Indifférente aux crimes et aux délits, tout absorbée qu'elle est de la recherche des pensées, de démarches toujours coupables sous le Gouvernement du jour qui la paie, innocentes sous celui du lendemain. A qui n'est-il pas arrivé de s'entendre dire dans un salon où l'on s'exprime avec chaleur : « Prenez garde, modérez-vous, on dit qu'un tel » est de la police. »

» Depuis l'établissement du ministère de la police en France, son pouvoir a toujours reposé sur deux choses : son or et ses rapports. Je suis convaincu qu'aucun homme, quel que soit d'ailleurs son talent, n'eût fait mieux ni plus mal que les différents individus qui ont occupé cette place depuis sa création jusqu'à présent : beaucoup de bien aux uns, beau-

coup de mal aux autres. C'est par ce ministère que
l'on obtenait, que l'on perdait tout. L'homme flatte
également celui qui peut l'enrichir et celui qui peut
le perdre. L'intérêt et la crainte : voilà les deux
grands agents de ce ministère.

» Cette police enveloppa dans ses piéges Bonaparte
lui-même et le tint assez longtemps sous l'ascendant
de son pouvoir. Les dénonciations, les correspondances
simulées, simples ou doubles, les plus artificieuses
concordances, précédées des rapports les plus alar-
mants, voilà les moyens dont la police se servira
toujours pour sa conservation ; car ces moyens, c'est
sa vie ; ne pas les employer, c'est sa mort (1).

» Ce qui rend la police politique si dangereuse,
c'est la délation et l'espionnage. Les délateurs sont
des hommes pernicieux, ennemis nés de la société.
Dans un état où la délation est à l'ordre du jour, où
elle est appelée, provoquée, récompensée ; où elle
enchaîne malheureusement, par l'appât de l'or, les
hommes des classes les plus élevées, il faut, dans le
cercle le plus réservé, redouter de trouver de ces êtres
vils qui spéculent sur l'indiscrétion d'un épanchement

---

(1) « Le talent des ministres qui ont eu le plus d'influence, a dit
M. de la Bourdonnaye, fut toujours de se rendre nécessaires, en
effrayant sans cesse le gouvernement des apparences de troubles
qu'ils fomentaient eux-mêmes, et de conspirations qu'ils avaient
ourdies. »

que provoque souvent une fausse amitié. De quelque
part que vienne la délation, ou payée d'avance, ou à
gages, ou avec promesse de récompense, elle obtient
un facile accès, toujours refusé à la défense.

» Ce sont des temps bien funestes que ceux où l'on
peut compter des délateurs dans les rangs élevés de
la société ; ce n'est pas moi qui ai tort de le dire, ce
sont eux qui ont tort de faire ce métier. Dans ces temps,
où les délits politiques et religieux sont si variés et si
changeants, l'intervention des agents de la police et
des délateurs de tout rang est infâme. Il n'est personne qui ne puisse être accusé d'avoir une opinion
contraire à celle qui domine, mais qui sera remplacée
demain par une autre. Quel homme assez sûr de lui-
même pour calculer toutes ses démarches, mesurer tous
ses propos, et ne donner jamais matière aux délations
d'un ennemi caché, d'un domestique acheté, d'un fils
égaré par ses scrupules politiques ou religieux ; car
-dans ces derniers temps, la religion jouait un grand
rôle dans la police. Il n'y a personne que l'on ne
puisse perdre en interprétant mal une de ses paroles.
Comment le défendre d'un coup porté dans l'ombre,
et lorsque l'on ignore et ses accusateurs et ce dont on
est accusé ?

» Parlerai-je des espions ?

» On ne doit les employer qu'avec une modération
et une réserve extrêmes, et pour les choses les plus

importantes, dont la connaissance peut assurer le repos de l'État, et l'ignorance le compromettre; mais
bannissons toutes ces odieuses investigations du domicile d'un citoyen pour savoir ce qu'il fait, ce qu'il dit,
même ce qu'il pense, dans le déplorable but de satisfaire les caprices d'un homme puissant, ou de perdre,
dans l'esprit du prince, l'homme désigné par la police.
Rien ne peut arrêter un espion. Les affections? elles
lui servent au contraire pour arracher un secret. La
vérité? les espions vivent de mensonge. La pitié? mais
leurs gages. La faim commande : il leur faut des coupables; s'ils n'en trouvent pas, ils en font ou ils en
inventent.

» Il est certain, et les preuves abondent, que les
actes de la police n'ont que trop souvent encouragé le
crime pour se donner le mérite d'arrêter les coupables
et la satisfaction de les faire punir. Cette assertion,
tout effrayante qu'elle est, pourrait être appuyée de
mille faits. Ces agents sont libres de toute règle, et
peuvent, pour provoquer, tout dire et tout faire : leur
médaille ou un petit cordon les protégent (1). »

L'Empereur avait fait revivre les prisons d'État et
les lettres de cachet de l'ancien régime; un certain
nombre de personnes, sans jugement, sans publicité,
sans protection quelconque, étaient retenues en pri-

(1) *Mémoires de Bourrienne.*

son pour l'expiation de crimes réels ou imaginaires.
Pour être édifié sur ce point, il faut entendre Savary,
qui, du reste, prétend justifier son maître, et affirme
victorieusement que le nombre de ces prisonniers ne
dépassait pas *six* à *sept cents*. Savary lui-même est
un des plus frappants exemples de l'influence dé-
moralisante qu'exerce l'arbitraire sur ceux qui respi-
rent dans son atmosphère. Laissons-le donc parler :

« Dans les premières années de son administration,
l'Empereur voulut revoir les motifs de la détention des
prisonniers d'État ; je dus commencer par les examiner moi-même, et j'avoue que je ne jetais qu'en trem-
blant un regard observateur sur les registres de ces
détenus, parce que, d'après ce que j'avais entendu
dire, je m'attendais à trouver des gouffres où des victimes innocentes étaient enterrées toutes vivantes.
Dans quelle erreur l'on était, et combien la lâche calomnie s'est exercée sur ce point ! Je vais expliquer
sans détour dans quel état j'ai trouvé cette partie de
mon administration.

» On appelait prisonnier d'État un détenu qui ne
pouvait pas être jugé par les tribunaux, parce que sa
famille s'était réunie pour demander sa réclusion et
éviter la diffamation d'un jugement qui aurait été
portée contre lui. Dans ce cas, sa famille faisait une
demande en forme à l'administration locale, qui faisait
constater la réalité des motifs que les parents avaient

pour faire détenir le membre de leur famille qui avait
encouru une demande infamante; après les avoir reconnus et certifiés, l'administration du lieu en faisait
un rapport au ministre de la police, qui demandait
l'agrément de l'Empereur pour constituer le prisonnier, et, afin d'éviter des humiliations à sa famille, on
le transférait dans une maison de détention fort éloignée. Ceci avait, en quelque sorte, remplacé les lettres
de cachet de l'ancien régime; et comme on n'avait
plus de colonies où l'on pouvait, comme autrefois, envoyer tous les mauvais sujets, il avait bien fallu adopter un moyen d'en débarrasser la société sur la demande et dans l'intérêt des familles.

» Après cette espèce de prisonniers, il y en avait
une autre qui était composée d'hommes ayant passé
aux tribunaux pour des cas graves dans lesquels ils
avaient été impliqués, et dont ils s'étaient tirés par
quelques incidents qui les avaient mis hors des atteintes de la loi, mais qui n'en étaient pas moins les complices de quelques bandes de chauffeurs, de voleurs de
recettes publiques et de messageries, et qui, croyant
déguiser leurs désordres en les mettant sous la couleur
d'un parti, se donnaient le nom de royalistes, ou enfin
qui étaient les moteurs reconnus de tous les mauvais
sujets d'un quartier. Ces hommes étaient le plus souvent retenus après le jugement, soit à la requête du
procureur impérial près le tribunal même, ou à la de-

mande de l'administration des lieux, fondées sur la conservation de l'ordre et de la tranquillité publique ; mais jamais ils n'étaient retenus arbitrairement.

» Une troisième classe était celle des détenus pour délits politiques ; tout le monde s'imaginait qu'elle était fort nombreuse, et c'était celle qui l'était le moins : elle ne s'élevait pas à plus de quarante personnes sur la population de la France, de la Belgique, du Piémont, de la Toscane et des États romains ; ce n'est pas dans la proportion d'un par million.

» Il faut comprendre là-dedans les individus arrêtés à la suite de la guerre civile, et qui s'étaient, de rechef, mis dans des entreprises hasardeuses ; la plus grande partie étaient susceptibles d'être renvoyés devant des tribunaux spéciaux d'où, assurément, pas un ne serait revenu. C'est l'Empereur qui ne le voulut pas, parce que, disait-il, le temps arrangerait tout, et qu'il rendrait la raison à ces individus, comme elle était revenue à tant d'autres en France.

» Il faut y comprendre aussi ceux qui avaient été condamnés à mort, et dont la peine avait été commuée en une détention perpétuelle. Il faut enfin y comprendre les prêtres qui avaient été arrêtés pour avoir employé leur ministère à mettre le trouble dans les familles. Par exemple, j'ai connu tels de ces misérables qui s'étaient servis de la confession pour porter de pauvres femmes, assez faibles pour les écouter, à rompre le lien conjugal qui les unissait avec leurs maris, sous prétexte que ceux-ci avaient servi l'État, ou avaient acheté des biens nationaux. Il y en avait d'autres qui avaient refusé le baptême à des enfants nés de mariages contractés pendant la Révolution; enfin, il y avait de ces prêtres détenus pour avoir attiré chez eux, sous prétexte d'exercices de piété, des jeunes filles qu'ils avaient ensuite soumises à toute la dépravation la plus honteuse. Ce n'était pas par ménagement pour ces hypocrites qu'on ne les avait point envoyés devant les tribunaux, mais c'était à cause de la honte qui en serait retombée sur la famille des enfants dont ils avaient souillé l'innocence, par ménagement pour le clergé et par respect pour la morale publique.

Toutes ces différentes classes de prisonniers formaient un total de six cents et quelques personnes, en y comprenant les étrangers ; c'est-à-dire ceux que l'on avait trouvés dans cet état en réunissant un pays à la France, de même que les Espagnols qui, après avoir prêté serment au roi Joseph, l'avaient trahi pour passer aux insurgés, où ils avaient été repris.»

Ainsi donc, il n'est pas douteux qu'il y eût sous l'Empire des prisonniers d'État; lesquels avaient été soustraits administrativement à la juridiction des tribunaux, ou étaient retenus après leur acquittement ou après l'expiration de leur peine. Ce nombre de *six cents et quelques*, qu'accuse Savary, et qu'il considère comme minime, paraîtra peut-être énorme à beaucoup d'esprits non prévenus. Quant à cette prétendue générosité de l'Empereur, surtout vis-à-vis des prisonniers politiques, qui le faisait les soustraire aux tribunaux d'où ils ne fussent jamais revenus, et les retenait à Vincennes *jusqu'à ce qu'ils eussent recouvré la raison*, elle n'a pas besoin de commentaire.

Voici, du reste, un de ces traits de clémence que le duc de Rovigo raconte avec admiration, et qu'il intitule, dans le sommaire de ce chapitre de ses *Mémoire* : *Décision remarquable de l'Empereur*.

« L'Empereur a toujours été trop bon, même envers ses ennemis personnels : je vais en citer un exemple dont j'ai été témoin.

» Je fus informé, dans le courant de l'hiver, qu'une famille de qualité de Dresde était forte inquiète des résolutions d'un jeune homme de vingt ans qui lui appartenait, lequel était parti tout d'un coup de l'Université de Hall ou de Leipzick, où il faisait ses études, et avait pris un passeport pour Francfort-sur-le-Mein, d'où probablement il pousserait jusqu'en France. Je fus informé aussi que ce jeune homme avait un cerveau faible et qu'il avait quitté la religion luthérienne pour embrasser le catholicisme.

» Le temps était court et les renseignements bien vagues ; je n'eusse rien trouvé si un de mes agents à

Francfort ne m'avait écrit, par le même courrier, pour me prévenir du passage dans cette ville d'un jeune Saxon, qui s'appelait Wondersale, et qui se rendait à Paris. Il ajoutait qu'il avait pris à Francfort une lettre de crédit sur Paris.

» Je voyais bien qu'il estropiait le nom du jeune homme; néanmoins, d'après les calculs que je faisais, il devait être arrivé à Paris depuis deux jours, et je le fis chercher, tant par la préfecture que par le ministère de la police. J'en donnai l'ordre un dimanche à dix heures du matin, et je fis demander dans les maisons de banque, qui étaient reconnues pour avoir particulièrement des relations avec l'Allemagne, les noms des personnes à l'adresse desquelles étaient les crédits qu'elles avaient eu commission d'ouvrir depuis cinq ou six jours.

» J'eus donc une liste de noms, dans laquelle je remarquai le nom allemand de Won der Salhn, qui avait un crédit de Francfort de tel jour, et qui demeurait à tel hôtel, dans telle rue. On l'y trouva effectivement vers les cinq heures du soir; il avait quatre paires de pistolets, un poignard, s'était enfermé et avait même communié.

» Lorsqu'il entra chez moi, j'étais plus disposé à lui parler de bals et de plaisirs, en voyant sa bonne mine et sa jeunesse, qu'à lui parler de choses plus sérieuses

» Je n'avais d'ailleurs aucune preuve ; je plaidai le faux pour savoir le vrai ; je fis de la morale au jeune homme, je lui parlai de la honte irréparable d'une mauvaise action, qui déshonorait plus particulièrement un homme de sa naissance. Il devint rouge, fut embarrassé, et enfin, avec la candeur d'une âme qui n'était point encore souillée, il m'avoua quelle était son intention en venant à Paris, qu'il avait résolu de tuer l'Empereur pour attacher son nom au sien. Je lui demandai comment il ne s'était pas laissé arrêter par les difficultés qu'il devait prévoir qu'il rencontrerait ; qu'il en voyait l'exemple. Il me répliqua froidement qu'il savait bien qu'il devait mourir, soit qu'il manquât ou qu'il réussît ; qu'il s'était mis en règle pour répondre à Dieu, et que, s'il avait manqué son coup, un autre aurait suivi son exemple, et profité de l'expérience qu'il n'avait pas, pour éviter ce qui aurait pu l'empêcher de réussir.

» Il ajoutait que Henri IV avait été manqué vingt-deux fois, et que la vingt-troisième avait réussi ; que l'Empereur n'avait encore été manqué que trois ou quatre fois ; mais que cela n'arrêtait pas un homme de courage, qui ne comptait sa vie pour quelque chose, qu'autant qu'elle était utile, et qu'il trouverait la sienne suffisamment bien employée, puisqu'elle avancerait d'une chance les probabilités de succès pour ceux qui voudraient l'imiter.

» Il était difficile de porter plus loin que ne le faisait ce jeune homme le dévouement de sa personne
pour l'exécution d'un crime. Je fis à l'Empereur un
rapport écrit de tout ce qui avait précédé et suivi l'arrestation de ce jeune Saxon, dont les projets ne pouvaient pas être mis en doute.

» L'Empereur écrivit en marge de mon rapport
(c'est-à-dire par la main de son secrétaire) : « Il ne
» faut pas ébruiter cette affaire, afin de n'être point
» obligé de la finir avec éclat. L'âge du jeune homme
» est une excuse; on n'est pas criminel d'aussi bonne
» heure, lorsqu'on n'est pas né dans le crime. Dans
» quelques années il pensera autrement, et on serait
» aux regrets d'avoir immolé un étourdi et plongé
» une famille estimable dans un deuil, qui aurait
» toujours quelque chose de déshonorant. Mettez-le
» à Vincennes et faites-lui donner des soins, dont il pa-
» raît que sa tête a besoin; donnez-lui des livres; faites
» écrire à sa famille et laissez faire le temps ; parlez de
» cela avec l'archi-chancelier, qui est un bon conseil. »

» En conséquence de ces ordres, le jeune Won der
Salln fut mis à Vincennes, où il était encore lors de
l'arrivée des alliés à Paris. »

Savary prétend justifier l'empereur et faire son
apologie au sujet des exils aussi bien que des crimes
d'État, il ne s'exprime pas avec une moindre naïveté
d'arbitraire :

« Les exils de dames, dit-il, se réduisaient donc à ces trois-ci (mesdames de Chevreuse, Récamier et de Staël); ceux d'hommes consistaient en très-peu d'individus que cette mesure avait obligés de vivre hors de leurs habitudes ; *car pour ceux qui, sans cela, passaient leur vie dans leur terre, en quoi pouvait-elle les contrarier ?* »

Voici maintenant comment Savary nous fait connaître les motifs de ces exils.

« Madame de Chevreuse avait été portée une des premières sur la liste qui fut envoyée de Paris à l'empereur lorsqu'il était encore à l'armée, après la bataille d'Austerlitz; elle aurait par conséquent été exilée comme toutes les personnes qui étaient sur la même liste, sans le recours de quelques amis de sa famille.

» M. de Talleyrand était à Vienne, et fort lié avec madame de Luynes, belle-mère de madame de Chevreuse. Elle l'employa à détourner le coup qui menaçait sa belle-fille. M. de Talleyrand se servit de l'estime que l'empereur avait eu pour feu M. le duc de Luynes, qui était mort sénateur, et fit mettre sans peine sur le compte de l'étourderie toutes les légèretés de madame de Chevreuse; non-seulement il la fit rayer de la liste d'exil proposée par la police, mais il la fit nommer dame du palais de l'impératrice.

» Sans doute il fut obligé de lui faire quelque peur pour la décider à accepter, mais c'était là une affaire

entre elle et lui, car l'empereur n'attachait aucune
importance à ce que madame de Chevreuse fût ou ne
fût pas dans sa maison. M. de Talleyrand, au contraire,
y en mettait beaucoup; il considérait la nomination
de cette dame comme le seul moyen de la préserver
des tracasseries que la police pourrait lui susciter, et
afin de vaincre ses répugnances, il convint sans doute
avec madame de Luynes de l'effrayer, en lui disant que
l'empereur voulait qu'elle devînt dame du palais, comme
il aura dit à l'empereur que la famille de Luynes le désirait. On abusait souvent ainsi d'un nom. Madame de
Chevreuse se résigna, mais elle vint toujours avec mauvaise grâce dans un cercle où on ne lui fit que des po-
litesses; elle n'eut pas l'air de s'en apercevoir. Elle
ne parut qu'en femme impolie et souvent mal élevée
dans une cour où on ne l'avait admise que sur les instances de ses amis. On la souffrait, mais personne ne
la voyait avec plaisir.

» A l'époque de l'arrivée en France de la reine d'Espagne, l'empereur nomma, de Bayonne, des dames du
palais pour tenir compagnie à cette princesse, qui allait se trouver un peu délaissée à Compiègne; madame
de Chevreuse, qui était alors dans une terre près de
Paris, fut du nombre; toutes les convenances étaient
observées dans le choix, tant en ce qui pouvait être
agréable à la reine d'Espagne qu'en ce qui pouvait
flatter madame de Chevreuse. Madame de la Rocheja-

quelein qui était dame d'honneur, fit part à celle-ci de la destination qu'elle avait reçue, en la prévenant du jour de l'arrivée de la reine à Compiègne, où elle l'invitait à se rendre.

» On était loin de s'attendre à la manière dont cette jeune dame accueillerait le message ; elle répondit net qu'elle n'irait point, et qu'elle n'était pas faite pour être geôlière. Tout le monde blâma cette manière de refuser ; mais cette désapprobation ne suffisait pas, on fut obligé de rendre compte du fait à l'empereur, qui fit retirer la nomination de madame de Chevreuse, et l'envoya demeurer à quarante lieues de Paris....

» Madame de Staël avait été, *non pas exilée, mais éloignée,* par suite d'une intrigue dans laquelle des rivaux la compromirent. Une femme d'une aussi grande célébrité est souvent exposée à voir mettre plus d'une épître à son adresse.

» Lorsque j'entrai au ministère, elle était déjà dans cette situation ; on lui a sans doute dit que c'était l'empereur qui avait spontanément ordonné son exil ; rien cependant n'est plus faux. J'ai su comment elle avait été atteinte, et je puis certifier que ce n'est qu'à force d'obsessions, de rapports fâcheux qu'il l'arracha à ses goûts pour le monde, et l'obligea à se retirer à la campagne. Cependant il ne pouvait pas la souffrir ; il a même attaché trop d'importance à celle qu'elle donnait à sa personne et à son livre sur l'Allemagne. On

essaya d'abord de la rendre plus circonspecte, mais
toutes les tentatives furent vaines; on ne put la faire
taire ni l'empêcher de se mêler de tout, de fronder
tout; elle voulait conseiller, prévoir, administrer;
l'empereur, de son côté, croyait pouvoir suffire à sa
tâche. Il se fatigua de recevoir les lettres directes de madame de Staël, et celles qu'elle écrivait à ses amis, qui
les renvoyaient exactement au cabinet. L'empereur, lassé
de voir venir les mêmes vues par tant de voies différentes, l'envoya distribuer ses conseils plus loin de lui.

» Elle ne tarda pas à regretter la capitale, m'écrivit
plusieurs fois pour y revenir; tantôt elle alléguait un
prétexte, tantôt un autre; enfin elle imagina de fein-
dre la résolution d'aller en Amérique; mais elle était
trahie par un de ses amis à qui elle avait fait part de
son dessein. Je savais qu'elle se proposait d'abord de
venir à Paris, que quant au voyage d'Amérique, elle
verrait après, c'est-à-dire qu'elle prendrait le temps
de la réflexion.

» Personnellement je n'avais aucune raison de m'y
opposer, j'étais plutôt porté à consentir à la demander
qu'à la refuser; parce que madame de Staël ne pouvait
qu'être bien aise de ne pas être brouillée avec le ministre de la police. *L'arrangement aurait donc pu*
*nous convenir à tous deux;* mais pour me faire une
amie, encore la chose n'était-elle pas sûre, il fallait
commencer par me faire, parmi les siens, dix ennemis

que je n'étais pas en mesure de combattre ; elle n'eût
rien gagné au marché, et je ne pouvais qu'y perdre.
Je n'osai pas risquer d'améliorer sa situation ; je la
plaignais d'avoir inspiré de la jalousie à nos beaux-
esprits, mais je m'en tins à son égard au passeport
qu'elle avait demandé pour l'Amérique, prenant garde
de ne pas être sa dupe, c'est-à-dire qu'elle ne me mît
pas dans le cas d'avoir recours à des moyens qui me
répugnaient.

» On a aussi beaucoup crié contre l'exil de madame
Récamier. En général, on parle de tout à tort et à
travers, sans trop savoir ce que l'on dit. Tout le
monde avait connu les mauvaises affaires de la maison
Récamier, à la suite desquelles madame Récamier
avait été vivre en province ; cela était fort honorable,
mais il ne fallait pas s'y faire passer pour une victime
de la tyrannie et écrire à tout le monde des balivernes
de ce genre. Il aurait été plus juste de leur dire tout
net que l'on avait perdu sa fortune par de fausses spéculations que d'en accuser l'empereur. Madame Récamier demeurait en province par raison, et elle disait à
ses admirateurs, qui la sollicitaient de rentrer à Paris,
que cela ne dépendait pas d'elle, voulant par là
donner à penser que c'était l'empereur qui l'en empêchait, lorsqu'il ne pensait pas à elle. Cela fit qu'il ordonna que, si elle y revenait, on ne lui laissât plus
former ce cercle de frondeurs au milieu duquel elle ré-

pandait avec affectation sa douleur ; et pour parler plus
franchement, je lui écrivis que je désirais qu'il n'en-
trât pas dans ses projets de venir à Paris sitôt, etc.,etc.
Elle n'avait aucunement celui d'y rentrer, mais elle
fut fort aise d'avoir été exilée, cela la mettait à son
aise pour répondre à une foule de solliciteurs vis-à-vis
desquels cela lui donnait une position.... »

« Quant aux hommes, « il n'y avait guère que M. de
Duras, qui avait d'abord été exilé assez loin ; mais qui
petit à petit s'était rapproché si bien, qu'il venait assez fréquemment à Paris où on ne l'inquiétait en aucune façon. On faisait du bruit lorsqu'il était reparti,
afin qu'il ne s'accoutumât pas trop à ces visites, mais
c'était tout ; tant qu'il n'avait pas repris le chemin de
son département, on ne l'apercevait pas. »

Savary mentionne encore M. de la Salle « qui était
réputé homme de mouvement, capable de se porter à
quelque coup d'éclat » et M. de Montrond « qui était
exilé à Anvers, » puis il s'écrie :

« Voilà en quoi consistaient au mois de juillet 1810,
tous ces exils contre lesquels on a tant crié ; *cela ferait
rire de pitié*, si de grands malheurs n'avaient été la
suite et, pour ainsi dire, la conséquence de cette alté-
ration journalière que l'on portait à la considération
et au respect dus au gouvernement. »

Les pages que nous venons de citer sont curieuses à
plus d'un titre ; elles reflètent bien la bêtise et le cy-

19

nisme platement naïf, de celui que l'on avait bien nommé *Séide-Mouchard*. L'âme de cet homme était bien proportionnée à la mesure de ses fonctions.

Napoléon ne respecta pas davantage le secret des lettres que ne l'avait fait Louis XV. Ce moyen de police ne fut pas étranger à la disgrâce momentanée de Bourrienne, et lui-même nous fournit des renseignements sur le cabinet noir de l'Empire. Mais, nous dit-il, l'utilité qu'on pouvait en attendre fut neutralisée par la divulgation de ses mystères.

« Ce cabinet ne pouvait manquer d'être bientôt connu; il le fut d'abord par les initiés, plus tard, par beaucoup de personnes, enfin, par tout le monde. Les nombreux surintendants des postes qui se sont succédé, surtout dans les derniers temps, avec une déplorable versatilité et une grande inconséquence; les employés bien plus nombreux encore, consacrés à ce travail particulier; l'œil curieux et investigateur des commis de la poste, et cette partie instruite du public, toujours épiant ce que l'on dénonce, même vaguement, comme scandaleux, eurent bientôt fait de ce secret celui de la comédie. Il n'y eut plus que quelques sots, toujours d'un demi-siècle en arrière des idées du temps, qui y furent encore pris. Les hommes clairvoyants qui craignaient que leur correspondance ne les compromît, l'acheminaient par une autre voie. Les personnes qui voulaient nuire à quelque ennemi ou

servir quelque ami, profitèrent utilement et pendant
longtemps de ce cabinet, qui, d'abord simple ressource
de la curiosité d'un roi, dont on cherchait à amuser
les loisirs, devint bientôt un arsenal d'intrigues, dangereux par l'abus que la haine peut en faire.

» J'ai lu chaque matin, pendant trois ans, le portefeuille sortant de ce cabinet; je déclare franchement,
qu'excepté ce vil moyen d'intrigues, je n'ai jamais vu
dans la correspondance la justification et le fondement des craintes exagérées que l'indignation publique,
portée beaucoup trop loin, s'est crue autorisée à élever
contre cette espèce de comité des recherches, d'autant
plus redouté, qu'il était moins connu. En effet, sur
trente mille lettres environ, qui partaient chaque soir
de Paris pour la France et le monde, dix ou douze lettres
seulement étaient copiées, et souvent par extrait de
quelques lignes. Ce simple extrait faisait un numéro
d'ordre dans le nombre journalier de dix à douze lettres.

» Le premier consul voulait d'abord envoyer au
ministre que cela concernait, la copie entière de la
lettre interceptée, mais de très-simples observations
de ma part le firent facilement consentir à ce que je ne
fisse parvenir que l'extrait qui concernait le ministre.
Je faisais ces extraits et je les transmettais avec ces
mots : *Le premier consul me charge de vous informer qu'il vient de recevoir l'avis suivant,* etc. Il
fallait deviner d'où l'avis venait.

» Comme je l'ai déjà indiqué, le premier consul recevait presque chaque jour la copie d'une douzaine de
lettres simulées ou de convention, dans lesquelles on
dépeignait un ennemi comme frondeur du Gouvernement; où l'on exaltait le dévouement, l'enthousiasme
pour le pouvoir, de quelque ami, afin de détruire de
hautes préventions ou de relever la médiocrité des talents par l'exagération de la louange. Mais le but caché
de ces dégoûtantes correspondances fut bientôt entrevu,
et si, malgré l'ordre de n'en plus copier, il s'en glissait
encore quelques débris, ils n'excitaient plus que le
mépris; et pourtant j'en fus victime lors de ma première disgrâce, et je faillis l'être encore par la
suite. »

Écoutons maintenant le duc de Rovigo sur le même
sujet :

« On ouvrait les lettres, et quand on ne trouvait
pas utile de les supprimer, on en tirait copie, puis on
les rendait à leur cours naturel, en évitant de les retarder. Mais plusieurs fois on s'est servi, pour porter
le mensonge jusqu'au chef de l'État, de ce moyen
destiné à faire connaître la vérité. A l'aide de cette
*institution*, un individu qui en dénonce un autre,
peut donner du poids à sa délation. Il suffit de jeter à
la poste des lettres conçues de manière à confirmer
l'opinion qu'il veut accréditer. Le plus honnête homme
du monde peut se trouver ainsi compromis par une

lettre qu'il n'a pas lue, ou même qu'il n'a pas comprise.

» J'en ai fait l'expérience par moi-même. J'ouvrais une correspondance sur un fait qui n'a jamais eu lieu. La lettre était ouverte, ou m'en transmettait copie, parce que mes fonctions d'alors le commandaient. Mais quand elle me parvenait, j'avais déjà dans les mains les originaux qui m'avaient été transmis par la voie ordinaire. Sommé de répondre aux interpellations que ces essais avaient provoquées, j'en pris occasion de faire sentir le danger qu'il y avait à adopter aveuglément des renseignements puisés à une telle source. Aussi finit-on par donner peu d'importance à ce moyen d'observation, mais il inspirait encore une pleine confiance à l'époque où M. de Bourrienne fut disgracié. Ses ennemis n'eurent garde de le négliger. »

L'Empereur exerçait ce système d'inquisition dans tous les pays qu'il occupait militairement; la première chose que l'on faisait en entrant dans une ville, était de s'emparer de la poste aux lettres, et Dieu sait comment alors le secret des lettres était respecté.

Lors de l'entrée à Berlin de l'armée française, on ne manqua pas d'agir ainsi. Mais cela fut pour l'Empereur l'occasion d'un trait de générosité, dont il fut bruit alors dans toute l'Allemagne. Parmi les lettres qui furent remises à Napoléon, il s'en trouva du prince de Hatzfeld, qui était resté imprudemment dans cette

19.

ville; elle était adressée au roi de Prusse. Le prince
rendait compte à son souverain de tous les événements qui s'étaient passés dans sa capitale, depuis qu'il
avait été obligé de la quitter; il lui faisait en même
temps connaître la force et la situation des corps qui
composaient l'armée française. Après avoir lu cette
lettre, l'Empereur donna ordre de faire arrêter le
prince et d'assembler une commission militaire, où il
serait jugé comme accusé d'espionnage. La commission était déjà assemblée, et il n'y avait pas de doute
sur le jugement qu'elle aurait rendu, lorsque madame de Hatzfeld alla trouver Duroc qui, dans de pareilles circonstances, ne demandait jamais mieux que
de faciliter les approches de l'Empereur. Ce jour-là,
Napoléon avait été passer une revue hors de la ville.
Duroc connaissait madame de Hatzfeld, qu'il avait
vue plusieurs fois pendant ses voyages à Berlin. Il
resta au palais à attendre l'Empereur. Quand Napoléon rentra, étonné de voir à cette heure Duroc sur
son passage, il lui demanda s'il y avait quelque chose
de nouveau. La réponse fut affirmative, et Duroc suivit l'Empereur dans son cabinet, où il ne tarda pas à
introduire madame de Hatzfeld.

Le reste de cette scène est raconté dans une lettre
de Napoléon à Joséphine. Il est facile de voir que c'est
une réponse à une lettre où elle se plaignait à lui de
la manière dont il parlait des femmes, et très-proba-

blement de la belle et malheureuse reine de Prusse,
sur laquelle il s'était exprimé dans un bulletin avec
trop peu de ménagements. Voici cette lettre :

» J'ai reçu ta lettre, où tu me parais fâchée du mal
que je dis des femmes. Il est vrai que je hais les femmes intrigantes au-delà de tout. Je suis accoutumé à
des femmes bonnes, douces et conciliantes; ce sont
celles que j'aime. Si elles m'ont gâté, ce n'est pas ma
faute, mais la tienne. Au reste, tu verras que j'ai été
fort bon pour une qui s'est montrée sensible et bonne,
madame d'Hatzfeld. Lorsque je lui montrai la lettre de
son mari, elle me dit en sanglotant, avec une profonde sensibilité et naïvement : C'est bien là son écriture. Son accent allait à l'âme; elle me fit peine; je
lui dis : Eh bien, madame, jetez cette lettre au feu, je
ne serai plus assez puissant pour faire condamner
votre mari. Elle brûla ma lettre et me parut très-heu-
reuse. Son mari est depuis tranquille; deux heures
plus tard, il était perdu. Tu vois donc que j'aime les
femmes bonnes, naïves et douces; mais c'est que
celles-là seules te ressemblent.

                    » 6 Novembre 1806, 9 heures du soir. »


Une histoire étrange, intéressante comme un roman,
émouvante comme un drame, et auprès de laquelle
pâlissent les plus saisissantes imaginations d'Alexandre
Dumas, et *Monte-Christo* lui-même, est bien capable

de donner une idée de ce qu'était la police sous l'Empire. Nous la puisons dans les cartons de la police, à laquelle elle arriva par une voie aussi singulière que tout le reste.

En 1807, vivait à Paris un ouvrier cordonnier, en chambre du nom de François Picaud. Ce pauvre diable, jeune et assez joli garçon, était sur le point de se marier avec une fillette fraîche, accorte, agaçante et qui lui plaisait fort, comme plaît d'ailleurs aux gens du peuple la fiancée qu'ils se choisissent, c'est-à-dire uniquement entre toutes les femmes ; car, pour les gens du peuple, il n'existe qu'une manière d'avoir une femme, c'est de l'épouser. Or, ce beau projet en tête et vêtu de ses habits de dimanche, François Picaud se rend chez un cafetier, son égal de rang et d'âge, mais plus riche que l'ouvrier, et connu par une jalousie extravagante de tout ce qui prospérait autour de lui.

Mathieu Loupian, né à Nîmes, comme Picaud, avait à Paris un café-estaminet très-bien achalandé près de la place Saint-Opportune. Il était déjà veuf, et avait deux enfants de sa défunte femme : trois voisins habituels, tous du département du Gard, tous de la connaissance de Picaud, étaient avec lui.

— Qu'est-ce ? dit le maître du lieu : ah ! Picaud, comme te voilà *brave*, on dirait que tu vas danser *las treilhas* (les treilles, ballet populaire fort à la mode dans le Bas-Languedoc).

— Je fais mieux, mon Loupian, je me marie.

— Et qui as-tu choisi pour te planter des cornes? demande un des auditeurs, nommé Allut.

— Non pas la seconde fille de ta belle-mère, car dans cette famille on a si peu d'adresse à les mettre, que les tiennes ont percé ton chapeau.

On se regarde; en effet, le feutre d'Allut a un accroc, et les rieurs passent du côté du *peyou* (Savetier).

— Badinage à part, dit le cafetier, qui épouses-tu, Picaud? — La Vigouroux, Thérèse la riche; elle-même. — Mais elle a cent mille francs, s'écrie le cafetier consterné. — Je la paierai en amour et en bonheur. Or çà, Messieurs, je vous invite à la messe qui se dira à Saint-Leu, et à la danse après le repas de noce qui aura lieu au bal champêtre, dans *les bosquets de Vénus*, rue aux Ours, chez M. Latignac, maître de danse, au cinquième, sur le derrière.

Les quatre amis peuvent à peine répondre quelques paroles insignifiantes, tant le bonheur de leur camarade les étourdit. — A quand la noce? demande Loupian. — A mardi prochain. — A mardi? — Je compte sur vous. A revoir. Je vais à la mairie, et de là chez M. le maire. (Il sort. On se regarde.) — Est il heureux ce drôle! — Il est sorcier. — Une fille si belle, si riche! — A un *peyou!* — Et c'est mardi la noce! — Oui, dans trois jours. — Je gage, dit Loupian, de retarder la fête. — Comment feras-tu? — Oh! un

badinage. — Quoi, encore? — Une plaisanterie excellente…. Le commissaire va venir…. je dirai que je
soupçonne Picaud d'être un agent des Anglais, vous
comprenez? Là-dessus on le mandera, on l'interro-
gera ; il aura peur, et, pendant huit jours au moins,
la noce prendra patience. — Loupian, dit Allut, c'est
un mauvais jeu. Tu ne connais pas Picaud…. Il est
capable, s'il découvre le tour, de s'en venger dure-
ment. — Bah! bah! dirent les autres, il faut s'amuser
en carnaval. — Tant qu'il vous plaira ; mais je vous
averti que je ne suis pas du projet, chacun son goût.
— Oh! reprend le cafetier avec aigreur, je ne m'é-
tonne pas que tu portes des cornes, tu es capon. — Je
suis honnête homme, tu es jaloux. Je vivrai tranquille,
tu mourras malheureux. Bonne nuit.

Dès qu'il a tourné le talon, le trio s'encourage à ne
pas abandonner une si plaisante idée, et Loupian, l'in-
venteur de la proposition, promet à ses deux amis de
les faire rire *à ventre déboutonné*. Le même jour, deux
heures après, le commissaire de police, devant lequel
Loupian avait jasé, faisait son devoir de fonctionnaire
vigilant. Des bavardages du cafetier il compose un
superbe rapport en style de commissaire, et expédie
son travail à l'autorité supérieure. La note fatale est
portée chez le duc de Rovigo ; elle coïncide avec des
révélations qui se rattachent aux mouvements de la
Vendée. Plus de doute, Picaud sert d'intermédiaire

entre le midi et l'ouest. Ce ne peut être qu'un personnage important; son métier actuel cache un gentil-
homme languedocien. Bref, dans la nuit du dimanche
au lundi, le malheureux Picaud est enlevé de sa chambre avec tant de mystère que nul ne l'a vu partir;
mais depuis ce jour sa trace est perdue complétement;
ses parents, ses amis ne peuvent obtenir sur son sort
le moindre renseignement, et l'on cesse de s'occuper
de lui.

Le temps s'écoule; 1814 arrive; le gouvernement
impérial tombe, et, du château de Fénestrelle descend,
vers le 15 avril, un homme voûté par la souffrance,
vieilli par le désespoir encore plus que par le temps.
En sept ans, on dirait qu'il a vécu plus d'un demi-
siècle. Nul ne le reconnaîtra, car lui-même ne s'est pas
reconnu, lorsque, pour la première fois, dans la ché-
tive auberge de Fénestrelle, il a pu consulter un
miroir.

Cet homme qui, dans sa prison, répondait au nom
et prénom de Joseph Lucher, a servi moins de domestique que de fils à un riche ecclésiastique milanais.
Celui-ci, indigné de l'abandon où ses proches le lais-
saient, afin de jouir des revenus de sa grande fortune,
ne leur a livré ni les capitaux qu'il possède sur la banque de Hambourg, ni ceux qu'il a placés sur la banque
d'Angleterre. De plus, il a vendu la plus grande partie de ses domaines à un des grands dignitaires du

royaume d'Italie. Cette vente a été faite à fonds perdus.
La rente annuelle est payable chez un banquier d'Amsterdam, chargé de faire parvenir l'argent au vendeur.

Ce noble Italien, mort le 4 janvier 1814, avait fait
unique héritier d'environ sept millions de biens libres
le pauvre Joseph Lucher, et en outre, avait découvert
à ce dernier le secret d'un trésor où étaient cachés
environ douze cent mille francs de diamants au prix du
commerce, et au moins trois millions d'espèces monnayées, tant en ducats de Milan, florins de Venise,
quadruples d'Espagne, que louis de France, guinées
anglaises, etc.

Joseph Lucher, libre enfin, marcha rapidement vers
Turin, gagna Milan ; il agit avec prudence, et, au
bout de quelques jours, il était en possession du trésor
qu'il venait chercher, augmenté d'une multitude de
pierres antiques, de camées admirables, tous d'une
première valeur. De Milan, Joseph Lucher se rendit à
Amsterdam, à Hambourg, successivement à Londres,
et dans ce voyage recueillit assez de richesses pour en
combler les caisses d'un roi. Lucher, instruit à fond
par son maître des ressorts secrets de la spéculation,
sut si bien placer ses espèces, qu'en se réservant ses
diamants et un million en portefeuille, il se créa un
revenu de six cent mille francs payable partiellement
par les banques d'Angleterre, d'Allemagne, de France
et d'Italie.

Cela fait, il se mit en route pour Paris, où il arriva le 15 février 1815, huit ans après, jour pour jour, que l'infortuné Pierre Picaud avait disparu. Celui-ci aurait eu alors trente-quatre ans. Joseph Lucher tomba malade, dès le lendemain de son entrée à Paris. Comme il était sans train, sans valet, il se fit transporter dans une maison de santé. Au retour de Napoléon, Lucher était encore malade, et n'avait point cessé de l'être depuis que l'empereur avait habité l'île d'Elbe. Tant que l'empereur demeura en France, le malade Lucher prolongea sa convalescence; mais lorsque la seconde restauration eut paru devoir consolider définitivement la monarchie de Louis XVIII, l'habitué de la maison de santé la quitta, et se rendit dans le quartier Sainte-Opportune. Voici ce qu'il apprit.

En 1807, au mois de février, on s'occupa beaucoup de la disparition d'un jeune savetier, honnête homme, et près de faire un mariage fabuleux. Une plaisanterie de trois amis détruisit sa bonne fortune : le pauvre diable s'enfuit ou fut enlevé. Enfin, nul ne sut quel avait été son sort. Sa prétendue le pleura pendant deux ans; puis, fatiguée sans doute de ses larmes, épousa le cafetier Loupian, qui, par ce mariage, ayant augmenté ses affaires, possédait aujourd'hui sur les boulevarts le plus magnifique et le mieux achalandé de tous les cafés de Paris.

Joseph Lucher entendit cette histoire assez indiffé-

remment, en apparence. Il s'informa cependant des
noms de ceux dont les plaisanteries avaient causé le
malheur présumé de Picaud. On avait oublié les noms
de ces individus.

— Cependant, ajouta un de ceux que le nouveau
venu interrogeait, il y a un certain Antoine Allut qui
s'est vanté devant moi de connaître ceux dont vous
parlez.

— J'ai connu un Allut en Italie : il était de Nîmes.

— Celui dont il est question est aussi de Nîmes.

— Cet Allut me prêta cent écus, et me dit de les
rendre, autant qu'il m'en souvient, à son cousin Antoine.

— Vous pouvez lui envoyer la somme à Nîmes, car
il s'y est retiré.

Le lendemain, une chaise de poste, précédée d'un
courrier qui payait triples guides, volait plutôt qu'elle
ne courait sur la route de Lyon. De Lyon, la voiture
suivit le Rhône par la route de Marseille, quitta celle-
ci au pont Saint-Esprit. Là, un abbé italien mit pied à
terre, pour la première fois depuis le commencement
du voyage.

Il prit un carrossin et descendit à Nîmes, à l'hôtel
si connu du Luxembourg. Sans affectation, il s'informa aux gens de l'hôtel de ce qu'était devenu Antoine
Allut. Ce nom, assez commun dans cette contrée, est
porté par plusieurs familles toutes différentes de rang,

de fortune et de religion. Il se passa un assez long temps avant que l'individu à la recherche duquel courait l'abbé Baldini, fût définitivement rencontré, et quelques jours furent en outre nécessaires à l'abbé pour se mettre en rapport intime avec Antoine Allut. Mais ces préliminaires terminés, l'abbé conta à Antoine que, prisonnier au château de l'OEuf, à Naples, et pour crime d'état, il avait fait connaissance avec un bon compagnon dont il regrettait fort la mort, arrivée en 1811.

— A cette époque, dit-il, c'était un garçon d'environ trente ans; il expira pleurant encore son pays perdu, mais pardonnant à ceux dont il avait à se plaindre. C'était un Nîmois, et il se nommait Pierre Picaud.

Allut poussa un cri. L'abbé le regarda avec étonnement.

— Vous connaissez donc vous-même ce Picaud? dit-il à Allut.

— C'était un de mes bons amis.... Il est allé mourir loin, le malheureux... Mais avez-vous su la cause de son arrestation?

— Il ne la savait pas lui-même, et il m'en a fait de tels serments, que je ne peux douter de son ignorance.

Allut soupira. L'abbé reprit :

— Tant qu'il a vécu, une seule idée l'occupa. Il

aurait, disait-il, donné sa part de paradis à qui lui
aurait nommé l'auteur ou les auteurs de son arrestation. Et cette idée fixe a même inspiré à Picaud l'idée
de la singulière clause testamentaire qu'il a faite. Mais
d'abord je dois vous dire que, dans la prison, Picaud
avait rendu de notables services à un Anglais, prisonnier comme lui, lequel, en mourant, a laissé à Picaud
un diamant de la valeur au moins de cinquante mille
francs...

— Il fut bien heureux, s'écria Allut; cinquante mille
francs, c'est une fortune.

— Lorsque Pierre Picaud se vit au lit de mort, il
me fit appeler, et me dit : Ma fin me sera douce, si
vous me promettez d'accomplir mes intentions; me le
promettez-vous? — Je le jure, bien persuadé que vous
n'exigerez rien contre l'honneur et la religion. — Oh!
rien, sans doute. Ecoutez-moi, vous en jugerez; je n'ai
pu savoir le nom de ceux qui m'ont plongé dans cet
enfer; mais j'ai eu une révélation. La voix de Dieu
m'a averti qu'un de mes compatriotes de Nîmes, Antoine Allut, connaît mes dénonciateurs. Allez vers lui,
quand votre liberté vous sera rendue, et de ma part
donnez-lui le diamant que je tiens de la bonté de sir
Herbert Newton; mais je mets une condition, c'est
qu'en recevant le diamant de vous, il vous confiera
les noms de ceux que je regarde comme mes assassins.
Lorsqu'il vous les aura appris, vous reviendrez à

Naples, et vous les insinuerez écrits sur une plaque de plomb dans mon tombeau.

Séance tenante, Antoine Allut avoua qu'il les connaissait, et livra les noms qu'on lui demandait; il ne le fit pas cependant sans un secret mouvement de terreur; mais sa femme était là qui l'encourageait, et l'abbé écrivit les noms de Gervais Chaubard, de Guilhem Solari, et enfin celui de Gilles Loupian.

La bague fut remise. Suivant la convention, elle devint la propriété d'un joaillier, au prix convenu de soixante-trois mille sept cent quarante-neuf francs onze centimes, qu'il solda de suite. Quatre mois après, au désespoir éternel des Allut, le diamant fut revendu à un négociant turc cent deux mille francs. Cette différence causa un meurtre, celui du joaillier, et la ruine totale des avides Allut, qui durent fuir, et sont restés malheureux, en Grèce, où ils se réfugièrent.

Une dame se présente au café Loupian et demande le propriétaire; elle lui confie que sa famille était redevable de services éminents à un pauvre homme ruiné par les événements de 1814, mais si désintéressé, qu'il ne voulait recevoir aucune récompense; il souhaitait seulement entrer, comme garçon limonadier, dans un établissement où il serait traité avec égards. Il n'était plus jeune; il paraissait avoir cinquante ans; or, pour déterminer M. Loupian à le prendre, on donnerait au maître cent francs par mois, à l'insu du garçon.

Loupian accepte. Un homme se présente, assez laid et mal vêtu. La dame du lieu, madame Loupian, l'examine attentivement, croit retrouver dans ses traits une figure de connaissance; mais, perdue au milieu de ses souvenirs, n'y saisit rien qui la satisfasse, et oublie cette circonstance. Les deux Nîmois venaient exactement à ce café. Un jour, l'un d'eux ne paraît pas. On plaisante sur son absence. Le lendemain se passe sans qu'il paraisse davantage. Que fait-il? Guilhem Solari promet de savoir le motif de son absence; il retourne au café vers neuf heures du soir, et, tout consterné, raconte que, sur le pont des Arts, la veille, à cinq heures du matin, le corps de l'infortuné Chaubard a été trouvé percé d'un coup de poignard. L'arme est restée dans la blessure, et sur le manche on a lu ces mots formés au moyen de lettres imprimées : NUMÉRO UN.

Les conjectures ne manquèrent pas; Dieu sait toutes celles que l'on fit! La police remua ciel et terre, mais le coupable échappa à toutes les investigations. Quelque temps après, un superbe chien de chasse, appartenant au chef du café, fut empoisonné, et un jeune garçon déclara avoir vu un *client* jeter des biscuits à la pauvre bête. Ce jeune homme donna le signalement du *client*. On reconnut un ennemi de Loupian,

qui, pour se moquer, venait dans le café où Lonpian
était en quelque sorte à ses ordres. Un procès fut in-
tenté au malfaisant *client;* mais il prouva son innocence en faisant constater un *alibi.* Il était courrier-
suppléant des malles-postes, et, le jour du délit, il
arrivait à Strasbourg. Deux semaines après, le perroquet favori de madame Loupian subit le sort du.chien
de chasse, et fut empoisonné avec des amandes amères
et du persil. On recommença les recherches ; elles furent sans résultat.

Loupian, d'un premier mariage, avait une fille âgée
de seize ans. Elle était belle comme un ange. Un mer-
veilleux la vit, en devint fou, dépensa des sommes
extravagantes pour gagner à ses intérêts les garçons
du café et la *bonne* de la demoiselle, et, s'étant ménagé ainsi de nombreuses entrevues avec l'intéressante
personne, la séduisit en se donnant pour marquis et
millionnaire. La demoiselle ne s'aperçut de son im-
prudence que lorsqu'il fallut élargir son corset. Alors
elle avoua à ses parents sa faiblesse; irréparable désespoir I La famille en parle au *monsieur.* Il vante sa
fortune, consent au mariage, montre des actes de famille, des titres de propriété. La joie renaît chez
les Loupian. Bref, le mariage se fait, et l'époux, qui
veut des noces splendides, a commandé, pour le
soir, un repas de cent cinquante couverts au *Cadran-
Bleu.*

A l'heure indiquée, les convives se présentent, mais
le marquis ne se trouve point. Une lettre cependant
arrive. Elle annonce que, mandé par le roi, le marquis
s'est rendu au château ; il s'excuse de son retard, prie
qu'on dîne sans l'attendre et sera rendu auprès de sa
femme à dix heures. On dîne donc, mais sans l'*ai-
mable gendre*. Mauvaise humeur de la mariée, qu'on
félicite sur la position glorieuse du mari. Deux services sont dépêchés. Au dessert, un garçon met une
lettre sur l'assiette de chaque convive. On apprend
que le mari est un galérien libéré, et qu'il a pris la
fuite.

La consternation des Loupian est affreuse, et cependant ils ne voient pas clair dans ce malheur. Quatre
jours après, un dimanche, pendant que toute la famille est à se distraire à la campagne, le feu est mis à
neuf endroits différents dans l'appartement situé au-
dessus du café. Des misérables accourent ; sous prétexte de secours, pillent, volent, brisent, dévastent ;
la flamme gagne la maison et la consume. Le propriétaire exerce un recours contre Loupian ; celui-ci est
complétement ruiné ; il ne reste plus à ces malheureux
époux qu'un peu de bien, du côté de la femme. Toutes
leurs valeurs d'argent comptant, d'effets publics et de
mobilier, ont été détruites ou volées dans le désastre
qui les a atteints.

Les Loupian, en conséquence, sont abandonnés de

leurs amis : un seul leur demeure fidèle, le vieux garçon Prosper. Celui-là ne veut pas les quitter; il les
suivra sans gages, se contentant de partager le pain
de ses maîtres. On l'admire, on le prône, et un nouveau, mais très-modeste café est établi rue Saint-
Antoine. Là, vient encore Solari, qui, un soir, en
rentrant chez lui, est pris de douleurs atroces. On appelle un médecin. Celui-ci déclare Solari empoisonné,
et, malgré tous les secours, l'infortuné meurt dans les
plus terribles convulsions. Douze heures après, lorsque, selon l'usage, la bière fut exposée sous la porte
d'entrée de la maison où logeait Solari, on trouva sur
le drap noir qui recouvrait le coffre, un papier où ces
deux mots sinistres étaient inscrits, au moyen de caractères imprimés : NUMERO DEUX.

Outre la fille, dont la destinée avait été si malheureuse, Loupian avait un fils. Ce jeune garçon, poursuivi par des mauvais sujets, séduit par ces créatures
publiques, lutta d'abord et finit par se livrer à la dé-
bauche. Une nuit, ses camarades proposent une *farce;*
il faut enfoncer un magasin de liqueurs, en enlever
douze bouteilles, les boire et les payer le lendemain.
Eugène Loupian, déjà à moitié ivre, bat des mains à ce
beau projet. Mais au moment où la porte a été cro-
chetée, quand les flacons ont été choisis, que chacun
de la bande en a mis deux dans ses poches, la police,
avertie par un faux frère, survient; les six coupables

ou imprudents sont arrêtés, et un jugement pour vol de nuit avec effraction est rendu contre eux. La pitié royale sauva au jeune homme l'infamie, malgré des efforts incroyables d'argent et de séduction tentés pour détourner la clémence du souverain. Le fils Loupian eut à subir vingt ans de prison.

Cette catastrophe compléta la ruine et l'infortune des Loupian; la *belle et riche* Thérèse mourut de chagrin, sans laisser de postérité; il fallut rendre les débris de la dot. Le malheureux Loupian et sa fille restèrent sans ressource aucune; alors l'*honnête* garçon, qui avait des économies, les offrit à la jeune femme; mais il mit un prix à ce service, et fit de très-odieuses propositions à mademoiselle Loupian. Dans l'espoir de sauver son père, et dans leur extrême misère, elle accepta la honte d'un concubinage qui fit descendre la malheureuse au dernier degré de l'avilissement.

Loupian existait à peine, ses malheurs avaient ébranlé sa raison. Un soir, pendant qu'il se promenait dans une allée sombre du jardin des Tuileries, un homme masqué se présente devant lui. — Loupian, lui crie-t-il, te rappelles-tu 1807? — Pourquoi? — Sais-tu le crime que tu commis à cette époque? — Un crime? — Un crime infâme! Par jalousie, tu fis plonger dans un cachot ton ami Picaud; t'en souviens-tu? — Ah! Dieu m'en punit rigoureusement. — Non, mais Picaud lui-même, lui qui, pour assouvir sa vengeance, a poignardé Chaubard sur le pont des Arts, a empoisonné Solari, a donné à ta fille un forçat pour mari, et conduit la trame où ton fils est tombé. Sa main tua ton chien et le perroquet de ta femme, elle incendia ta maison et y poussa les voleurs. C'est enfin lui qui a fait mourir ta femme de douleur; lui dont ta fille est devenue la concubine. Oui, dans ton garçon Prosper reconnais Picaud, mais que ce soit au moment où il placera son *numéro trois.*

Le furieux dit, et d'un coup de poignard, atteint si bien au cœur sa victime, que Loupian tombe et meurt ayant pu à peine pousser un faible cri.... Ce dernier acte de sa vengeance accompli, Picaud songeait à sortir des Tuileries, lorsqu'une main de fer le saisissant au col le jeta lui-même par terre auprès du cadavre, et un homme, profitant de sa surprise, lui lia les mains et les pieds, le bâillonna fortement, puis, l'enveloppant dans son propre manteau, l'emporta précipitamment.

Rien ne put égaler la fureur, l'étonnement de Picaud, ainsi garrotté, ainsi enlevé. Assurément il n'était pas tombé au pouvoir de la force publique. Un gendarme, eût-il été seul, n'aurait pas pris ces précautions extraordinaires, lors même qu'il eût suspecté le voisinage de complices. Un appel eût suffi à rallier les sentinelles placées près de là. Etait-ce donc un voleur qui l'emportait ainsi?.... Mais quel singulier voleur.... Ce ne pouvait être un plaisant. Dans tous les cas, Picaud était tombé dans un guet-apens. C'était la seule chose qui fût incontestablement réelle pour l'assassin Picaud.

Quand l'homme, sur les épaules duquel il était ainsi attaché, s'arrêta enfin, Picaud présuma qu'il y avait à peu près une demi-heure que cet homme marchait. Picaud, enveloppé dans le manteau, n'avait rien vu des lieux de ce parcours. Quand il en fut débarrassé, il se sentit déposé sur un pliant (lit de sangle) garni de son matelas. L'air du lieu où il se trouvait était épais et lourd. Il crut reconnaître une cavité souterraine dépendant, selon toute apparence, d'une carrière abandonnée.

L'obscurité presque complète du lieu, l'agitation bien naturelle où se trouvait Picaud, le changement que peuvent opérer sur les traits dix ans de misère et de désespoir, ne permirent point à l'assassin de Loupian de reconnaître l'individu qui lui apparaissait comme un fantôme. Il l'examinait dans un morne silence, attendant un mot qui lui expliquât quel sort il devait attendre, et dix minutes se passèrent avant qu'aucun de ces deux hommes échangeât une parole.

— Eh bien! Picaud, lui dit-il, quel nom porteras-tu, désormais? Sera-ce celui que tu reçus de ton père? celui que tu pris à ta sortie de Fénestrelles? Seras-tu l'abbé Baldini ou le garçon limonadier Prosper?

Ton esprit ingénieux ne t'en fournit-il pas un cinquième? Pour toi, sans doute, la vengeance n'est qu'une plaisanterie; mais non, c'est une manie furieuse, et dont tu aurais eu horreur toi-même, si tu n'avais vendu ton esprit au démon. Tu as sacrifié les dix dernières années de ta vie à poursuivre trois misérables que tu aurais dû épargner. Tu as commis des crimes horribles; tu t'es perdu à jamais, enfin tu m'as entraîné dans l'abîme.

— Toi, toi, qui es-tu?

— Je suis ton complice, un scélérat qui, pour de l'or, t'ai vendu la vie de mes amis. Ton or m'a été funeste. La cupidité, allumée par toi dans mon âme, ne s'est jamais éteinte. La soif des richesses m'a rendu furieux et coupable. J'ai tué celui qui m'avait trompé. Il m'a fallu fuir avec ma femme; elle est morte dans cet exil, et moi, arrêté, jugé, condamné aux galères, j'ai subi l'exposition et la flétrissure; j'ai traîné le boulet. Enfin, parvenu à m'échapper à mon tour, j'ai voulu atteindre et punir cet abbé Baldini, qui atteint et punit si bien les autres. J'ai couru à Naples, on ne l'y connaissait pas. J'ai cherché la tombe de Picaud, et j'ai appris que Picaud vivait. Comment l'ai-je su? Ni toi, ni le pape ne m'arracherez ce secret. Dès-lors je me suis remis à la poursuite de ce prétendu mort; mais, quand je l'ai retrouvé, déjà deux assassinats

21

avaient signalé sa vengeance ; les enfants de Loupian
étaient perdus, sa maison brûlée, sa fortune détruite.
Ce soir, j'allais aborder ce malheureux , lui révéler
tout ; mais encore cette fois tu m'as prévenu, le diable
te donnait de l'avance sur moi, et Loupian est tombé
sous tes coups, avant que Dieu, qui me conduisait,
m'eût permis d'arracher à la mort ta dernière victime.
Qu'importe, après tout, je te tiens ; à mon tour, je
puis te rendre le mal que tu m'as fait, je puis te prouver que les gens de notre pays ont le bras aussi bon
que la mémoire : je suis Antoine Allut.

Picaud ne répondit pas ; il se passait d'étranges
choses dans son âme. Soutenu jusqu'à ce moment par
l'ivresse vertigineuse de la vengeance , il avait en
quelque sorte oublié sa fortune immense et toutes les
voluptés qu'il en pouvait attendre. Mais à présent sa
vengeance était accomplie, à présent il devait songer
à vivre de la vie des riches, et à présent il allait tomber lui-même sous la main d'un homme aussi implaca-
ble, qu'il se souvenait l'avoir été lui-même. Ces
réflexions lui traversèrent rapidement le cerveau, et
un mouvement de rage lui fit mordre convulsivement
le bâillon qu'Antoine Allut avait eu soin de lui
mettre.

« Cependant, pensa-t-il, riche comme je le suis,
ne puis-je, avec de belles promesses, et au besoin en
faisant un sacrifice réel, me débarrasser de mon en-

nemi ? J'ai donné cinquante mille francs pour apprendre les noms de mes victimes, ne puis-je en donner autant ou le double pour sortir du péril où je suis ?

Mais Dieu permit que l'épaisse fumée de l'avarice obscurcît la lucidité d'une telle pensée. Cet homme, possesseur d'au moins seize millions, s'épouvanta d'avoir à livrer la somme qui lui serait demandée. L'amour de l'or étouffa les cris de sa chair révoltée, qui se voulait racheter, et ne put plaider que faiblement. L'or devint sa chair elle-même, son sang, toute son existence. « Oh! dit-il au plus caché de son âme, plus je me ferai pauvre, plus tôt je sortirai de cette prison. Nul ne sait ce que je possède; feignons d'être à la mendicité, il me lâchera pour quelques écus, et, hors de ses mains, il tardera peu à retomber dans les miennes »

Voilà ce que Picaud imagina; voilà la litière absurde qu'il fit à ses erreurs et à son espoir, pendant qu'Allut lui rendait la liberté de la bouche.

— Où suis-je? dit-il.

— Que t'importe, tu es en un lieu où tu ne dois attendre ni secours, ni pitié; tu es à moi.... à moi seul, entends-tu, et l'esclave de ma volonté et de mon caprice.

Picaud sourit avec dédain, et son ancien ami ne poursuivit pas; il le laissa toujours couché sur le grabat où il l'avait déposé, il ne le délia point (il s'était

contenté, comme nous l'avons dit, de lui ôter son bâillon). Allut ajouta même à la rigueur des entraves
qui retenaient son prisonnier : il lui passa autour des
reins une large et épaisse ceinture de fer, fixée par
une chaîne à trois immenses anneaux rivés dans le
mur. Cela fait, Allut se mit à souper; et, comme Picaud vit qu'Allut ne lui offrait rien de ce qu'il mangeait :

— J'ai faim ! dit-il.

— Combien veux-tu payer le pain et l'eau que je
te donnerai?

— Je n'ai pas d'argent.

— Tu as seize millions et plus, répondit Allut. Et
il fournit à Picaud de tels renseignements sur le pla-
cement de fonds en Angleterre, en Allemagne, en
Italie, en France, que l'avare en fut horripilé par tout
son corps.

— Tu rêves !

— Et toi, rêve que tu manges.

Allut sortit, et resta absent pendant toute la nuit;
vers les sept heures du matin, il rentra et déjeûna; la
vue des aliments redoubla, chez Picaud, la torture de
la faim. — Donne-moi à manger, dit-il.

— Combien veux-tu payer pour le pain et l'eau que
je te donnerai?

— Rien.

— Et bien ! voyons qui de nous deux se lassera le premier.

Et il s'en alla encore.

A trois heures de l'après-midi il était de retour ; il y avait vingt-huit heures que Picaud n'avait pris aucune nourriture ; il implora la pitié de son geôlier, il lui proposa vingt sous pour une livre de pain.

— Ecoute, dit Allut, voici mes conditions : je te donnerai deux fois par jour à manger, et tu paieras chaque fois vingt-cinq mille francs.

Picaud hurla, se tordit sur son grabat ; l'autre demeura impassible.

— C'est mon dernier mot ; choisis, prends ton temps. Tu n'as pas eu pitié *des amis*, je veux être pour toi sans miséricorde.

Le misérable prisonnier passa le reste du jour et la nuit suivante dans les rages de la faim et du désespoir, ses angoisses morales étaient au comble, l'enfer était dans son cœur. Ses souffrances furent telles qu'il fut pris du *tétanos*, comme si ses nerfs avaient été déchirés ; la tête se détraqua, le rayon de l'intelligence céleste qui l'animait fut étouffé sous ce soulèvement de passions extrêmes et désordonnées. L'impitoyable Allut tarda peu à reconnaître que c'était trop tourmenter un corps humain ; son ancien ami n'était plus capable de discernement, c'était une machine inerte, sensible encore à la douleur physique, mais incapable

**21.**

de la combattre ou de la détourner : il fallait renoncer
à en tirer un mot. Allut se désespérait en pensant que
si Picaud mourait, aucun moyen ne lui restait de s'ap-
proprier l'immense fortune de sa victime. De rage, il
se frappa lui-même ; mais, surprenant un sourire dia-
bolique sur la face livide de Picaud, Allut se précipita sur lui comme une bête féroce, le mordit, lui
perça les yeux d'un couteau, l'éventra, et s'enfuyant
de ce lieu où il ne laissait plus qu'un cadavre, s'éloi-
gna, quitta Paris, et passa en Angleterre.

Là, tombé malade en 1828, il se confessa à un
prêtre catholique français ; ramené à la détestation de
ses fautes, il dicta lui-même à l'ecclésiastique tous les
détails de cette histoire affreuse, qu'il signa à chaque
page. Allut mourut réconcilié avec Dieu, et fut ense-
veli chrétiennement. Après sa mort, l'abbé P... expédia à la police de Paris ce document précieux, où
se trouvaient consignés les faits étranges qu'on vient
de lire. Il l'accompagna de la lettre suivante :

« Monsieur le préfet,

» J'ai eu le bonheur de rendre à des sentiments de
» repentir un homme éminemment coupable. Il a
» cru, et j'ai pensé comme lui, qu'il serait utile de
» vous faire connaître une série de faits abominables,
» dans lesquels ce malheureux a été agent et patient
» tout ensemble. En suivant les indications fournies

» par la note annexée à ce pli, on retrouvera la cham-
» bre souterraine où doivent être encore les restes du
» misérable et malheureux Picaud, triste victime de
» ses passions et de sa haine. Dieu a pardonné; les
» hommes, dans leur orgueil, veulent faire plus que
» Dieu, ils poursuivent la vengeance, et la vengeance
» les écrase.

» Antoine Allut a vainement cherché où sont et
» comment sont placés les fonds de sa victime. Il a
» pénétré nuitamment dans l'appartement secret de
» celle-ci; aucun registre, titre ou document, aucune
» somme d'argent ne sont tombés en son pouvoir.
» Voici les adresses et renseignements pour parvenir
» aux deux logements, que, sous ses deux noms sup-
» posés, Picaud occupait à Paris.

» Même au lit de la mort, Antoine Allut s'est re-
» fusé à me faire connaître par quelle voie il avait eu
» connaissance des faits relatés dans son mémoire, et
» qui l'avait instruit des crimes et de la fortune de
» Picaud ; seulement, et une heure avant d'expirer,
» il m'a dit : *Mon père, la foi de nul homme ne*
» *peut être plus vive que la mienne, car j'ai*
» *vu et entendu parler une âme séparée de son*
» *corps.*

» Rien alors n'annonçait le délire chez Allut; il
» venait de faire nettement sa profession de foi. Les
» hommes du siècle sont présomptueux; dans leur

» ignorance, leur refus de croire leur semble de la
» sagesse. Les voies de Dieu sont infinies. Adorons et
» soumettons-nous.

» J'ai l'honneur d'être, etc., etc. (1). »

(1) *Archives de la police.*

# CHAPITRE IX

## La Police diplomatique

L'action de la police ne se bornait pas à l'intérieur. Il n'était pas de capitale étrangère, où la police impériale n'eût un représentant, à un titre quelconque. Plus d'une mission diplomatique ne cachait pas autre chose souvent, sous une couverture respectable. Bourrienne fait à cet égard d'instructives révélations. Nommé le 22 mars 1805 ministre plénipotentiaire à Hambourg, ses fonctions ne devaient pas être autre chose en réalité que d'observation et de surveillance. « Vous me serez utile en Allemagne, j'ai des vues sur elle, » lui avait dit Bonaparte avant son départ, et ses instructions écrites le mettaient constamment en contradiction avec les assurances d'amitié et de protection de la part du gouvernement français, qu'il était chargé d'exprimer ostensiblement.

Voici comment lui-même nous rend compte de ses instructions secrètes : « J'étais chargé de surveiller les émigrés, dont Hambourg et son voisinage, le duché de Mecklembourg, le Hanovre, le duché de Brunswick et le Holstein étaient remplis ; mais je dois dire que l'on n'appelait ma surveillance que sur *les artisans d'intrigues, de machinations et de complots*. L'Empereur me disait dans ses instructions qu'il n'entendait pas que ni les émigrés, ni qui que ce fût, se permissent de *porter les décorations des anciens ordres de France*. Il m'était ordonné de surveiller les embaucheurs anglais et les voyageurs qui, par les ports de Toémingen et de Husum, venaient d'Angleterre ou s'y rendaient. Il s'en trouvait, disait-on, dans le nombre, qui étaient des émissaires du cabinet britannique. Je devais découvrir quels étaient ces hommes, et quel était l'objet de leurs commissions particulières.

» Je devais aussi surveiller l'esprit public et *surtout* les journaux, qui lui donnent souvent une fausse direction. Je devais signaler tous les articles que je jugerais dignes de censure. Je ne faisais d'abord que des représentations et des plaintes verbales ; je n'ai pas toujours pu m'en tenir là, comme on le verra. L'appétit vient en mangeant, je reçus des ordres si formels que, bien malgré moi, d'une simple surveillance on en est venu à l'oppression. Les plaintes contre les journaux remplissaient le quart des dépêches. »

Bourrienne nous apprend qu'un des moyens employés par lui pour être bien renseigné sur les mouvements politiques, fut de se lier avec quelques-unes des maisons de commerce qui entretenaient les relations les plus étendues et les plus fréquentes avec les États septentrionaux. Il trouva là un des plus puissants et des plus sûrs auxiliaires de sa police. « L'influence directe des évènements politiques sur les spéculations commerciales, dit-il, rend les négociants extrêmement attentifs. Le commerce forme, de tous ceux qui l'exercent, une corporation unie par le plus fort de tous les liens, l'intérêt commun; et les correspondances commerciales offrent souvent une source abondante d'observations très-sûres, et de renseignements précieux, qui échappent aux perquisitions des agents des gouvernements. J'en ai beaucoup pro fité. »

La mission de Bernadotte, qui commandait en Hanovre, n'était pas différente, et Bourrienne nous raconte les services qu'ils se rendirent mutuellement. C'est ainsi que, sous l'Empire, tous les fonctionnaires, diplomates aussi bien que généraux, n'étaient que les

agents d'une immense organisation policière, dont
Fouché faisait mouvoir tous les fils.

Les détails, dans lesquels nous allons entrer sur la
mission de Bourrienne à Hambourg, montreront quelle
était la nature des services que Bonaparte attendait
de ses agents diplomatiques.

Nous avons dit que la surveillance des journaux en-
trait pour une part importante dans les instructions
données à Bourrienne, et nous l'avons vu avouer lui-
même que, plus d'une fois, d'une simple surveillance
il avait dû en venir à l'oppression. La haine des princes
étrangers encourageait les écrits injurieux contre Bonaparte. Le moyen le plus efficace de publicité à cette
époque était le *Correspondant* de Hambourg, dont le
tirage s'éleva bientôt de 27,000 jusqu'à 60,000 exem-
plaires. C'était un journal parfaitement rédigé, à bon
marché, l'organe de tous les pays où la langue alle-
mande et ses dialectes sont parlés. Quant aux rapports de ce journal avec le ministre de France, laissons
la parole à Bourrienne, qui va nous apprendre aussi
les autres influences politiques qui contrebalançaient
la sienne :

« Le rédacteur du *Correspondant* m'envoyait chaque soir l'épreuve du numéro qui devait paraître le
lendemain, faveur qu'obtenait seul le ministre de
France. Le 20 novembre, je reçus l'épreuve comme
d'habitude, et n'y remarquai rien d'inconvenant. Quel

fut mon étonnement lorsque, le lendemain matin, je lus dans ce même journal un article personnellement injurieux à l'Empereur, et dans lequel on appelait les souverains légitimes de l'Europe au renversement d'un *usurpateur*. Je priai sur-le-champ M. Doormann, premier syndic du Sénat de Hambourg, de passer chez moi. Il s'attendait à ce que j'allais lui dire, et la douleur était peinte sur son visage. Je lui fis de vifs reproches, et lui demandai comment, après tout ce que je lui avais dit de la redoutable susceptibilité de l'Empereur, il avait pu permettre l'insertion d'un pareil article. Je lui fis observer que cette indécente diatribe n'avait rien d'officiel, et qu'elle n'était pas même signée. Je ne lui cachai pas tout ce que sa condescendance pouvait avoir de fâcheux. Le syndic Doormann ne chercha point à se justifier : il se borna à me raconter comment la chose s'était passée. Le 20 novembre, à dix heures du soir, M. Porshmann, chargé d'affaires de Russie, arrivé dans la journée du quartier-général russe, s'était présenté chez le rédacteur du *Correspondant*, avec l'article dont il s'agit tout rédigé. Le rédacteur, après avoir lu l'article, qu'il trouva très-indécent, fit observer à M. Porshmann que sa feuille était imprimée. Mais celui-ci insista pour l'insertion dès le soir même : le rédacteur lui dit alors qu'il ne le pouvait pas sans l'approbation du syndic-censeur, M. Doormann. M. Porshmann se rendit immédiatement

22

chez ce magistrat : sur les observations que celui-ci lui fit, et sur ses instantes prières de ne pas insister sur cette insertion, M. Porshmann lui montra une lettre en français, dans laquelle il y avait entre autres choses : « Vous ferez insérer l'article ci-joint dans le » *Correspondant*, sans souffrir qu'il y soit changé » un seul mot. Si le censeur refuse, vous vous adres- » serez au bourgmestre dirigeant ; et, en cas de refus, » vous vous adresserez au général Tolstoï, qui avisera » aux moyens de rendre le sénat plus complaisant, » et de lui faire montrer une déférence également im- » partiale. »

» M. Doormann n'avait pas cru devoir prendre sur lui de laisser passer cet article, et s'était rendu avec M. Porshmann chez M. Van Græffen, bourgmestre dirigeant. Là, le syndic et le bourgmestre redoublèrent d'instances et de prières pour empêcher l'insertion ; mais M. Porshmann alléguait toujours un ordre ; il ajoutait que la condescendance du sénat était, dans cette circonstance, le seul moyen d'éviter de grands malheurs. Les deux magistrats, voyant qu'ils ne pouvaient rien obtenir du chargé d'affaires, se bornèrent à demander la suppression de cette phrase : « Je connais un certain chef qui, au mépris des lois divines et humaines, au mépris de la haine qu'il inspire à l'Europe, comme à ceux qu'il a réduits à être ses sujets, se tient sur un trône usurpé par la violence et le crime, d'où son insatiable ambition voudrait dominer l'Europe entière ; mais le temps est venu de venger les droits des nations... » M. Porshmann, pour toute réponse, se borna encore à montrer son ordre, et insista avec une sorte de fureur pour l'insertion. Le bourgmestre autorisa alors le rédacteur du *Correspondant* à insérer l'article le soir même. Le chargé d'affaires russe, après avoir arraché cette autorisation, avait porté lui-même son article à onze heures et demie du soir chez le rédacteur.

» Je fis observer au syndic que je ne concevais pas que la crainte imaginaire de violence de la part des Russes eût pu le faire consentir à laisser insulter le souverain le plus puissant de l'Europe, dont les armées allaient dicter des lois à l'Allemagne. Le syndic ne me dissimula point ses craintes du ressentiment de l'Empereur, mais il me dit qu'il espérait en même temps que l'on prendrait en considération l'extrême difficulté qu'éprouve une petite puissance à maintenir sa neutralité dans les circonstances extraordinaires où nous nous trouvions, et que l'Empereur ne perdrait pas de vue que les Cosaques lui avaient présenté cette note à la pointe de leurs sabres. Il me quitta, après une conversation de deux heures, plus inquiet encore qu'à son arrivée, en me conjurant de rapporter les faits exactement tels qu'ils s'étaient passés.

» M. Doormann était un fort honnête homme ; je

fis valoir ses excuses et la condescendance qu'il avait toujours montrée pour faire supprimer ce qu'il pouvait y avoir d'injurieux pour la France, dans le *Correspondant*; notamment le commencement d'une proclamation de l'Empereur d'Allemagne à ses sujets, et une proclamation entière du roi de Suède. Ce bon syndic en fut quitte pour la peur. Je fus étonné moi-même du succès de mon intercession. J'appris par le ministre des affaires étrangères que l'Empereur avait été saisi d'indignation et de colère à la lecture de cet article, où l'armée française était outragée comme son chef. »

L'affaire du *Correspondant* de Hambourg a un caractère plus diplomatique que policier; mais quand il s'agissait de simples particuliers, le gouvernement français ne mettait pas tant de courtoisie dans les formes et ne lâchait pas prise si facilement; les libelles et les pamphlets injurieux contre la France, se multipliaient, et étaient encouragés par tous les souverains aux griefs personnels desquels les victoires de l'Empereur ajoutaient chaque jour; la plupart de ces diatribes contre l'Empereur étaient propagées au moyen d'une presse et de caractères achetés à Paris, et installés à Brunswick. Cette agence relevait directement de Louis XVIII. Aux approches de la grande guerre de 1806, M. Maison fut nommé directeur, et un nommé Pluchard, de Brunswick, sous-directeur de cette imprimerie.

Le comte de Paoli-Chiguy rédigeait dans le nord un journal intitulé : *Annales politiques du* XIX^e *siècle*. Tant que Pitt fut ministre, le comte de Paoli reçut de l'Angleterre une pension de 500 livres sterlings par an, pour la rédaction de ce journal. Mais lorsque Fox succéda à Pitt, il fut signifié au rédacteur des *Annales*, qu'à partir du 1^er juillet 1806, la pension que lui avait accordée Pitt cesserait de lui être envoyée, et qu'on ne lui tiendrait compte d'aucun de ses frais de journal; le comte de Paoli réclama contre le ministre anglais, en alléguant que son traité avec Pitt portait qu'il recevrait la somme de 500 livres sterlings par an, tant qu'il lui plairait de rédiger son journal. Mais sa réclamation ne fut pas écoutée et cet intrigant, n'ayant plus les moyens de continuer ses diatribes, fut réduit au silence.

Parmi les libelles les plus affreux qui furent publiés à cette époque, Bourrienne cite le pamphlet qui avait pour titre : *Bonaparte, toi qui es dans le ciel, que ton nom soit sanctifié. — Rome, imprimerie papale.* Sur sa demande, le sénat de Hambourg donna les ordres les plus sévères pour empêcher la circulation de cette infâme brochure, dont, dit-il, on ne pourrait, sans blesser toutes les convenances, répéter les expressions. « Malgré ses efforts il ne put parvenir à en découvrir l'auteur. »

Fauche-Borel était l'imprimeur de presque tous les libelles qui paraissaient à Berlin contre la France,

22.

Bourrienne avait l'ordre le plus formel d'insister auprès du sénat pour le faire arrêter dans le cas où il viendrait à Hambourg. Fauche-Borel était peint comme un homme remuant, agissant toujours contre la France, sous le prétexte de revoir les Bourbons, et comme un intrigant d'autant plus dangereux qu'il était insaisissable; il n'était pas mal peint.

On avait fait arrêter à Hambourg un imprimeur, parce qu'il était sorti de ses presses un libelle écrit en allemand. Bourrienne raconte que, fatigué de voir souffrir un homme qui persistait à se dire innocent, et que l'on ne retenait en prison que pour un motif en réalité très honorable pour lui, parce qu'il ne voulait pas faire connaître le nom de celui qui lui avait remis le manuscrit, il fit venir l'imprimeur chez lui et l'interrogea. Celui-ci lui dit avec tant d'apparence de bonne foi qu'il n'avait vu qu'une seule fois celui qui lui avait apporté le manuscrit du libelle, que Bourrienne demeura convaincu de son innocence. Il le fit mettre en liberté, et pour ne pas effaroucher les sévères susceptibilités du ministre de la police générale, il lui écrivit le peu de lignes que voici : « Ce libelle est bien la plus pitoyable rapsodie que l'on puisse lire. L'auteur, probablement pour vendre sa brochure dans le Holstein, prédit que le Danemark vaincra toutes les nations et deviendra le plus grand royaume de la terre. Ce trait seul suffira pour vous démontrer combien peu dangereuses sont de pareilles niaiseries, écrites dans le style de l'Apocalypse.

« Tout n'est pas agréable, dit Bourrienne, dans les fonctions diplomatiques même les plus élevées. Si auprès du gouvernement étranger dans la capitale duquel on réside, on a l'honneur de représenter son propre gouvernement, la nécessité de laisser parvenir jusqu'à soi des hommes que l'on méprise comme le rebut de la société, l'obligation de se mettre pour ainsi dire en contact avec eux, présente l'humanité sous un jour qui afflige le cœur et flétrit l'imagination. Pour peu alors que l'on soit doué de quelque philosophie, on paye trop cher les dehors brillants sous lesquels on apparaît aux yeux du public. »

Fouché accablait Bourrienne de lettres et d'envois de dénonciations. « Si je l'eusse écouté, dit Bourrienne, j'aurais tourmenté tout le monde. Il me demanda des nouvelles d'un nommé Sarozet, du département du Gard, sur ce qu'une fille Rosine Zimbenni avait déclaré à la police que Sarozet, qui cherchait sa famille, avait été tué en duel à Hambourg. Il m'envoya dans les premiers jours de juillet une dénonciation contre un sieur Garonne, qui devait être parti de Paris pour Hambourg, et sur lequel, d'après ce que me disait le ministre, on avait les plus violents soupçons. Je répondis à Fouché que je ne connaissais qu'un Alexandre Garonne, établi à Hambourg, très-bon Français, et jouissant d'une très-bonne réputation. M. Garonne, celui qui m'avait été dénoncé, arriva à Hambourg le 24 juillet. Il vint chez moi, me présenta un passeport très en règle de la préfecture de police de Paris. Je le laissai tranquille et on l'oublia. Voilà la police : faites ce qu'elle exige.

» En général, je recevais dans les premiers mois qui suivirent mon arrivée à Hambourg, l'ordre d'arrêter beaucoup de personnes, presque toutes qualifiées d'*hommes dangereux*, de *mauvais sujets*. Quand j'étais convaincu de la fausseté de l'accusation, je gagnais du temps, et qui gagne du temps gagne tout ; l'oubli remplaçait la sévérité, et personne ne se plaignait.

» Ces ordres, d'ailleurs, étaient presque toujours illusoires, lors même que l'on n'eût pas eu de la répugance à les exécuter. Il existe, à moins d'un demi-quart de lieue de Hambourg, une ville de quarante mille âmes, dont le président et le chef de la police étaient dévoués aux Anglais. Les prévenus allaient de Hambourg à Altona comme on va des Tuileries aux Champs-Élysées. Je ne pouvais me faire entendre à Altona que par la voie de Copenhague ; ce détour long et indispensable, rendait nulles toutes les mesures.

» Un titre, un grade étranger garantissait encore l'individu poursuivi par l'inquisition de Paris. En voici un exemple. Le comte de Gimel partit vers ce

temps pour Carlsbad, M. le comte de Grote, ministre
de Prusse, m'entretenait souvent de lui. Sur les craintes que je lui témoignais que M. de Gimel ne se fît
prendre parce qu'on était fortement prévenu contre
lui : « Soyez tranquille, me dit M. de Grote, il revien-
dra à Hambourg avec le grade de colonel anglais. »

Parmi les histoires que raconte Bourrienne, il faut
citer celle d'un certain Bonnard. Il y a eu peu de fri-
pons plus audacieux et aussi adroits. A la fin de 1805,
le ministre de la police informa le ministre plénipotentiaire à Hambourg, qu'un nommé Dranot lui avait
écrit pour demander à lui faire des révélations importantes.

« Le ministre désirait que je prisse des informations
sur cet individu. Je restai deux mois et demi sans répondre : il fallait du temps pour percer cette intrigue.
Enfin, le 25 février 1806, je pus donner des détails
sur les nommés Lesimple et Dranot, qui avaient formé
le complot d'attenter aux jours de l'empereur.

» Ce nom de Dranot était l'anagramme de Bonard,
son véritable nom ; il s'appelait aussi Randob, Bardon,
que sais-je? Sachant probablement que je le faisais
chercher, il vint me dénoncer son complice. Ce Bonard portait en Angleterre le nom de Leclerc ; il avait
pris à Hambourg celui de Delon. Il s'était sauvé de la
conciergerie déguisé en femme, en 1797 ou 1798 ; il se
donna à moi comme un officier démissionnaire de l'ar-

tillerie légère. On a vu rarement un pareil intrigant.

» Arrivé à Hambourg, au commencement de 1805, pour remplir les engagements qu'il avait, disait-il, contractés avec le gouvernement anglais, de concert avec Lesimple, Bonard crut qu'il était plus avantageux et plus sûr de dénoncer son complice, que de courir avec lui les chances du complot. Il me remit d'abord beaucoup de papiers, qu'il cachait depuis longtemps. Ces papiers, très-finement écrits, et roulés avec soin, étaient renfermés dans un petit étui de fer-blanc très-mince et très-artistement fait, long de six pouces. Cet étui était caché de manière à ce qu'il fût bien impossible de le découvrir, et telle, que je n'ose même essayer d'indiquer où il était caché. Il contenait une petite lime, d'un métal bruni, qui coupait le fer comme un couteau coupe le papier. La police de Paris a découvert ce moyen sur plusieurs malfaiteurs. Tous les papiers que me remit Bonard étaient écrits de la main de Lesimple et attestaient ses coupables projets. Ils contenaient des extraits de la correspondance qu'avaient eue ensemble Lesimple et Bonard ; et pour que rien ne manque à cette union de deux scélérats, il faut dire que Bonard me raconta que, s'étant pris de querelle avec Lesimple, au moment de s'embarquer à Haarwich, ils s'étaient battus dans le cimetière de la ville avec des couteaux qu'on leur avait servis au cabaret. En me racontant cette horrible scène, Bonard ôta brusquement son habit, et me montra à son côté droit une large blessure saignant encore. Je fus saisi d'horreur. Que l'on se représente un homme des plus vigoureux que j'aie jamais vus, haut de cinq pieds sept pouces, me montrant sa poitrine ensanglantée, me confiant l'affreux projet auquel il avait renoncé, non pour aucun motif de repentir, mais parce qu'il avait l'idée que la révélation en serait plus profitable que l'accomplissement; me lisant ses papiers cachés d'une manière si incroyable; et que l'on juge de ma position.

» Lorsque Bonard me dénonça Lesimple, ce dernier venait de partir pour la Hollande. Assuré par Bonard que Lesimple reviendrait bientôt à Hambourg, je pris toutes les précautions imaginables pour le faire arrêter à son arrivée. Son absence se prolongeait beaucoup, et je commençais à avoir de l'inquiétude sur son retour, lorsque j'appris qu'en traversant les armées russe et anglaise, il avait été arrêté comme soupçonné d'espionnage. Enfin, le 17 février au soir, Lesimple arriva à Hambourg; il fut arrêté le 19, sous le nom de Dresch qu'il portait dans ses voyages. Tous ses papiers dont il ne put rien distraire furent mis sous les scellés. Je l'interrogeai moi-même, et ses aveux me confirmèrent l'exactitude des horribles détails que m'avait donnés Bonard. Dans le portefeuille de Lesimple se trouvaient entr'autres papiers, trois passeports dont il se servait pour voyager, et qu'il avait fabriqués lui-même; plus une lettre de change également fabriquée par lui. On trouva en outre sur lui plusieurs rouleaux étiquetés : 50 *louis*, bien cachetés, mais qui n'étaient remplis que de cuivre, et une bourse de jetons du même métal. Il s'en servait pour tromper les banques de jeu. Il était à la fois filou, espion, faussaire et assassin.

» J'avais promis à Bonard, Drano, Leclerc, Delon, comme on voudra l'appeler, de l'envoyer à Paris, en liberté, pour répondre au ministère de la police. Mais de pareils individus ne sont pas un jour dans un lieu sans le souiller de quelque crime. Bonard accusé de complicité dans plusieurs vols commis à Hambourg, fut mandé par le préteur chargé de la police, et comme il avait des raisons pour craindre cette rencontre, il disparut, mais il fut repris quelques jours après, à Hammelu et fut conduit à Paris sous bonne escorte. »

« Il est difficile de se figurer, a dit encore Bourrienne, tout ce que l'on peut trouver de courage et de présence d'esprit dans des hommes dégradés comme le sont ces misérables qui font le métier d'espion. J'avais un agent parmi les Suédo-Russes, un nommé Chesseaux que j'avais toujours reconnu comme très-intelligent et très-exact. Etant resté longtemps sans recevoir de ses nouvelles, je commençais à avoir quelque inquiétude; et ce n'était pas sans fondement. Il fut en effet arrêté à Lauenbourg, et conduit, pieds et mains liés, par des cosaques à Lunebourg. On trouva sur lui un bulletin qu'il allait m'envoyer, et il n'échappa à une mort certaine que parce qu'il était porteur d'une lettre de recommandation d'un négociant de Hambourg, connu particulièrement de M. Alopœus, ministre de Russie à Hambourg. Cette précaution que j'avais prise lui sauva la vie. M. Alopœus écrivit à ce négociant qu'à sa recommandation on renvoyait l'espion sain et sauf, mais qu'une autre fois le recommandé et le re- commandant n'en seraient pas quittes à si bon marché.

» Malgré cette recommandation, Chesseaux aurait payé de sa tête le métier dangereux auquel il se livrait ; ce qui le sauva réellement, ce fut le sang-froid incon- cevable qu'il montra dans cette terrible circonstance. Encore bien que le bulletin que l'on trouva sur lui fût adressé à M. Schramm, négociant, on soupçonnait vi- vement qu'il m'était destiné ; on demanda à Chesseaux s'il me connaissait ; il répondit hardiment qu'il ne m'avait jamais vu, on chercha tous les moyens possi- bles pour lui faire faire cet aveu sans pouvoir y par- venir ; cette constante dénégation, jointe au nom de M. Schramm, jetait des doutes dans l'esprit de ceux qui interrogeaient Chesseaux ; on pouvait condamner un innocent. Cependant on tenta un dernier effort pour savoir la vérité ; Chesseaux condamné à être fu- sillé, fut conduit dans une plaine de Lunebourg ; au moment où, les yeux bandés, il entendait commander

23

le peloton qui devait tirer sur lui, un homme s'approche de lui, il lui dit tout bas à l'oreille, d'un ton d'intérêt et d'amitié; « On va tirer; mais je suis un ami; dites seulement que vous connaissez M. de Bourrienne et vous êtes sauvé. » — « Non, répondit Chesseaux d'une voix ferme, je mentirais. » Aussitôt le bandeau tombe de ses yeux, et la liberté lui est rendue. On citerait difficilement un trait de présence d'esprit plus extraordinaire. »

Nous allons encore extraire des récits de Bourrienne l'histoire d'un nommé Loizeau. Les détails achèveront de vous édifier sur les procédés habituels à cette police spéciale, qui rencontrait plus d'une entrave sur le terrain étranger où elle était obligée de manœuvrer.

« Arrivé récemment de Londres, il s'était retiré à Altona, pour y jouir du singulier privilége qu'avait cette ville de donner asile à tous les brigands, les voleurs, les banqueroutiers qui voulaient échapper à la justice du gouvernement. Le 17 juillet, Loizeau se présenta chez M. le comte de Simel, qui résidait à Altona, et était chargé des affaires du comte de Lille. Il lui offrit d'aller à Paris assassiner l'Empereur. Le comte de Simel repoussa cette proposition avec indignation, et répondit à Loizeau que s'il n'avait pas d'autre moyen pour servir les Bourbons qu'un lâche assassinat, il pouvait aller ailleurs chercher des complices. Cette circonstance que je sus d'une manière certaine d'un ami de M. de Simel, qui la tenait de lui, jointe aux propos atroces que tenait Loizeau, me décida à le faire arrêter. N'ayant aucun moyen de police pour y parvenir, je chargeai un agent affidé de se tenir constamment sur la promenade qui sépare Hambourg d'Altona, et au moment où Loizeau serait sur la partie de cette promenade dépendant du territoire hambourgeois, de lui chercher querelle et de se faire conduire avec lui au corps de garde le plus voisin. Loizeau fut pris à ce piége; mais quand il vit qu'on allait le conduire du corps de garde à la prison de Hambourg, et qu'il sut que c'était à ma réquisition qu'il était areêté, il défit sur-le-champ sa cravate, déchira avec ses dents les papiers qu'elle contenait, et en avala une partie. Il en avait aussi sous les bras, qu'il s'efforça de déchirer, mais il n'en eut pas le temps; les cinq soldats qui l'escortaient le serrèrent de plus près; saisi de fureur, Loizeau se défendit contre eux, en maltraita plusieurs très-rudement, et ne fut conduit en prison qu'après avoir reçu une légère blessure. Son premier mot, en entrant en prison, fut : « Je suis perdu. »

» Loizeau disait dans une lettre à M. de Bauveau, auquel il écrivait sous le nom de l'abbé Saint, Kinsington-Place, n° 5, qu'il n'avait pas voulu se présenter chez la personne chargée des intérêts du préten-

dant; mais qu'il en avait été si bien reçu qu'il n'osait
en faire l'aveu à son correspondant. Loizeau fut remis
entre les mains de la police de Paris. J'ignore quel a
été le sort de ce misérable, mais on peut s'en rapporter à ce qu'aura fait Fouché pour le mettre dans
l'impossibilité de nuire. »

Quant aux agents ordinaires de cette police, nous
allons encore laisser le soin de nous les révéler à
Bourrienne, qui ne cache pas le dégoût que lui inspirait
tant de bassesse.

« On dit qu'on s'accoutume à tout : cette sentence
est pour moi exceptionnelle ; car, malgré la nécessité
où j'ai été souvent de me servir d'espions, je n'ai jamais pu en voir sans un mouvement d'horreur, lorsque
surtout ce sont des gens nés pour tenir un rang honnête dans le monde, qui se dégradent à cet infâme
métier et viennent offrir leurs honteux services. On
ne saurait croire de quelles combinaisons de tels
hommes sont capables pour se couvrir d'un masque et
inspirer de la confiance à ceux qu'ils vont trahir. Il
m'en revient actuellement à l'esprit un exemple qui
mérite d'être connu.

» Un de ces misérables que l'on a la manie d'employer dans de certains temps et dans tous les partis,
vint un jour m'offrir ses services. Il se nommait Butler
et avait été envoyé d'Angleterre sur le continent avec
mission d'espionner le gouvernement français. Il s'en

ouvrit à moi tout de suite; puis il se plaignit de prétendus ennemis, d'injustices qu'on lui avait faites, et enfin il me dit qu'il avait le plus grand désir de s'attacher à la cause de l'Empereur, et que rien ne lui coûterait pour prouver son dévouement. La véritable raison de ce changement de parti, comme c'est celle de tous ces gens-là, n'était autre chose que l'espoir d'une meilleure récompense. Quoi qu'il en soit, je ne crois pas que jamais aucun agent de son espèce ait poussé aussi loin les précautions pour que son ancien parti ne puisse pas soupçonner qu'il en sert un autre; à moi, il me répétait continuellement combien il serait heureux de se venger de ses ennemis de Londres.

» Il me demanda d'aller à Paris pour se faire examiner par le ministre de la police lui-même. Pour plus de sûreté, il demanda à être mis au Temple en y arrivant, et que l'on fît insérer dans les journaux anglais un article ainsi conçu : « John Butler, dit comte Butler, vient d'être arrêté et envoyé à Paris, sous bonne escorte, par le ministre de France à Hambourg.» Au bout de quelques semaines, Butler, chargé des instructions du ministre, partit pour Londres; mais par suite de son système de précautions, et disant lui-même qu'il ne pouvait pas être assez flétri pour pouvoir être utile et tirer vengeance de ses ennemis, il demanda qu'on publiât dans les journaux un article ainsi conçu : « Il est enjoint au nommé Butler, arrêté

23.

à Hambourg comme agent anglais et conduit à Paris,
de quitter la France et les territoires occupés par l'armée française et leurs alliés, avec défense d'y paraître avant la paix générale. » Butler jouit en Angleterre des honneurs de la persécution française ; on vit
en lui une victime qui méritait toute la confiance des
ennemis de la France ; Fouché eut par lui beaucoup
de renseignements, et il ne fut pas pendu ! Qui, en
effet, aurait pu ne pas être dupe d'une fourberie aussi
audacieuse? Vraiment, il y a des choses dont il faut
être presque capable pour en avoir le soupçon. »

# CHAPITRE X

## Les exploits de Séide-Mouchard

Commencements de Savary. — Ses premiers services. — Frayeur
générale inspirée par un évènement. — Comment il réorganisa
la police. — Son despotisme. — Son ordonnance sur les domestiques et sur les cochers de fiacre. — On le surnomme Séide-Mouchard. — Conspiration du général Mallet. — La main de Fouché.
— Aveux de Savary sur les procédés de son administration. —
Le nègre blanc. — Pouvoirs qui lui sont laissés pendant la campagne de France. — Il entraîne la chute du trône impérial.

Si nous faisions une satire, nous entrerions sans
doute dans les détails de la vie privée et militaire du
duc de Rovigo. Peu d'hommes ont eu plus de bonheur,
peu ont tant prêté au ridicule et à la médisance.
Homme rusé, mais d'un médiocre esprit, aussi dévoué
par moments à Napoléon que prompt à l'abandonner,
il apporta dans l'exercice de ses fonctions un détes-
table amour-propre et une complète impéritie. Par là,
non-seulement il se rendit insupportable à tous, mais
de plus il fit haïr son maître; il ne sut pas s'honorer,
soit en le suivant dans son premier exil, soit en s'at-
tachant sincèrement à la Restauration. Son ambition

maladroite osa tenter un coup de maître ; il n'était pas de force à le mener à bien. Il fut abattu par un homme contre lequel il était imprudent de joûter, et il essuya un échec qui fut plus honteux que les précédents.

Attaché en qualité d'aide de camp à la personne du premier consul, après la mort de Desaix, Savary commença dès cette époque son apprentissage policier. Lors de l'enlèvement de M. Clément de Ris, il fut envoyé à Tours pour tâcher de découvrir les auteurs de cet attentat.

Des intrigues ayant été ourdies contre le premier consul, Savary eut la mission de surveiller les meneurs, et même de les arrêter. Dès lors on le regarda comme le chef d'une police secrète. On voit en effet, par ses Mémoires, qu'il alla dans la Vendée, sous divers déguisements, pour pénétrer les desseins de quelques-uns de ceux qui avaient figuré dans les troubles de cette contrée, et surtout les complices de Georges.

En 1804, époque à laquelle le duc d'Enghien fut arrêté à Ettenheim, amené en France, traduit devant une commission militaire, siégeant dans le donjon de Vincennes, condamné le 20 du mois de mars, et exécuté immédiatement, Savary, était colonel de la gendarmerie d'élite. Il avait reçu ordre de se rendre à Vincennes. Du haut du parapet, sur le bord du fossé, cet officier supérieur assista à l'exécution du prince.

En 1803, Savary accompagna le premier consul en Belgique. L'année suivante il fut nommé général de brigade, et général de division le 1<sup>er</sup> février 1805. Il eut en même temps le commandement d'élite de la garde impériale.

Savary était regardé à cette époque comme chargé de diriger la police particulière de Napoléon, ou ce qu'on appelait la contre-police.

Il joua le principal rôle dans l'intrigue espagnole, et ce fut lui qui attira la famille royale dans le guet-apens que lui avait tendu l'empereur. Il reçut les confidences de son maître qui l'envoya à Madrid pour engager les princes espagnols à se rendre à Bayonne, où leur entrevue avec Napoléon devait avoir lieu. Il accompagna même cette famille, qui accourait pour se détrôner elle-même. Arrivé à Vittoria, il eut à vaincre les répugnances des conseillers de Charles IV, qui craignaient de se laisser entraîner dans un piége. Il revint à Bayonne prendre les ordres de l'empereur, qui lui dit : « Il faudra cependant bien que nous nous entendions ici ou ailleurs, autrement comment s'arranger? » Puis il annonça qu'il était déterminé à écrire au prince des Asturies. Il ajouta : « Si nous ne devons pas nous entendre, il sera autorisé à dire que je l'ai attiré dans un guet-apens, et dans le fait cela en aura l'air. »

Le lendemain, Savary partit pour rejoindre les

princes espagnols qui, vaincus par ses protestations, consentirent enfin à prendre la route de Bayonne. Il fut témoin de différentes entrevues de ces princes avec l'empereur.

Après le départ de Murat, le duc de Rovigo prit le commandement des troupes françaises dans la Péninsule; mais il ne dirigea aucune des grandes opérations militaires.

Revenu en France, Napoléon l'appela à remplacer Fouché au ministère de la police générale, le 3 juin 1810.

M. le duc de Rovigo a fait connaître dans ses Mémoires, avec une naïve franchise, la manière dont sa nomination fut accueillie, et sa prise de possession d'un ministère où il allait, selon lui, se trouver fort embarrassé.

« Le lendemain, lorsqu'on lut cette nomination dans le *Moniteur*, personne ne voulait y croire. L'empereur aurait nommé l'ambassadeur de Perse, qui était alors à Paris, que cela n'aurait pas fait plus de peur. J'eus un véritable chagrin de voir la mauvaise disposition avec laquelle on parut accueillir un officier général au ministère de la police, et si je ne m'étais senti une bonne conscience, je n'aurais pas trouvé le courage dont j'avais besoin pour résister à tout ce que l'on disait à ce sujet.

» J'inspirais la frayeur à tout le monde; chacun

faisait ses paquets, on n'entendait parler que d'exils,
d'emprisonnements, et pis encore ; enfin, je crois que
la nouvelle d'une peste sur quelques points de la côte
n'aurait pas plus effrayé que ma nomination au ministère de la police. Dans l'armée, où l'on savait
moins ce que c'était que cette besogne, on trouva
ma nomination d'autant moins extraordinaire que
tout le monde croyait que j'y exerçais déjà quelque
surveillance ; cependant je puis assurer, sur l'honneur,
qu'avant d'être ministre, l'empereur ne m'a jamais
chargé d'aucune mission de cette espèce, hors dans les
deux occasions que j'ai citées. Les hommes de l'armée
qui le faisaient étaient précisément, comme de coutume en pareil cas, ceux qui dénonçaient leurs camarades chaque fois qu'ils en trouvaient l'occasion ; en
mettant cela sur moi, il écartaient le soupçon de
dessus eux.

» J'étais dans la confiance que mon prédécesseur
me laisserait quelques documents propres à diriger
mes pas ; il me demanda de rester dans le même hôtel
que moi, sous prétexte de rassembler en même temps
les effets, les papiers qu'il avait à me communiquer ;
j'eus la simplicité de le laisser trois semaines entières
dans son ancien appartement ; et le jour qu'il en sortit, il me rendit pour tout papier un mémoire contre
la maison de Bourbon, lequel avait au moins deux ans
de date ; il avait brûlé le reste, au point que je n'eus

pas de traces de la moindre écriture. Il en fut de même lorsqu'il fallut me faire connaître les agents, de sorte que le fameux ministère de Fouché, dont j'avais eu, comme tout le monde, une opinion extraordinaire, commença à me paraître très-peu de chose, ou au moins suspect, puisque l'on faisait difficulté de me remettre ce qui intéressait le service de l'État...

» Je n'apercevais rien dans la marche de mon prédécesseur qui pût m'indiquer le chemin à prendre pour aller à la rencontre de ce qui me paraissait devoir corroder l'opinion. Je croyais le ministère dont j'étais pourvu une puissance, et je ne le voyais qu'un fantôme; il me semblait être dans un tambour sur lequel chacun frappait sans que je pusse connaître autre chose que le bruit. Je demandais à tout ce qui m'entourait comment faisait Fouché, et l'on me répondait le plus souvent qu'il laissait faire ce qu'il ne pouvait empêcher.

» J'étais plus honteux de mon embarras que tourmenté de ne pouvoir le surmonter, et si je n'avais pas été encouragé par des hommes de bien que je trouvai dans le ministère même, et auxquels on rendait bien peu de justice, j'aurais fait comme le roi Louis. Le courage me vint et il me ramena de la confiance. J'avais une mémoire extraordinaire pour retenir les noms et les lieux.

» Je voyais bien que Fouché m'avait joué en brû-

lant son cabinet, et je pris le parti de m'en créer un
autre. De ma vie je n'avais employé des agents; je ne
connaissais même pas assez le monde dans lequel il
était nécessaire de les lancer, pour leur donner une
direction sans me découvrir moi-même.

» Mon inexpérience des hommes de la révolution,
avec lesquels ma charge m'obligeait à être journellement en contact, me fit sentir la nécessité de chercher
dans le passé la prévoyance pour l'avenir.

» Fouché s'était joué de moi en me désignant des
agents qui étaient des hommes de la dernière classe,
et que même il ne recevait pas, hormis un ou deux individus qui lui permirent de me les présenter. Il ne
m'en fit pas connaître d'autres. Moi, je ne fus pas si
fier; je les vis tous, pour savoir d'eux-mêmes à quoi on
les employait : j'en trouvai qui valaient mieux que
leur extérieur, et je me suis bien trouvé d'avoir été
généreux envers eux. Mes premiers essais furent de
ressaisir par la ruse tous les fils qu'avait rompus mon
prédécesseur par méchanceté. Mon intelligence me fit
bientôt trouver des moyens naturels qui m'y firent
réussir.

» Il y a dans toutes les grandes administrations un
registre d'adresses, afin que les porteurs de lettres,
qui sont des hommes que l'on a *ad hoc*, sachent de
quel côté ils doivent commencer leurs courses pour
abréger le chemin. Celui du ministère de la police

24

était assez riche en ces sortes d'indications. Il était gardé par des garçons de bureau, et comme je ne voulais pas laisser apercevoir mon projet, je choisis un soir où je pouvais me débarrasser de mon monde pour donner une longue commission au domestique qui était de garde ce soir-là, et je lui permis d'aller se coucher, au lieu de rentrer chez moi ; il ne fut pas plus tôt dehors, que j'allai moi-même enlever le registre, ainsi que la liasse des reçus que les commissionnaires ont soin de conserver en cas de réclamation sur la remise des lettres.

» Je me renfermai dans mon cabinet pour faire moi-même le relevé de ces adresses; quelques-unes désignaient la profession. Je passai la nuit à le copier et à chercher, dans la liasse des reçus, tous ceux qui portaient la date d'un même jour, pouvant correspondre à celui où Fouché formait la liste des convives de ses dîners de représentation, qui avaient lieu les mercredis, en hiver seulement ; ceux-là ne piquaient pas autant ma curiosité que ceux dont je n'apercevais pas le motif qui avait pu les faire mander au ministère. Lorsque j'eus fini, je remis les choses à leur place.

» J'avais une belle légende de noms et d'adresses qui m'étaient connus, et que j'aurais cherchés plutôt en Chine que sur ce catalogue.

» Il y avait plusieurs noms qui n'étaient désignés que par une majuscule ; je jugeai bien que ce devaient être les meilleurs, et je vins à bout de les connaître, en leur jouant le tour dont je parlerai, et que l'embarras de ma situation rendait excusable, d'autant plus qu'il n'avait que le caractère de la curiosité.

» Je divisai mon catalogue d'adresses par arrondissements, c'est-à-dire en douze parties, et chargeai quelqu'un, dans chaque arrondissement, de me faire la note détaillée de ce qu'était chacun des individus désignés, de quel pays il était, depuis quand il était à Paris, de quoi il y vivait, ce qu'il faisait et de quelle réputation il y jouissait; sans donner d'autres motifs de ma demande, je fus servi à souhait, parce qu'il n'y a pas de ville en Europe où l'on retrouve aussi promptement qu'à Paris un homme déjà connu. Le simple bon sens me fit apercevoir ce qui pouvait me convenir dans ces renseignements, et je ne craignis pas de porter un jugement favorable à mes projets, sur quelques-uns qui étaient précisément les agents de mon prédécesseur. Je les fis mander par billet à la troisième personne, et sans indiquer d'heure pour l'audience. L'huissier de mon cabinet, en me les annonçant, me remettait le billet que je leur avais écrit, et qui leur avait servi pour entrer chez moi. Avant de les faire entrer, je retenais un moment l'huissier pour lui demander si ce monsieur ou cette dame venaient souvent voir le duc d'Otrante, et à quelle heure. Il était rare qu'il ne les connût pas. Alors je savais comment il fallait recevoir la personne annoncée, qui arrivait persuadée que je savais tout, qu'autrement on ne l'eût pas devinée. J'avais soin de prendre l'air d'avoir été informé par Fouché lui-même, et, moyennant des promesses de discrétion, j'eus bientôt renouvelé les relations de tout ce monde-là avec mon cabinet.

» Les noms à lettres majuscules finirent aussi par y venir. Pour les connaître, j'employai le moyen d'agents habitués, qui prirent, dans toutes les maisons portant les numéros indiqués sur l'adresse, des renseignements sur les personnes dont les noms commençaient par la majuscule. Quelquefois il y en avait plusieurs dont le nom commençait par la même lettre ; je me fis donner les mêmes notes sur le compte de chacune, et lorsque j'étais embarrassé par la similitude des noms, j'imaginai de leur écrire encore à la troisième personne, sans mettre leurs noms, mais seulement la majuscule, qui était le seul renseignement que j'eusse. J'envoyais porter mes lettres par les garçons de mon bureau, qui étaient le plus souvent connus des portiers, chez lesquels ils allaient quelquefois, et comme ces derniers sont ordinairement instruits des allées et venues des personnes qui logent chez eux, ils ne manquaient jamais de porter la lettre à la personne à laquelle elle était destinée, quoiqu'il n'y eût qu'une majuscule pour désignation sur l'adresse ; ils étaient accoutumés à voir arriver ces sortes de lettres ployées et cachetées de la même manière. La personne qui la recevait se croyait prise, et ne songeait plus qu'à faire un nouvel arrangement; elle ne concevait pas qu'on l'eût nommée au nouveau ministre sans sa permission. Quelquefois le portier remettait à la même personne les deux lettres qu'on lui avait apportées avec la même majuscule pour adresse, ce qui était une preuve que je ne m'étais pas trompé, et celle-ci, en venant à mon cabinet, les rapportait toutes deux, en m'observant que c'était sans doute par inadvertance qu'on lui avait écrit deux fois. Cela était mis facilement sur le compte d'une erreur, parce que chaque lettre indiquait un jour différent pour se rendre chez moi.

» De cette manière je reconnus toutes les relations de Fouché, que je croyais bien plus nombreuses, et surtout bien plus précieuses. Il m'est arrivé que, dans une maison où il y avait deux noms semblables, le portier était nouveau, et remit les lettres aux deux personnes pour lesquelles il les croyait destinées. Elles m'arrivèrent toutes deux, mais comme l'huissier connaissait la bonne, je ne manquai pas de trouver, dans la note statistique de l'autre, de quoi justifier son appel près de moi.

» J'employai encore un autre moyen pour retrouver toutes les traces de mon prédécesseur : j'ordonnai à mon caissier de m'avertir lorsque les habitués se présenteraient pour toucher de l'argent; je n'entendais par

24.

habitués que ceux qui n'avaient pas de fonctions ostensibles. Le premier mois, la fierté eut le dessus, je ne vis personne ; mais le second, on reconnut qu'il n'y avait pas de sot métier, et qu'il n'y avait que de sottes gens : on vint, sous un prétexte quelconque, demander au bureau si on continuerait à payer. Je reçus tout le monde, ne diminuai les émoluments de personne, et augmentai considérablement la plupart de ceux que j'employais, et de tout ce qui travaillait sous moi. Ce petit noviciat auquel je fus forcé, pour me créer des instruments qu'on aurait dû me laisser, ne me nuisit pas, mais ne m'avait pas découvert des sources d'informations bien précieuses ; je ne concevais pas qu'il n'y eût que cela ; car je ne voyais pas de quoi employer la moitié de la somme que l'empereur donnait pour cet article, dont cependant il restait peu de chose à la fin de chaque année.

« » Je tirai encore de cette petite ruse une autre leçon, c'est que j'appris que l'on pouvait se mettre en relation avec la société sous mille rapports, dont auparavant je n'aurais jamais osé faire la proposition à qui que ce fût. Cela me donna connaissance du degré d'estime qu'il faut accorder aux hommes, et du taux des complaisances de chacun, qui est subordonné à leur position, à leur goût pour les désordres, et à leur inclination pour l'inconduite.

» Chez d'autres, je pris des moyens obliques pour

arriver au même but : je trouvais qu'un homme était
déjà assez malheureux d'en être réduit-là, et je crus y
gagner davantage en les obligeant d'une manière à
leur relever l'âme au lieu de l'avilir. Chez plusieurs
cela m'a réussi ; je recevais leurs avis, et les rémuné-
rais en les remerciant. Ceux-là sont venus me voir
lorsque la fortune m'a abandonné, et les autres ne
m'ont pas donné signe de vie; quelques-uns m'ont
calomnié.

» Ce peu de connaissances que j'avais acquises m'a-
vait donné la hardiesse de chercher les moyens de
l'étendre; je vis bientôt que je n'avais eu peur que
d'une ombre, car j'avais poussé les informations si loin
que moi-même j'avais peine à y croire. Lorsque j'eus
ainsi meublé mon oratoire, je songeai à l'employer. La
haute société, comme celle du commerce et de la bourgeoisie, se divise aisément par coteries; je ne mis pas
longtemps à faire ma division, et j'étais parvenu à la
faire d'une manière assez juste pour me tromper rarement sur le nom des personnes qui avaient composé
une assemblée, un bal, ou ce qu'on appelait alors une
*bouillotte*, lorsque j'étais averti qu'il y en avait une
dans telle ou telle maison (1).

» Il ne faut pas croire que l'on mettait pour cela de

(1) « La haute société et le haut commerce avaient des jours
» fixes dans la semaine. — La bourgeoisie prenait assez générale-
» ment le dimanche. »

l'importance à savoir tout ce qui s'y disait ; il y aurait eu autant de peine à en recueillir quelque chose d'utile qu'à compter les grains de sable sur les bords de la mer. Mais ce qui faisait l'objet d'une observation constante, c'était l'attention de remarquer si l'on ne venait pas profiter de ces réunions pour y répandre quelques mauvais bruits, ou des nouvelles désastreuses, comme quelques projets de guerre, ou de nouveaux plans de finance ; les colporteurs malveillants avaient ordinairement le soin de semer cela dans les cercles, qu'ils savaient composés de personnes dont les intérêts pouvaient en être plus aisément alarmés. Lorsque le cas se présentait, l'observateur écoutait le conteur, et, en le fréquentant, il manquait rarement de découvrir où il avait pris la nouvelle dont il venait tourmenter de paisibles citoyens. C'est ainsi que l'on était parvenu à former des listes de tous les débiteurs de contes, et, lorsqu'ils se mettaient dans le cas d'être réprimés, on leur faisait tout à la fois solder le compte de leurs indiscrets bavardages.

» Il y a à Paris une classe d'hommes qui vivent aux dépens de la crédulité et de la bonhomie des autres : ceux-là ont un grand intérêt à être informés de tout, vrai ou faux ; ils ont un compte courant qu'ils chargent de tout ce qu'ils apprennent ; c'est avec ces gentilles bagatelles qu'ils paient leur dîner ou leur place au spectacle ; ils portent une nouvelle pour en écouter une autre. Ce sont des hommes précieux pour un ministre de la police ; il les a sans peine en les tirant des mauvaises affaires où ils ne manquent jamais de se jeter. On s'en sert pour donner de la publicité à ce qu'on veut répandre, pour découvrir d'où part la publicité que l'on donne à ce qu'il faut taire.

» L'intrigue marche toujours, parce qu'elle a des besoins continuels qui l'obligent à avoir l'esprit toujours dans l'activité. Un intrigant sans activité est bientôt à l'hôpital, et celui qui a de l'activité trouverait moyen de tondre sur un œuf. .

» Un intrigant connaît les liaisons de cœur de tous ses amis ; il conseille l'amant et l'amante, les brouille, les réconcilie ; il étudie les haines, les passions ; il observe les dérangements de conduite des autres en les associant à ceux de la sienne propre ; il y a peu de lieux intéressants où il n'ait pas les yeux et les oreilles. Cherchez-vous le soir un homme de plaisir ? Il sait dans quelle partie galante on doit le trouver, chez quel restaurateur il aura dîné, à quel spectacle il aura été. Est-ce une étourderie ? Il la connaît de même à l'étiquette du sac.

» Il n'y a pas de petite ville dans le monde où l'on trouve plus vite un individu que l'on cherche qu'à Paris.

» L'été, lorsque toute la société est dans ses châteaux, on sait moins promptement ce que l'on veut

savoir ; mais il y a aussi un moyen infaillible de découvrir ce qu'on croit utile de savoir. Les parties de
château ont des charmes de bien des espèces. Avec un
peu d'habitude de la bonne compagnie, on connaît
avant la fin de la mauvaise saison toutes les parties de
campagne qui doivent avoir lieu depuis la fin de juin
jusqu'en novembre ; on sait que dans tel mois c'est
telle société qui est à tel château, d'où elle va le mois
suivant à tel autre, et où elle est remplacée par telle
autre. On fait ainsi le tour de toute une province, et il
arrive rarement que les personnes qui ont fait cette
promenade ne disent pas à leur retour tout ce qu'elles
ont vu ou entendu ; et si l'on a un motif d'être informé
de ce qui s'est passé dans une de ces maisons, il est
bien rare que ce qui vous revient innocemment ne vous
mette pas sur la trace de ce qu'il y aurait de plus important à connaître.

» La plupart de ces châteaux ont des messagers qui
portent et rapportent les lettres de leurs sociétés du
bureau de poste le plus voisin. S'il y avait quelque
chose de sérieux, on aurait cent moyens d'en être pré-
vénu, parce que l'innocence ne se déguise pas, et que,
quand elle se trouve à côté des coupables, elle les dé-
cèle ingénuement....

» Lorsque j'eus divisé les sociétés de Paris, je m'oc-
cupai à faire descendre la surveillance jusque dans
toutes les classes d'artisans qui habitent les faubourgs ;

cela me regardait moins que le préfet de police, mais j'étais bien aise d'être dans la possibilité de retrouver moi-même les traces d'un mouvement agitateur, s'il était arrivé que je ne fusse pas satisfait des rapports que la préfecture m'aurait adressés : c'était uniquement par précaution. Je m'étais déjà aperçu que le moyen le plus puissant de mon administration était de faire agir les haines et les rivalités, comme c'était son devoir d'en prévenir les effets ; il est dangereux d'en faire usage, et il faut se sentir un grand fonds de probité pour ne pas craindre d'en abuser, ou d'être trompé soi-même par des informations dictées par une animosité ou une passion particulière. Je n'en fis guère usage que pour être informé des antécédents qui me manquaient, et desquels j'avais un extrême besoin pour connaître le personnel avec lequel j'étais journellement en rapport. »

Tout le caractère de Savary se révèle dans ce curieux extrait : la vanité ridicule de l'homme et l'esprit arbitraire et bassement tracassier qu'il devait apporter dans l'exercice de ses fonctions.

M. Dubois était encore préfet de police lorsque le duc de Rovigo remplaça Fouché. Ce ministre débuta par s'emparer de la nomination des employés supérieurs. Il se fit ainsi dictateur dans son gouvernement, s'arrogeant une action directe et immédiate dans toute l'étendue de son ressort, et il priva ses subordonnés des bénéfices naturels attachés à la clause de leur responsabilité. C'était du despotisme au petit pied. M. Dubois n'osa pas lutter. La disgrâce d'ailleurs qui suivit de près le changement de ministre, ne lui laissa pas le temps de songer à la résistance. Quant au baron Pasquier qui, dans la même année (le 14 octobre 1810) succéda à M. Dubois, il ne protesta pas davantage contre l'usurpation du ministre.

Savary débuta par des fautes qui signalèrent son incapacité. C'est ainsi qu'il eut la folle idée de charger les maîtres de l'espionnage des domestiques. Il était enjoint à chaque maître ou maîtresse de maison, tant privée que publique, de rendre compte au commissaire de police, par un rapport circonstancié de ce qu'avait fait durant son service, le domestique mâle ou femelle, réclamant ou recevant son congé. Un pareil moyen de police emportait avec soi la nécessité d'une si ignoble délation qu'il demeura sans exécution, comme par le fait il était inexécutable. On avait bien essayé déjà de faire espionner les maîtres par les valets, idée mauvaise, mais réalisable. Il était réservé au duc de Rovigo de tenter la contre-partie d'une telle manœuvre, idée honteuse et impraticable. On avait dit du premier espionnage qu'il avait été inventé par un maître tombé dans la condition des laquais ; on a dit du second qu'il était nécessairement le projet d'un laquais élevé au rang des maîtres. Mais une répulsion universelle

brisa dans les mains du duc de Rovigo une arme qui
serait devenue funeste à la paix universelle.

Une autre idée du duc de Rovigo, et qui est un singulier exemple de sa manie de réglementation, fut le
projet d'organiser, de même que les domestiques, les
cochers de fiacre et de cabriolet, qui étaient alors à
Paris, au nombre d'environ trois mille, mais auquel
il fut obligé de renoncer, par suite de l'opposition qu'il
éprouva de la part du conseil d'état.

Il voulait diviser les fiacres de Paris, ainsi que les
cabriolets, par compagnies de vingt-cinq, et les mettre
à l'entreprise; un entrepreneur aurait souscrit pour
une ou plusieurs compagnies ; une société se serait réunie pour souscrire pour une ou pour plusieurs aussi.
Les obligations auraient été d'avoir toujours les voitures d'une même compagnie de la même couleur,
ainsi que les chevaux du même poil par compagnie ;
les cochers vêtus en manteaux de la même couleur,
et un chapeau de toile cirée. Il voyait à cela plus d'un
avantage. Il y a des fiacres à Paris qui portent des numéros composés de quatre chiffres ; il y a peu de mémoires qui soient capables de les bien retenir ; au lieu
qu'en ne les numérotant que par compagnie, tout le
monde pouvait dire: « J'avais la 20ᵉ voiture de la
première compagnie, » Si ç'avait été le soir qu'on l'aurait pris, comme les chevaux d'une même compagnie
auraient été de la même couleur, et que la voiture elle-

25

même aurait eu sa couleur, tout le monde en sortant d'une partie de plaisir, pouvait dire : A telle heure, dans telle rue j'ai pris une voiture jaune ayant des chevaux gris. Voilà déjà la compagnie désignée ; il ne reste plus qu'à rechercher dans vingt-cinq cochers quel était celui qui se trouvait dans le quartier, ce qui était une bagatelle, parce que ceux qui n'ont rien à se reprocher accuseront toujours vrai, et que le coupable restera pour le dernier, s'il ne se fait pas connaître tout de suite.

On a réalisé depuis l'organisation des cochers de fiacre ; mais on voit que la réglementation a fait des progrès depuis Savary, et n'en est plus à ces puérilités qu'il rappelle avec complaisance dans ses mémoires. Cette idée lui était venue d'une aventure qu'il raconte ainsi lui même.

« En 1797, j'arrivai à Paris avec un de mes camarades, qui avait avec lui un sac de 1200 francs. C'était au mois de novembre ; nous descendîmes avec la messagerie, rue des Fossés-St-Victor, vers six ou sept heures du soir ; nous y prîmes un fiacre pour nous rendre à notre hôtel, rue de Richelieu. En arrivant, nous descendons et prenons nos effets avec tant de précipitation, que mon camarade oublie son sac.

» Nous étions l'un et l'autre fort jeunes. C'était jour d'Opéra, nous voulûmes finir notre journée à ce spectacle ; il allait se terminer, lorsque la mémoire rappel à mon compagnon son sac. Comment faire pour courir après le fiacre? aucun de nous deux n'avait pris son numéro. Il était fort en peine, lorsqu'il me vint une idée.

» J'avais remarqué que le fiacre était blanc, et avait un cheval de ce poil, avec un autre d'une autre couleur. Je lui observai que peut-être le cocher ne se serait pas aperçu de notre oubli, et qu'il se serait placé près de l'Opéra, espérant finir la journée par ramener quelqu'un de son quartier; qu'il fallait nous mettre à visiter toutes les voitures qui étaient autour de l'Opéra. Nous trouvâmes effectivement la nôtre qui était une des premières à la tête de la file de celles qui devaient commencer à être appelées à la sortie du spectacle. Nous montâmes dedans, et dîmes au cocher de nous conduire rue des Fossés-St-Victor ; il ne nous reconnut pas. Nous nous mîmes à chercher dans la voiture, et nous trouvâmes le sac qu'il avait cependant mis dans le coffre de sa voiture; comme il passait devant la porte de notre hôtel nous l'arrêtâmes. Il nous vit descendre avec notre argent et n'osa pas réclamer la moindre chose; il préféra avoir l'air de ne pas s'être aperçu que ce sac était dans sa voiture, et se repentit assurément d'avoir voulu gagner encore un petit écu en restant à la sortie de l'Opéra. »

Dans ce trait et dans l'application que Savary prétendit en faire, se trouve la mesure de son intelligence et de sa sagacité dans ses fonctions de ministre de la police. Ce qui n'empêche pas que dans ses *Mémoires,* il ne se croie un très grand homme, et ne rende hommage dans plus d'un passage à la pénétration de son esprit.

Des actes de rigueur, un plus grand nombre de prisons d'état ouvertes et remplies de malheureux, un luxe de surveillance vexatoire à l'égard de M. de Polignac et des autres détenus politiques; le redoublement de rigueur, soit envers les Anglais captifs à Verdun, soit envers les prisonniers, une sévérité atroce exercée à l'égard des prêtres, évêques et cardinaux italiens, sujets du Pape et qui ne voulurent pas reconnaître la suprématie de Napoléon; enfin une surveillance taquine, rogue et malfaisante, et un résultat odieux à toutes les classes comme à tous les individus, vint affliger Paris dont le mécontentement répondit à cette calamité par un sobriquet. Savary fut nommé le *Seïde-Mouchard.*

Le duc de Rovigo était bien odieux; mais pour achever de le perdre dans l'opinion publique, il fallait qu'une conspiration venant à éclater n'eût d'autre effet que l'incarcération du ministre, chargé de la prévoir et de la prévenir. Le lecteur a déjà compris qu'il est ici question de la conspiration du général Mallet.

Mallet n'était pas un fou, c'était un audacieux. Peu connu comme général, il fut d'abord compromis en

1802, dans la conspiration dite *du Sénat*, dont Bernadotte était l'âme, Madame de Staël le foyer et lui l'agent principal, conspiration dans laquelle Fouché lui-même fut donné comme complice par le préfet de police Dubois. Il fallut bien en porter toute la responsabilité sur Mallet. On le mit en prison. Rendu à la liberté lors de l'amnistie du sacre, il fut employé en 1805 à l'armée d'Italie; là et à son retour il ourdit de nouvelles trames contre l'Empereur, compromit tantôt Brune, tantôt Masséna, il finit en 1808 par être jeté dans le donjon de Vincennes. Ce fut dans l'ombre de cette prison qu'il trama sa conspiration, qui devait rallier les opposants de tous les partis. Doué d'une de ces intelligences qui bouleversent les empires, possédant ce courage de l'âme qui rend tout possible, et n'est complice envers soi-même d'aucune de ces lâches trahisons par où périssent les projets des hommes vulgaires, Mallet organisa seul et opéra seul (car s'il eut des instruments il est permis de nier qu'il eût des complices), seul, disons-nous, Mallet conçut et fit éclore la conspiration la plus habilement préparée et la plus audacieusement exercée que l'histoire, tant ancienne que contemporaine, connaisse et nous apprenne. Napoléon absent, Paris presque entièrement dégarni de troupes, Mallet pensa qu'à la faveur de son grade de général, il pourrait s'emparer sans coup férir de la capitale de l'empire, et il le fit. Pendant plusieurs

25.

heures, Mallet fut maître de Paris. Un sergent de la
garde de la ville, dont il fit son secrétaires et son aide-
de-camp, un abbé poltron et bavard qu'il utilisa en
forme de paravent, et ensuite de fascine, enfin deux
prisonniers, ses frères d'armes, les officiers généraux
Guidal et Lahorie, qu'il employa comme des signes
officiels reconnus des soldats, mais s'ignorant eux-
mêmes, voilà les éléments dont disposa et se servit le
général Mallet.

Tout était opportun pour les conjurés dans la plus
hardie des entreprises. Du moment que le mode d'exécution ne dépendait que d'un homme seul, et que cet
homme était sûr, plein de résolution, de courage,
toutes les conditions pour la probabilité du succès
étaient remplies, le reste était livré aux chances du
hasard. Voyons d'ailleurs dans quelles mains était délégué le pouvoir en l'absence de l'Empereur. L'archi-
chancelier Cambacérès, qui en était le dépositaire,
était un homme lâche et sycophante. Parmi les ministres, Savary se gonflait parce qu'il tenait la police,
mais elle restait pour lui muette de révélations. Mais
cet homme, raide officier de gendarmerie, était nul en
politique et en affaires d'état. Venait, en seconde ligne, Pasquier, préfet de police, excellent magistrat
pour statuer sur les boues et les lanternes, pour régler
la police des marchés, des jeux, des courtisanes, mais
vide de sens et chargé de paroles ; nul quant au tact

et à l'investigation ; voilà pour le civil. Passons au
militaire ; le pouvoir du sabre résidait dans la personne
d'Hullin, commandant de Paris, épais soldat, mais
ferme, quoique tout aussi engourdi, tout aussi gauche
en politique. Ajoutons que l'exercice de l'autorité était
devenu pour les principaux fonctionnaires une sorte de
mécanisme ; hors de là, ils n'apercevaient plus rien
que l'obéissance passive ; ajoutons enfin que l'impératrice Marie-Louise résidait à Saint Cloud ; qu'il n'y
avait alors, dans la garnison de Paris, aucune de ces
vieilles troupes fanatisées, qui, au nom de l'empereur,
auraient mis tout à feu et à sang ; qu'on les avait rem-
placées par des cohortes organisées nouvellement, et
la plupart commandées par d'anciens officiers patriotes ; tandis que chez les hauts fonctionnaires, l'inquiétude sur le dénoûment de l'expédition moscovite, commençait à ébranler la sécurité. Quant au peuple, il
secondait l'entreprise par cette force d'inertie toujours
contraire aux mauvais gouvernements. Or, Paris,
comme on le voit, pouvait, à la suite d'un habile et
vigoureux coup de main, rester au premier occupant.
L'extrême éloignement de l'Empereur, l'irrégularité
et l'interruption fréquente des courriers, en aggravant
les inquiétudes, et en préparant les esprits, permettaient
de calculer toutes les chances à qui saurait oser dans
un moment de stupeur et d'effroi. « L'Empereur est
mort ; un décret du Sénat abolit le gouvernement im-

périal, un gouvernement provisoire le remplace, » tel
fut le pivot de la conjuration dont le moteur et le chef
était Mallet. Lui-même avait fabriqué le sénatus-con-
sulte portant abolition du gouvernement impérial.

Le 23 octobre 1812, Napoléon étant à combattre
les Russes, les éléments et la famine à quatre cents
lieues de Paris, Mallet, qui était alors dans une maison
de santé, au faubourg Saint-Antoine, se revêt de son
uniforme de général, va à l'Hôtel-de-Ville, y annonce
la mort de l'Empereur et la nécessité de préparer un
local où l'on tienne une assemblée qui délibère sans
désemparer, sur le parti à prendre. Il avait préparé les
troupes de quelques casernes, qui devaient se rendre
sur la place de l'Hôtel-de-Ville et s'y rendirent effectivement. De là, Mallet se transporte chez Savary, lui
déclare qu'il a ordre de l'arrêter, que le gouvernement
est changé, et qu'il doit conduire le ministre à la prison de la Force. Savary se laisse emmener sans discussion, sans résistance. Ce coup l'a atterré. A la Force, il
trouve le baron Pasquier, préfet de police, qui avait
subi le même sort.

Ce double coup terminé, Mallet court à la place
Vendôme, chez le commandant de Paris, le général
Hullin ; mais ici la conspiration échoue ; une double
porte pert tout, les cris d'une femme changent la face
des choses. Hullin était déjà arrêté et avait remis son
épée à Mallet, lorsque Madame Hullin, suppliante et

éplorée, réclame, au nom de son mari, l'exhibition de l'ordre d'arrestation. Mallet répond par un coup de pistolet à bout portant sur le général. Madame Hullin s'enfuit ; un soldat est dépêché, par une issue de service pour aller chercher du secours ; l'issue était libre et cet homme put sortir ; il revient avec la garde ; le chef d'état-major Doucet arrête Mallet ; la conspiration n'existe plus.

En effet, bientôt les généraux Guidal et Lahorie sont arrêtés également et accompagnés de Mallet, jetés dans les cachots de la Force, d'où sortirent alors, honteux par delà les oreilles, le duc de Rovigo et le baron Pasquier.

Mallet, Guidal, Lahorie, le colonel Soulier et quelques subalternes payèrent de leur vie cette hardie tentative.

Mais le complot, quoique déjoué, frappa au cœur la dynastie de Napoléon, en révélant un funeste secret pour son fondateur, pour sa famille, pour ses adhérents : c'est que son établissement politique finirait avec sa personne.

On plaisanta beaucoup les deux chefs de la police à l'occasion de cette mystification. Il en résulta que, plus que jamais, on qualifia la police de rouage inutile, puisque, malgré le grand appareil dont elle était entourée, un seul homme, détenu, pouvait conspirer, préparer la réussite du complot, ouvrir les prisons,

pénétrer dans les casernes, entraîner les soldats, surprendre et emprisonner les fonctionnaires les plus
éminents, enfin changer, s'il avait eu plus de bonheur,
la face de l'empire. Qui l'avait prévenu? personne.
Quelle résistance lui avait été opposée? aucune. Qui
fit manquer le dénoûment? le hasard seul et non la
police, malgré son étalage fastueux de force, d'habileté
et d'adresse.

Ce qu'il y a de certain, c'est que le duc d'Otrante,
quoique absent et invisible, était l'âme de ce coup incroyable. C'est ainsi qu'à chaque pas Fouché creusait
le sol sous l'Empire, et tout ce que l'empereur pouvait
faire pour déjouer ses mines ne faisait que mieux assurer le succès de ses contre-mines.

Lorsque, à la suite de la catastrophe de Moscou,
Napoléon se détermina à rentrer en France pour y
chercher des hommes et des secours d'argent, on s'attendait à lui voir témoigner toute la rigueur de son
ressentiment contre son ministre Savary et son préfet
de police Pasquier. Il n'en fut pas ainsi; l'un resta
dans la charge inférieure d'où la Restauration le tira
pour le faire monter si haut; et Savary, bien que ri-
diculisé du sobriquet de *Duc de la Force*, n'en demeura pas moins investi de la confiance du maître, à
la surprise extrême des courtisans et du public. Une
seule victime paya pour tous dans cette circonstance.
Le conseiller d'État, préfet de la Seine, comte Frochot,

ayant eu la faiblesse d'admettre pour réel le récit de
Mallet, et, en conséquence, ayant donné des ordres
pour que l'Hôtel-de-Ville fût mis à la disposition du
gouvernement provisoire, fut destitué solennellement,
à la suite d'une séance du conseil d'État où la cause
fut proposée, plaidée et jugée.

A mesure que les évènements devenaient plus
tristes, le duc de Rovigo redoublait de sévérité et de
folle rage; il tenta, par tous les moyens possibles, de
surprendre les conspirateurs. On lui reprochait déjà
la participation aux morts du duc d'Enghien, de Pichegru, du colonel Wright, du marquis d'Aché, si atro-
cement livré par madame de Vaubudon... On lui reprochait également de n'être pas demeuré étranger au
massacre des habitants de la ville de Caen, ordonné et
présidé par le baron Méchin, alors préfet du Calvados.

Savary lui-même a laissé échapper dans ses mémoires de singuliers aveux sur les procédés habituels
de son administration : « Plus j'allais en avant, s'é-
crie-t-il, et moins je concevais qu'un grand État eût
besoin d'une administration dont je sentais toute la
faiblesse, pour ne pas dire la nullité; je voyais bien
l'état de l'horizon, mais je n'en apercevais pas les
causes.

» Je pouvais bien, ainsi que cela s'est pratiqué,
faire du bruit pour l'apaiser ensuite : cela peut être
utile quelquefois; je l'ai fait aussi lorsque je voulais

qu'on me crût loin d'une chose que j'allais saisir, et dont un regard pouvait m'éloigner. »

S'agissait-il de pénétrer dans les secrets des cours étrangères, vite on séduisait un subalterne de l'ambassade. « Lorsque l'on connaît les goûts particuliers et les habitudes d'un homme, dit le ministre, il est à celui qui sait le satisfaire. J'ai connu des agents tellement adroits dans cette corruption, qu'ils rendaient joueur celui qui leur résistait, lui gagnaient tout son argent, lui en gagnaient même à crédit, et, lorsqu'ils l'avaient mis dans cet état, ils composaient avec lui; et il faut avouer, à la honte des hommes, qu'ils réussissaient presque toujours. Ceux pour lesquels le jeu n'avait pas d'attraits étaient ordinairement accessibles par les femmes, et, parmi elles, il y en a plusieurs qui ont réuni tant de genres d'expériences, qu'elles rencontraient bien peu de choses impossibles. »

C'est en fouillant dans les correspondances qu'on connaissait les parties qui se formaient pour aller aux eaux de Bohême, de Bade, d'Aix-la-Chapelle. Alors, on en chargeait un de nos agréables, qui ne demandait pas mieux que d'aller s'y divertir, ce que les amateurs de jeux et de plaisirs sont toujours prêts à faire.

« J'en ai vu de si adroits, disait M. le duc de Rovigo, qu'ils se faisaient défrayer par une dupe, de la voiture et des gens de laquelle ils se servaient. Ils se faisaient ensuite ramener par quelque femme, et ren-

traient à Paris sans avoir délié les cordons de leur
bourse, ayant même gagné de l'argent, et s'étant fait
chérir de ceux qu'ils avaient ruinés. »

Nous ne pouvons oublier encore l'étonnante histoire du nègre-blanc. Cette histoire est tellement bur-
lesque, que c'est à ne pas y croire; Savary y crut
cependant. Un jour le ministre de la police est informé
qu'un assassin, expédié du Nouveau-Monde, va débar-
quer en France pour attenter à la vie de l'empereur.
Cet homme répond au nom de Gabriel Timothée ; c'est
un Cafre vendu au cabinet anglais, à l'ex-roi de Suède,
au comte de Lille (Louis XVIII) et à l'empereur de
Russie. Ce misérable doit donner la mort à Napoléon
en le piquant avec une aiguille empoisonnée, et enfin,
cet exécrable nègre, pour déjouer la surveillance de la
police, sait, à son gré, se rendre blanc de noir qu'il
est, et puis revenir nègre, puis blanc, etc.

Sur-le-champ, et en conformité de cette admirable
découverte, tous les préfets, sous-préfets, maires et
autres officiers municipaux sont avertis par le ministre
des précautions à prendre pour s'emparer du nègre-
blanc. Et au lieu de saisir le nègre-blanc qui était de
la famille de l'hippogriffe, on s'empara d'une foule
d'honnêtes gens, atteints et convaincus du port illégal
de tête basanée et du crime de promenade.

Cependant la catastrophe approchait. Savary, dans
a nuit du 30 au 34 décembre 1815, vint aux Tuile-

26

ries présenter à l'empereur une note pour le déterminer à arrêter les députés du corps législatif, membres
de la fameuse commission de l'adresse. Il voulait qu'on
les fît juger sans désemparer par une cour spéciale,
dont l'arrêt sanglant serait exécuté en deux heures de
répit. On prétend qu'il ajouta :

— Sire, il faut ce tome second du duc d'Enghien.

— Fou que tu es, lui fut-il répondu, le peu de succès qu'a obtenu le premier tome doit décourager d'y
donner une suite. Alors, d'ailleurs, *j'avais fait* un
pacte avec la victoire; maintenant, *on nous a battus.*

Savary, en s'éloignant, ajouta que si Sa Majesté
changeait d'avis, elle n'avait qu'à le faire prévenir, et
qu'en trois heures la chose serait terminée.

Au départ de Napoléon pour entreprendre cette sublime et si funeste campagne de France, Rovigo reçut les pouvoirs les plus absolus. Fouché a eu dans les
mains l'original de cette pièce. Hors l'impératrice et
le roi de Rome, mesdames de Montesquiou et de Mon-
tebello, tout le reste, hommes et femmes, grands et
grandes, même les rois Joseph et Jérôme, le prince
archichancelier, le prince architrésorier, les sénateurs,
ministres, conseillers d'État, maîtres des requêtes, auditeurs, les députés, les juges, les militaires de tout
grade, les fonctionnaires de tous rangs pouvaient être
arrêtés, jugés et exécutés à la diligence du ministre de
la police, s'il acquérait la preuve du flagrant délit

d'intelligence avec l'ennemi. Par une restriction bien
bizarre, à côté du nom du prince de Bénévent, une
note disait : « *On n'exécutera rien de décisif envers
ce dernier, à part les premières mesures de prudence, sans au préalable en avoir référé à l'empereur dont on n'admettra la réponse que par écrit et
marquée du signe que connaîtra le duc de Rovigo.*

> NAP... ,

Ce terrible NAP..., qui accordait un trône ou bri-
sait un diadème !

Les mesures désespérées que Savary mit en jeu pendant les derniers moments où il fit la police, avaient
tellement exaspéré l'opinion publique, qu'assurément,
soit les alliés, soit les Français, lui eussent fait un assez mauvais parti. Il le comprit, la terreur le gagna,
et quoi qu'il en ait dit, c'est uniquement son ascendant
qui détermina la fuite de l'impératrice et la chute du
trône impérial.

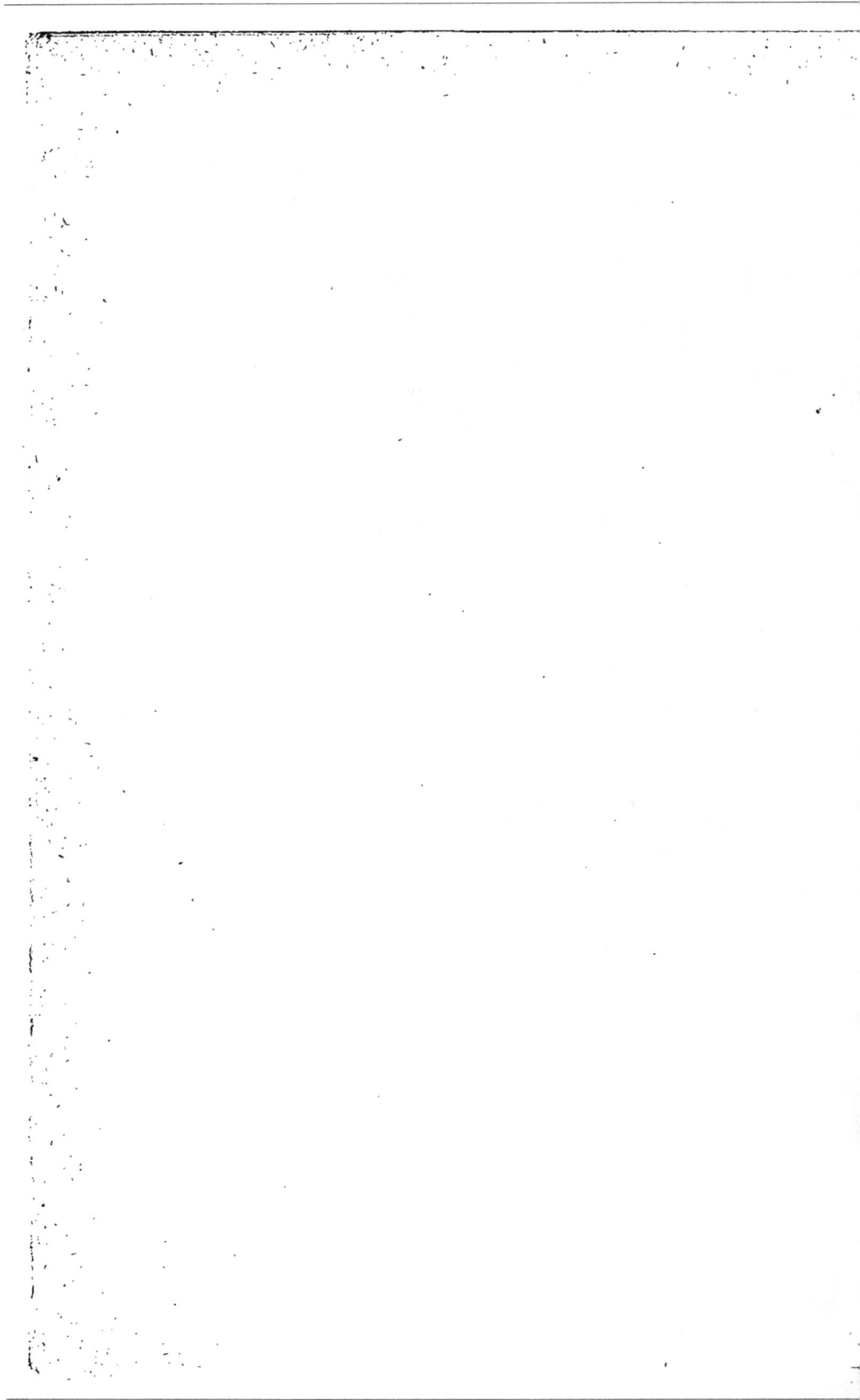

# CHAPITRE XI

## La Police des mœurs

Le département des mœurs est une des attributions les plus délicates de la police. Il rentre dans notre tâche d'indiquer quels sont les procédés habituels suivis en pareille matière.

Au mois de septembre 1813, le ministre de la police, M. de Rovigo, fit part au préfet de police, baron Pasquier, des plaintes qui lui parvenaient sur le nombre et les désordres des filles publiques de Versailles. Le préfet fit diligence pour satisfaire à ces plaintes. On voit, dans la correspondance de ses agents, comment il s'y prit et les difficultés qu'il rencontra.

L'officier de paix chargé d'une mission à Versailles à cette fin, lui écrivait, le 28 septembre 1813 :

» Je me suis rendu à l'hôtel de M. le comte de Gave, préfet de Seine-et-Oise. M. le comte, après avoir fait lecture de la lettre qui lui était adressée par S. E. le ministre de la police générale, a appelé M. le commissaire Billaud, avec lequel je me suis concerté pour *opérer* ce soir même. En effet, à huit heures, nous nous sommes rendus, accompagnés de la force armée, dans deux salles de la rue du Potager et du Vieux-Ver-sailles. Nous avons trouvé une grande quantité de mi-litaires, de lanciers, de gardes d'honneur en société de femmes publiques ; dans ces deux bals, nous en avons arrêté vingt et une ; elles ont été provisoirement conduites dans une salle de discipline disponible, à la mairie, où elles ont passé la nuit.

» Ce matin, à cinq heures et demie, nous nous sommes portés, avec deux inspecteurs et six gendar-mes, dans diverses maisons garnies de l'arrondisse-ment du sud. Onze femmes, et du plus mauvais genre, qui étaient couchées avec des militaires, y ont été ar-rêtées et conduites au même endroit.

» Toutes ces prostituées, au nombre de trente-deux, furent tranférées, par ordre de M. le préfet, à la maison d'arrêt, vers midi.

» Ces deux opérations, dans lesquelles j'ai été aidé par M. le commissaire de police, se sont faites avec un calme parfait.

» Il n'y a, à Versailles, que vingt-trois hommes de gendarmerie, qui sont chargés en ce moment d'un de-voir très-actif pour la conduite d'un grand nombre de conscrits réfractaires qui arrivent dans cette ville. Je ne pourrai, par conséquent, faire conduire aujourd'hui ces femmes à la Petite-Force ; demain je crois pouvoir en avoir la possibilité.

» Il y a beaucoup à faire ici ; les routes de Saint-Cyr, de Viroflay, de Ville-d'Avray, de Montreuil et le bois de Satory sont infestés de femmes sans asile et tout à fait récalcitrantes.

» On m'assure même que plusieurs couchent dans les bois et se rassemblent sur la route pendant le jour.

» M. le procureur général, que j'ai eu l'honneur de voir, m'a paru très satisfait de cette mesure qu'il m'a dit être du plus grand intérêt pour le gouvernement.»

Les quarante-cinq femmes enlevées dans ces visites furent envoyées à la prison de la Petite-Force, deux jours après, et l'officier, continuant ses opérations, en enleva encore huit qui eurent la même destination. Le désordre provoque l'arbitraire, et l'arbitraire provoque le désordre à son tour. Voilà le cercle ; comment en sortir?...

Quelque utile que fût cette opération, il paraît qu'elle éprouva d'abord de l'opposition de la part de l'administration de Versailles.

En effet, l'officier de police qui en était chargé, avait écrit, le 13 août 1813, à M. Pasquier, que, s'étant rendu chez M. le comte de Gave pour lui faire part de sa mission et recevoir de lui les instructions qu'il jugerait convenables, cet administrateur, après avoir pris connaissance d'une lettre à lui adressée à ce sujet par un collègue, M. Réal, lui avait dit que les magistrats de police de Paris ne pouvaient faire exécuter de semblables mesures à Versailles, et qu'enfin il n'avait pas besoin du secours et de l'intervention de la police de Paris pour une semblable opération, si elle était jugée nécessaire. M. Pasquier fit part aussitôt de cette difficulté à M. Réal, qui ne manqua pas d'écrire une nouvelle lettre au préfet de Versailles.

« Pour motiver le refus que vous avez fait d'employer le sieur Ducourai, que M. le baron Pasquier et moi avions envoyé chargé d'aller à Versailles exécuter une mission de police, sur ce que cet officier de paix n'était point chargé d'ordres supérieurs : C'est précisément en vertu d'ordres supérieurs que M. le préfet de police avait délégué la mission dont il s'agit, puisque son agent était chargé par mon intermédiaire des ordres du ministre. Au surplus, je vais soumettre à Son Excellence (le duc de Rovigo) la réponse que vous m'avez faite à ce sujet. »

Une lettre de ce dernier fut donc adressée au baron Pasquier, où le ministre, en rappelant les motifs qui avaient engagé à faire exécuter l'enlèvement des femmes publiques à Versailles, l'invitait à donner des ordres pour que l'opération fût commencée un jour que M. Pasquier jugerait convenable de choisir.

En vertu d'un ordre donné en conséquence par le préfet de police, l'officier de paix retourna donc à

Versailles et fit les enlèvements indiqués, la dépense n'en fut point considérable. Voici le compte qu'en rendit le préfet de police au ministre : la lettre est du 8 octobre 1813 :

« Monsieur le Duc,

« L'opération qui a eu lieu à Versailles le mois dernier, avec l'autorisation de Votre Excellence pour l'arrestation des filles publiques qui affluaient dans cette ville, et où elles infectaient de maladies les gardes d'honneur et autres militaires, ayant été terminée avec tout le succès désirable, je me suis fait remettre un état de la dépense qu'avait occasionnée cette mesure ; les articles de cette dépense sont :

1° Tant pour frais de voyage, de séjour, de logement, de nourriture de l'officier de paix et de ses deux inspecteurs, que pour menus frais et indemnité aux gendarmes.  .  .  . 388 fr.

2° Pour frais de transport, de Versailles à Paris de cinquante-six femmes arrêtées. .  .  60 fr.

3° En outre comme j'ai été satisfait du zèle et de l'intelligence avec lesquels l'officier Ducoudrai et ses deux inspecteurs avaient conduit cette opération, j'ai cru juste de donner au premier 100 fr. et aux deux autres 52 fr. de gratification .  .  .  .  .  .  .  .  . 152 fr.
                                                    ───────
                              Total. . 600 fr.

» J'ai l'honneur de prier Votre Excellence de vouloir bien approuver cette dépense et d'en ordonner le remboursement par la caisse de son ministère, entre les mains du sieur Armand, caissier de ma préfecture.

                    Le conseiller d'Etat,

                        *Signé* PASQUIER. »

Nous nous sommes étendu sur cet article, parce qu'il en résulte plus d'une instruction sur la façon dont la police procède en pareille matière. Ici, les lois sont insuffisantes, et les circonstances seules créent des antécédents dont l'administration s'arme par la suite.

« La police des filles publiques dans leurs rapports avec les militaires est une des branches les plus pénibles de cette administration par les mille et un désordres qu'elle offre journellement à réprimer; le goût que ces filles ont pour les soldats et les gens de troupe s'explique en cela que le soldat est généreux pour elles; qu'il ne craint pas, comme leurs timides amateurs des autres classes, trop connus dans les villes, de se produire en tous lieux dans leur compagnie, et que le soldat devient ordinairement le zélé protecteur de ces demoiselles dans les bastringues et cabarets, ne fût-ce que par esprit de corps et en vertu du respect qu'il prétend que les pékins aient toujours pour son uniforme. Les filles en raffolent pour ces diverses rai-

sons et pour d'autres qui tiennent à leur bon cœur. Si
ce goût les expose à de mauvais traitements de la part
des militaires, de pareils inconvénients ne les dégoû-
tent pas; car ces brutalités ne sont guère sans com-
pensations. Il n'en est pas de même avec les citadins,
plus bégueules et plus insolents, quoique aussi vicieux.
Par contraste, la violence et l'indiscipline des soldats
font naître des évènements qui nécessitent la sévérité
des chefs militaires; seul moyen auquel il soit possible à la police de recourir dans des circonstances
comme celles que nous allons faire connaître.

Un caporal de la 6e compagnie du 72e régiment de
ligne, le nommé Lauret, commandait dans la nuit du
2 au 3 mai 1810 le poste de la poste-aux-lettres, rue
Jean-Jacques Rousseau. En cette qualité, il dirigeait
une patrouille, qui, vers les dix heures et demie du
soir, étant arrivée rue Croix-des-Petits-Champs, devant une maison de filles publiques, donna l'ordre aux
filles qui stationnaient sur le seuil, d'avoir à rentrer
aussitôt. La dame Rousselle, *maîtresse de la maison*,
fit observer au caporal qu'il n'était pas encore l'heure.
Une discussion s'éleva entre le caporal et cette femme;
elle fut emmenée avec une certaine violence et des
mauvais traitements jusqu'au poste du Lycée, et con-
signée jusqu'au lendemain, que le commissaire de police s'y transporta, et, après avoir pris connaissance
des faits, la mit en liberté.

En revenant rue Croix-des-Petits-Champs avec sa patrouille, le caporal Heuret rencontre une fille de la dame Rousselle, et, ensuite une autre de la maison de la dame Lacour, rue des Deux-Écus; il emmène l'une et l'autre à son poste, rue Jean-Jacques Rousseau.

Là, le caporal propose à la première de ces filles, Rose Boubert, de la mettre en liberté si elle consent à ce qu'il passe la nuit avec elle; la convention ayant été acceptée, Heuret quitte son poste et s'en va avec sa prisonnière dans la maison de la dame Rousselle, en ce moment détenue au poste du Lycée; il y reste toute la nuit, et ne retourne à son poste qu'au point du jour.

Pendant ce temps, l'autre fille, nommée Rose Robert, demeurant chez la dame Lacour, rue des Deux-Écus, s'étant trouvée incommodée au poste, pria le caporal de permettre qu'on allât chercher pour elle un châle chez la dame Lacour. Un militaire, autorisé par lui, se chargea de cette mission, et revint une demi-heure après avec la dame Lacour qui demanda la liberté de la fille Robert. Après bien des débats, le caporal Heuret, qui n'avait pas encore quitté son poste à ce moment, se décida à la faire conduire chez elle par deux hommes de garde; mais à cinquante pas du poste, trois autres soldats accoururent et accompagnèrent les deux premiers jusqu'au domicile de la dame Lacour, où il leur fut offert de l'eau-de-vie et vingt sous qu'ils

ne voulurent pas accepter. L'un d'eux, en entrant
dans la maison, se prit de la fantaisie d'entraîner la
fille Robert au fond de l'allée, où, sans plus de façon,
il la contraignit par quelques gourmades de se prêter
à sa brutalité. C'était se conduire comme en pays con-
quis, où l'on n'a pas le temps de demander la permission des femmes, et où on les assomme pour les cour-
tiser. Sur les réclamations de la dame Lacour qui
criait que l'on n'avait nullement le droit de s'introduire dans sa maison pendant la nuit sans ordre, et de
se porter à de semblables excès, les militaires prirent
le parti de vider les lieux, en disant toutefois qu'ils
reviendraient le lendemain matin déjeuner ; deux, en
effet, y vinrent, en mettant quelque fanfaronnade à
prouver qu'ils ne craignaient rien ; mais le sieur Lacour, assez bonne lame, et qui en avait vu de plus
crânes, s'y étant trouvé, rabattit leur caquet, et ils
s'en allèrent.

De semblables gentillesses, ou d'à peu près semblables, furent assez ordinaires pendant plusieurs années.
Jusqu'en 1814, à Paris, la troupe avait pris un ascendant marqué dans les matières de police ; il n'en résultait qu'un surcroît de désordre, et presque toutes
les nuits offraient des preuves d'inconduite des pa-
trouilles de ligne, dans ce qui regarde surtout les filles
publiques, souffre-douleurs des héros à cinq sous par
jour.

27

Les plaintes étaient rares, parce que l'esprit de corps s'en mêlait; il a fallu lutter fortement et pied à pied pour réprimer ce scandale, dont le public avait, au reste, peu de connaissance et encore moins de souci, et qui, se passant dans une classe méprisée, demeurait dans l'obscurité des bureaux et des rapports de la police.

Dans l'acte du caporal Lauret, on jugea nécessaire de faire un exemple. On eut recours à M. le général Linois, commandant de la place de Paris; la punition fut sévère; plusieurs mois de prison furent la peine qu'on infligea aux militaires coupables. Les conscrits comprirent, à force de cachots, que les filles vouées à la prostitution par le caractère ou par la misère, ne devaient pas être leurs jouets et leurs victimes; mais, dans le fond, ils en furent très-scandalisés.

De son côté, l'état-major de la place adressait des plaintes à la police sur les suites fâcheuses de la fréquentation des soldats et des sous-officiers avec les filles publiques. Il n'existe, à cet égard, que deux moyens de réforme vraiment efficaces. Ce fameux sceptique Bayle, protestant et rigoriste, aurait voulu que le premier de ces moyens, expéditif, mais violent, fût employé pour Henri IV, et dans l'intérêt de la gloire de ce roi, qui fut, en effet, grand coureur de femmes. L'opération, on le conçoit de reste, ne peut être mise à l'ordre du jour de l'armée; la patrie ne trouverait pas de défenseurs à cette condition-là. Le

second moyen serait d'organiser une quarantaine générale dans le pays atteint, jusqu'à la moelle des os,
de cette peste qui vicie les générations (1). »

On verra dans la troisième et dernière partie de
cet ouvrage, comprenant la Police de la Restauration et
la Police contemporaine, par quelle série de mesures
hygiéniques la Police moderne a réussi à préserver.
sinon les mœurs, au moins jusqu'à un certain point, la
santé de nos soldats.

(1) *Archives de la police*, par Peuchet.

FIN DE LA DEUXIÈME PARTIE.

# TABLE DES MATIÈRES

## CONTENUES DANS CE VOLUME

---

## CHAPITRE VI

### LES COULISSES DU 18 BRUMAIRE.

## CHAPITRE VII

### CONSPIRATION ET CONSPIRATEURS.

## CHAPITRE VIII

### LA POLICE SOUS L'EMPIRE.

## CHAPITRE IX

### LA POLICE DIPLOMATIQUE.

## CHAPITRE X

### LES EXPLOITS DE SÉIDE-MOUCHARD.

## CHAPITRE XI

### LA POLICE DES MŒURS.

FIN DE LA TABLE.

VERSAILLES. — IMPRIMERIE CERF, RUE DU PLESSIS, 59

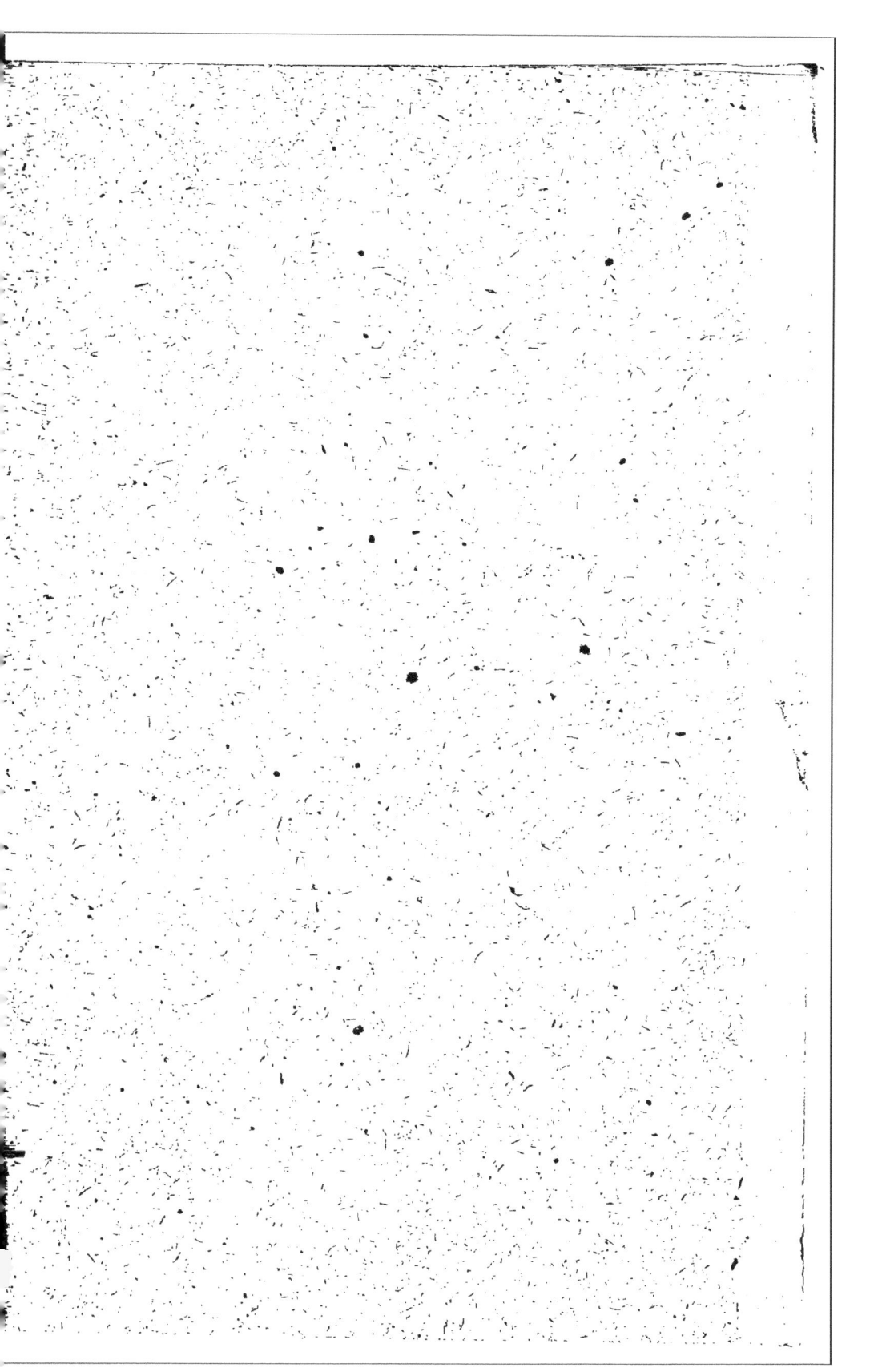

# EN VENTE

## A LA MÊME LIBRAIRIE :

Versailles. — Imp. Cerf, 59, rue du Plessis.

www.ingramcontent.com/pod-product-compliance
Lightning Source LLC
Chambersburg PA
CBHW050457270326
41927CB00009B/1787